经典教学理论的课堂应用

小 XIAO 学 XUE 语 YU 文 WEN

宋秋前　林　涛　主　编

余春丽　刘　瑶　张琳娜　副主编

上海交通大学出版社
SHANGHAI JIAO TONG UNIVERSITY PRESS

内容提要

本书从小学语文学科教学实际出发，精选图式理论、组块理论、最近发展区理论、阅读理解五过程模式理论、迁移学习理论等20多个经典教学理论，分别从识字与写字、阅读教学、习作教学以及课堂改革和综合教学等四部分，系统阐述了经典教学理论在小学语文课堂教学中应用的内涵、应用过程、应用策略方法和实践成效。全书体现了广大教师对经典教学理论的群体性再造和创新精神。全书理论与实践相结合，实践可操作性强，对广大小学语文教师、师范小学教育专业学生具有重要的学习参考和借鉴价值。

图书在版编目(CIP)数据

经典教学理论的课堂应用. 小学语文 / 宋秋前，林涛主编. —上海：上海交通大学出版社，2019

ISBN 978-7-313-22360-9

Ⅰ. ①经… Ⅱ. ①宋… ②林… Ⅲ. ①小学语文课—课堂教学—教学研究 Ⅳ. ①G623

中国版本图书馆CIP数据核字(2019)第272937号

经典教学理论的课堂应用(小学语文)

JINGDIAN JIAOXUE LILUN DE KETANG YINGYONG (XIAOXUE YUWEN)

主　　编：宋秋前　林　涛

出版发行：上海交通大学出版社　　地　　址：上海市番禺路951号

邮政编码：200030　　电　　话：021－64071208

印　　制：北京虎彩文化传播有限公司　　经　　销：全国新华书店

开　　本：710mm×1000mm　1/16　　印　　张：16.5

字　　数：243千字

版　　次：2020年4月第1版　　印　　次：2020年4月第1次印刷

书　　号：ISBN 978-7-313-22360-9/G

定　　价：88.00元

前言

经典教学理论是教学理论的精华，是历代中外教育家探求教学规律的宝贵思想成果。学习和运用经典教学理论是教师改进教学、提高教学技艺、促进专业成长的重要路径。

然而，经典教学理论并没有像人们期待的那样，发挥其应有的价值作用。出现这种情况主要与以下两个问题相关：

一是教师经典教学理论修养的缺失。近年来，经过新课程改革的教育实践和教师专业发展培训，广大教师的教学理论修养和理论水平有了较大提高。但是，教师经典教学理论修养的缺失仍是一个非常突出的问题。据调查，不知道“图式理论”“先行组织者策略”“最近发展区理论”“结构一定向化教学”“诱思探究教学”的中小学教师分别占93%、89%、82%、98%和95%。这说明，经典教学理论并没有被广大教师熟知和掌握，毋庸说被自觉地运用于每日的教学实践和改革之中了。

二是经典教学理论的课堂应用缺乏有效的组织和促进机制。经典教学理论对课堂教学实践具有重要的指导价值，现实中许多教学问题都可以在经典教学理论中找到解决的办法和创新思路。但是，在现实课堂中，经典教学理论的运用缺乏有效地组织和领导，处于“放任自流”的状态，难以形成群体的、组织的、系统持续的教学实践活动态势，从而使经典教学理论难以发挥指导教学实践的应有价值，造成教学理论的“闲置”和“浪费”。

针对上述问题，近年来，浙江海洋大学教师教育学院与舟山市定海区教育行政和中小学校紧密协作，以浙江省教育科学规划项目“经典教学理论的县域课堂应用”课题研究为抓手，在对课题研究的基本思路、主要方法和价值追求进行严密认证的基础上，组织广大教师创造性地运用经典教学理论积极推进区域课堂教学的创新发展和变革实践，在理论探索和实践育人上均取得了显著的成效。

“经典教学理论的县域课堂应用”的基本思路是：以舟山市定海区为区域单位，高校教师教育学院与地方教育部门紧密协作，成立“校地经典教学理论课堂应用领导与促进小组”“县区学科经典教学理论应用核心团队”和“学校经典教学理论课堂应用核心团队”，在对定海区基础教育课堂教学现状和问题充分调查研究的基础上，结合学段和学科的具体情况，分阶段、有计划、有针对性地选取系列经典教学理论，以行动研究为基本方法，辅以教育实验法、文献研究法等研究方法，创造性地开展经典教学理论的课堂应用实践，定期开展教学理论应用经验交流会、公开示范课等，以《经典教学理论课堂应用研究通讯》为载体，边应用研究，边总结经验，引领和组织经典教学理论应用实践的深入开展。

本课题的基本研究方法是行动研究法和教育实验法。

(1)行动研究法。本课题实践特性凸显，行动研究是其最基本的研究方法。本课题的研究问题源自当前教师教育实践，研究力量由教育理论工作者和一线教师组成，并以实际工作的改进为主要目的，研究过程大体由问题筛查、理论澄清与借鉴、方案建构、实践改进、经验提升等环节组成。整个研究过程既体现了教育行动研究的基本特性，又具有一定的理论建构功能。

(2)教育实验法。经典教学理论的课堂应用并非简单地“拿来”即可，而是需要结合教师自己的课堂实际进行创新运用。在这个过程中，以经典教学理论为自变量，开展不同层次和水平的教育实验是教学理论应用的高级形态。例如，运用图式理论，开展《小学生作文构思障碍与图式矫治策略》的课堂调查与实验研究，不仅可以有效促进图式理论的课堂应用，也进一步丰富了图式理论的科学内涵。

需要指出的是，经典教学理论的课堂应用并非机械和固定的，也非直接和现成的，而是需要教师结合学科和学生实际进行经典理论的内容选取、价值评判、理论开发和创新应用。这方面，为了在较高层次上开展教学经典的课堂应用，本课题重点引导广大教师结合学科教学实际开展经典教学理论应用的行动研究和实验研究，尤其是开展基于教学问题解决的小型教学实验设计和研究，形成经典应用的系列教学实验研究成果，以此高水平推进本课题的深入开展。

本书的价值追求主要有以下三个方面：第一，通过经典教学理论的课堂应用，充分发挥教学理论的实践指导价值，提高教师运用教学理论诊断和矫治教学问题的能力，提高教师教学实践水平和课堂教学质量；第二，形成区域教学改革的品牌特色。一定的区域，由于教学基础、教师理念、文化传统、历史沿革与领导心向等因素不同，其教学改革和研究成果常常存在较大差异。本研究旨在通过经典教学理论的县域课堂应用，培育县域教学改革特色品牌，促进课堂教学转型发展；第三，有效促进教师专业成长。研究表明，理论学习与实践应用是促进教师专业成长的重要途径。本书旨在通过教师对经典教学理论的创新运用，促进县域教师理论水平、教学行为、研究能力等方面的显著进步和提高。

本书是浙江省教育科学规划项目《经典教学理论的县域课堂应用》和浙江省“十三五”师范教育创新工程《层式联动 · 协同创新 · 特色发展——卓越教师培养模式研究与实践探索》项目研究的部分成果，在研究和出版过程中，得到了浙江海洋大学谢永和副校长、教务处王健鑫处长和舟山市定海区教育局、定海区教师进修学校领导的大力支持和帮助，课题组成员张琳娜、方艳娜、苏丹烨、余盼盼等老师对书稿内容做了大量的编辑和修改工作。在此，向他们表示衷心的感谢。

在本书编写过程中，参阅和引用了大量教学经典理论和相关研究成果，在此谨向有关作者表示诚挚的谢意。

宋秋前

2019 年 1 月 1 日

目录

第一编　识字与写字

第二编　阅读教学

第三编　习作教学

第四编　课堂改革和综合教学

识字与写字

学习迁移理论在小学低段识字教学中的应用

方艳娜

小学生学习语文的首要目的就是认识汉字，只有认识了汉字才能够阅读句子和文章，只有认识了汉字才能学习其他学科的知识。目前识字教学的方法非常繁多，常见的有：集中识字法，这种方法需要学生死记硬背，不能调动学生认识汉字的积极性；分散识字法，这种方法需要花费很长时间才能掌握较多的汉字。如果教师在识字教学中使用学习迁移理论，充分利用学生已学的知识，则会减轻学生的负担，同时提高学生识字的积极性。

一、学习迁移理论简介

学习迁移是指一个人在一种情境中的学习影响他在其他情境中的学习。早在我国古代，人们就注意到了迁移现象。春秋时期的教育家、思想家孔子就曾提出“举一反三”“温故而知新”等教学思想，他还要求学生“由此及彼”。孔子的观点说明了已经习得的知识是学习新知识的基础，通过旧有的知识可以推测、判断事物的发展规律。虽然古人发现了学习中迁移的现象，但是并没有系统地提出迁移理论，也没有对迁移现象进行具体解释。

直到 200 多年前才有人提出一个系统的迁移理论——形式训练说。形式训练说的基础是官能心理学。官能心理学认为，人的心是由意志、记忆、思维、推理等官能组成。心的各种官能相对独立，各司其职。各种官能可以像肌肉一样，通过练习来增强能力。而且，一种官能改进了，其他所有官能也会在无形中得以加强。形式训练说把迁移看作是通过对各种官能分别训练来实现的。1890 年美国心理学家詹姆士(W. James)开始了最早的迁移研究。

他和他的四个助手以自己为被试对象，用两份难易度和分量相仿的材料来考察前一种学习是否影响后一种材料的学习。虽然他们的研究结果因被试人数太少而带有偶然性，但此实验开启了迁移研究的先河。1903 年，桑代克(Thorndike)对注意、记忆和知觉辨别等进行了一系列实验后，提出了“相同元素说”。其主要思想为：迁移就是将先前学习任务中获得的特定行为应用于新的任务中。两项学习任务间之所以有迁移，是因为它们有共同的元素，也就是有共同的刺激——反应联结。

迁移能力的获得只能通过大量的训练和练习使这些联结得以加强。迁移也即相同联结的转移。“相同元素说”后来被吴伟士修改为“共同要素说”，意即只有两种学习情境存在共同成分时，一种因素才能影响另一种因素。这一学说是一种机械的迁移观，只能解释机械的具体的特殊迁移，难以揭示人类复杂的学习迁移的实质。贾德在 1908 年设计了水下击靶实验研究迁移，结果发现学习者在学习过程中获得的原理和原则是迁移发生的主要原因。他强调前后两种学习包含的共同原理原则及学习者对这种原理原则的概括是迁移产生的两个条件，因此，学习者对原理掌握得越好，越有可能在新的情境中产生迁移。

美国心理学家哈洛第一次提出学习定式说，在提出这一学说之前，哈洛对猴子进行了多次实验，每次都让猴子解决一项非常类似的问题，随着次数的增多，哈洛发现猴子解决问题的速度越来越快，这说明猴子已经掌握了解决某一类问题的方法。后来，哈洛又以人为实验对象，得出的结论同之前是一致的，于是就提出了学习定式说，他认为：前期的学习会让人产生定向的思维结构，从而在后期学习时会自动使用已经形成的思维方式。这一学说要求教师在安排教学任务时，要注意前后内容的关联性，能够让学生利用已经习得的思维模式解决新的问题。

二、学习迁移理论在小学低段识字教学中的应用

1. 把握应用条件

(1)识字教学的重要性。汉字是小学语文教学的重要组成部分之一，也

是小学语文教学中学生必须打好的基础之一，能够让学生更好地养成语言能力。新《课标》指出："识字、写字是阅读和写作的基础，是第一学段课堂的教学重点，也是贯穿整个义务教育阶段的重要教学内容。"

《义务教育语文课程标准（2011 年版）》中识字教学要求的学段目标与内容：

第一学段（1—2 年级）：①喜欢学习汉字，有主动识字的愿望；②认识常用汉字 1600 个左右，其中 800 个左右会写；③学习独立识字。能借助汉语拼音认读汉字，学会用音序检字法和部首检字法查字典。

第二学段（3—4 年级）：①对学习汉字有浓厚的兴趣，养成主动识字的习惯；②累计认识常用汉字 2500 个左右，其中 1600 个左右会写；③有初步的独立识字能力。会运用音序检字法和部首检字法查字典、词典。

由此可见，低段识字是开展一切教学活动的基础，所以我们应该把低段识字教学作为重要任务。

（2）识字教学的对象。低段识字教学的对象是低段的学生，小学低段学生活泼、好动，对新鲜事物感到好奇。他们对直观形象的图画比较感兴趣，抽象思维和抽象记忆能力都比较弱。

面对需要大量认识的生字，如何才能让低段学生高效、兴趣盎然地接纳呢？在课堂上选择的方法非常关键，小学语文老师要引导学生发现汉字的特点，找到最好的学习方法。这样学生才能够对汉字进行深刻理解并掌握。在低段识字教学中，老师运用学习迁移理论能够更好地达成设定的教学目标，在教学过程中有效应用迁移理论，学生不仅能够发现汉字的独特之处，而且能够发现其表层含义，能够不断引导学生掌握语文学习的迁移规律，培养学生识字的能力，进而提高学生的学习效率，提高课堂的教学效率。

3. 学习迁移理论在低段识字教学中的应用策略

在学习迁移理论的基础上，结合小学低段识字教学的本质，更多地把生活知识、原有的识字经验、体会与识字教学融合在一起，将其迁移到低段识字教学中，帮助学生形成一种积极的识字态度，使学生对识字产生浓厚的学习兴趣。同时，迁移理论知识也将提升学生的综合能力。

(1)迁移理论应用于教学内容。识字教学的教学内容决定了学生在学习过程中掌握能力的大小，教学内容的迁移价值大，对学生的学习和生活就会起到较大影响。教师在教学内容的安排与设计上，要把迁移价值大的教学内容放在首位。

如果教师直接让学生去学习一个从来没有学习过的知识点，学生会本能地对学习产生畏惧感，部分学生还会因为对学习新的事物不太习惯，内心排斥学习，所以教学就会没有效率。如果教师引导学生迁移，以学生已有的生活知识、体验和掌握的识字知识为基础，引导学生在旧知识的基础上建构新知识，学生就会觉得学习新知识不难，愿意尝试识字。学生如果有自主学习生字的愿望，教师的教学效率就会提高。

在传统识字教学中，教师常常无视学生已有的旧知识，甚至认为已经学过的知识就不用再学了，直接让学生学习新生字，结果学生学习新生字呈现出很大的差异性，部分学习不太好的学生内心就开始排斥语文学习。为了让学生更自主地识字，教师要用迁移理论引导学生在旧知识的基础上学习新知识，学生通过对已有知识进行回忆，与新知识衔接，教师就能引导学生组合两种知识，学生就能不太困难地拓展已经学过的知识。

低段的识字体系中，所选字中大部分是学生生活中的常见字。教师可以应用迁移理论，灵活根据识字教材依据以上两条来编排汉字出现的序列，特别是依据汉字构字方法及规律排序，如以象形字、指事字、会意字、形声字的顺序编写。人、口、手、足、马、牛、羊、犬等象形字，大都是单体字，又是低段学生生活中的常见字；上、下、本、末、朱、刃等指事字，笔画少，也是低段生活中常用的字词；会意字可以成对学习，如小土尘、大小尖、女子好、田力男等，既学了单体字，又学了合体字，对于字义也很容易理解；形声字可采取形声归类，也可用基本字带字方法，更可以将形声字编成短文学习；还有 10 个数字学习的本身就包括了 9 种笔画，可以边教字，边学笔画。“字序”可根据不同的识字方法迁移定序，不过“以汉字的构字方法”排序为主更科学些。因为这个序列基本反映了汉字造字的顺序，由单体字到合体字，由象形字、指事字、会意字到形声字。学生在识字过程中，也就了解了汉字的造字过程和汉字构字的基本规律。

(2)迁移理论应用于教学方法。教学方法是知识传授的方式，在教学中

起着关键的作用。根据相关的调查显示，学生先前的知识掌握牢固与否决定了其学习新知识的能力，旧知识掌握越牢固，对于新知识越能更快地理解和掌握，所以要加深旧知识与新知识之间的联系。引导型教学法是具有迁移价值的教学方法之一，有利于帮助学生更好地理解和巩固新知识。引导型教学主要指的是，在新知识的教学初始阶段，通过引入相关的知识点，从而给学生引出要学习的新知识点，在引导性材料和新知识点间搭建沟通的桥梁。

引导性材料一般分为两类：一是陈述性材料，即教师用概括性的语言向学生说明新旧知识点之间的联系，从而在新旧知识点上形成一个过渡；二是比较性材料，即在新、旧知识点间进行比较，指出新旧知识之间的异同，便于学生理解和记忆。

可以将生活知识迁移到语文知识中。生字中，很多象形字、会意字都来源于生活，并不是凭空捏造的，因而教师应引导学生联系生活实际，将识字过程还原到生活中，将生活知识运用到识字中。为了培养学生观察、感受汉字的魅力。学习“日月水火”时，教师可以引导学生回忆生活中看到的日月水火的样子，然后将这些生字基本的形状描述还原成生活情境或者创设生活情境，从而激发学生的兴趣，这样一个个本来枯燥无味的汉字就在学生生活经验的迁移中，变得鲜活起来了，学生对字形的记忆就更加牢固了。

教师在引导学生学习新汉字时，要注意到一个汉字是一种音形意结合的图形汉字。一个汉字往往代表一幅图画，或者一幅图画结合一个意思，或者一幅表音画、一幅表意画结合出一个汉字。教师了解到汉字的特点，就可以根据学生已有的知识引导学生迁移新知识。低段学生一般会认识非常简单的汉字，此时教师就要引导学生结合已有的知识学习新汉字。

如在学习人教版小学语文《比尾巴》中的“尾”字时，如果让学生死记硬背笔画，显然是困难的，教师应该让学生先仔细观察“尾”字，发现由两个部分构成，外边的“尸”字和里边的“毛”字都是学生前面已经学习过的汉字，而将两个已经学习过的汉字组合到一起就变成了新的汉字“尾”。

再如教师在引导学生学习小学语文人教版第三册《树之歌》时，教师要让学生观察以下几个汉字：“松、枫、杉、桂、柏”，它们有什么共同的特点？学生发现这些字都是一种树，所以有一个木字，教师让学生看到，这类汉字就是一半表音，一半表意。学生只要记住一个偏旁就能理解与它相关的汉字。在苏教版第三册识字六里，教师给学生看一组汉字“困、围、圃”，学生不太明白这些字的意思，教师可以引导学生理解，这些汉字都是被包围起来的，学生结合自己的生活经验，再看这些汉字的形状就能深入理解这些汉字的意思。教师结合学生已有的知识让学生学习新知识，学生就不会觉得自己在学习陌生的东西，他们会在教师的引导下不知不觉地拓展自己的知识范围，也会逐渐提高识字能力。

(3)迁移理论应用于练习。练习是检验学生学习能力的有效方法，是检验学生是否会学习的有效方法，也是检验迁移理论在学习上应用效果的有效方法。教师在教学中选择的方法非常关键，引导学生发现汉字的特点，要根据迁移理论找到最好的练习方法。这样学生才能够对汉字进行深刻理解并掌握。在课堂上，老师运用迁移理论更好地达成练习设定的教学目标，再练习运用完成知识迁移。

要想发挥练习的检验作用，就要规范练习的方法，做到集中练习和分散练习相结合，精练和综合练习相结合，练习与错误纠正相结合。教师在设计练习的过程中，要注重练习的调动意义和迁移价值，争取做到每个练习都能发挥作用。在学习中拓展练习的内容和方法，有助于学生巩固知识，增强学习的技能，调动学习的热情，培养学生对学习的兴趣。

例如课堂教学中的练习。学习“河”字，然后让学生完成迁移练习：“河”这个字与河水有关，还有一串与水有关的生字宝宝(　　　)。学生会找到“海、湖、江”等。这样完成了一个字迁移到一串字、一类字，学生识字的兴趣高了，识字的量也在不知不觉中增加了。

例如借课后习题拓宽思路。部编教材的课后习题，编者花了很多心思，编排了形式丰富多样的课后练习。有知识积累型的，有趣味问答型的，还有拓展型的。教师如果能将课后习题与和课堂教学有机地结合起来，不仅能提高教学质量，而且能为学生提供拓展思维的机会。如《口耳目》课的课后问题是：“我们的口、耳、目、手、足能做哪些事?”教师运用儿歌的形式，巧妙地回答了这个问题：“口口口，圆圆的嘴巴，唱歌曲；耳耳耳，小小的耳朵，听声音；目目目，大大的眼睛，看风景；手手手，胖胖的小手，指鲜花；足足足，肉肉的小

脚，走四方。”教师将生活经验迁移到该课的识字要点，编成儿歌，让学生在朗朗上口的练习中，轻松地完成了识字。

例如平时的趣味练习。教师先出示生字：偏、僻、础、勉、厕、资、膜，让学生用火眼金睛发现秘密。学生就会发现单单从表面上来看，这些生字并没有相同之处，但是仔细观察就会发现这些生字的相同点：这几个字都是形声字。教师再引导通过“举一”归纳识字方法。如示范教“偏”字指出“偏”是形声字，左边的“人”表示“偏”与人的住处有关，从而归纳出能够让低段学生接受的识字方法；根据汉字的偏旁，了解字义。“举一”后，老师再引导学生使用“举一反三”的方法来进行自学，猜一猜其他几个字的意思，直到很有兴趣地把其他6个生字了解并且学会。

从这些练习的过程来看，是迁移理论在练习中得到了很好的应用，让学生更快速地了解识字的正确学习方法，且对汉字有着自己独特的领悟，关键是在以后的学习过程中能更轻松地获得知识，掌握识字的方法。的确，在低段识字的教学过程中，老师恰当地使用迁移理论，能够给识字教学效果带来质的提高。

三、学习迁移理论应用需要注意的问题

(1)汉语教学要体现以识字教学为基础的规律。汉语教学要以学汉字为基础，这既是理论又是常识。因为汉语属于非形态语。汉字在构词、造句方面不需要形态变化，只要学会了足够数量的汉字，就可以直接阅读篇章；表意文字的阅读是以掌握的汉字数量为前提的，所以阅读、写作前必须积累一定数量的汉字，学好汉字对学好汉语具有决定性的作用。学汉字是学汉语的基础，学汉字的最终目的是为了提高学生的读写能力；只有把汉字教学搞好了，才能为汉语教学打下坚实的基础。历史经验告诉我们：什么时候遵循“汉语教学以汉字教学为基础”这条规律，汉字和汉语教学就会在快车道上前进；什么时候偏离了这条道路，汉字和汉语教学的效果就会下降。

(2)利用正迁移，消除负迁移。学习迁移是学校教育中的重要问题。迁移有正迁移和负迁移之分。凡一种学习加强另一种学习，称为正迁移；反之，

一种学习干扰或削弱另一种学习，称为负迁移。一般来说，迁移是由两种学习的刺激和反应的类似性而产生的。反应相同时两种学习的刺激越相似，越会发生正迁移；反应不同时，刺激越相似，越会发生负迁移。

教学中应注意利用正迁移，消除负迁移。在课程设置、教材的组织、教学方法的选择上都要注意学习迁移的作用。

其中，形近字是低段学生最容易记错、混淆的，教师要将每个字的字形与它的字义相结合，让学生知道该如何识记、区分，利用正迁移来消除负迁移。

师："目"字回家的时候，另一个小朋友也跟着它一起回去了，可是这个小朋友怎么也进不了家门？这是怎么回事？

师：请你们比一比，这两个字有什么不同？（出示"目"和"耳"）

生1："耳"字的上下两个长横都出头了。

生2："耳"字右边的长竖下面也出头了。

师：对，虽然"目"和"耳"长得很像，但它们是两个不同的字，"耳"这个字不是指眼睛，那这个字到底是指身体的哪个部位呢？（出示其他身体部位图片）

师：请大家一起说出它的名字。

生齐：耳——朵——。

师：（出示象形字）你们看，右边出头的这一竖就像是我们的耳垂。现在谁能给"耳"字找个朋友，组一个词？

生：耳朵、耳垂、左耳……

"耳"的字形教学，教师在课堂上根据"目"和"耳"的微妙关系，以"目"的字形特点，利用迁移理论，和学生一起寻找两个生字之间的异同奥妙。学生明白了这两个生字的差异所在，并且理解了字义后，再见到这两个生字时就会触发联想，提高识记效率。

(3)帮助学生形成积极的识字态度。兴趣是最好的老师。迁移学习的一个重要因素就是学习者自身是否具有主动积极性，只有学习者主动去运用已有的知识去学习新知识，才能够将旧知识迁移到新知识，从而更好地掌握新知识。因而，教学中教师正确地运用迁移理论，能充分调动学生的积极性，培养学生正确的学习态度。

多让学生体验成功的感觉。比如，学习合体字的时候，教师可以很好地根据合体字构字的原则，充分利用学生原有的生字积累，采用加一加、减一减的方法，让学生充分地体验在原有识字基础上认识新字的快乐，极大调动学生识字的兴趣。

采用游戏法可以激发学生学习的积极性。如常用的"给生字宝宝找个朋友"游戏，也可以让学生看着书上的情境图练习说话，还可以将带有这个生字的词语编成一个故事，让学生从故事里找到与这个生字相关的词，并大声念出来。

又如，"口"字的字形和字音对于学生而言都不难，在教这样的字时，教师就需要运用迁移理论在拓展字义上下功夫，用"门口""口水""口袋"等词编成一个发生在班级里的小故事，请学生找出故事里含有"口"的词。这样的活动既让学生在乐趣中积累了含有"口"字的词语，又让学生识字的兴趣在潜移默化中得到增强。

综上所述，迁移理论的原理是教师在引导学生学习新知识前，先引导他们回忆起旧知识，在旧知识的基础上找寻新的知识。在现代教育体系下，教师应该不断探索，找到适合学生学习的模式，在提高学生语文学习成绩的同时帮助学生形成良好的语文认知，为以后更好地学习研究打下坚实的基础。这种迁移理论的教学方式是适合学生学习的重要方式，教师应该积极使用，发挥教学的最佳效果。

参考文献

[1] 张兴瑜，胡朝兵.迁移理论及其对教与学的启示[J].湖北教育学院学报，2007(9):108－111.

[2] 董泽华.试论迁移理论在语文综合学习中的应用[J].上海教育科研，2007(7):81－82.

[3] 尤爱萍.试谈迁移理论在小学语文教学中的应用[J].语文天地，2015(27):13.

（作者单位：舟山市定海区东海小学）

组块理论在小学低段识字中的运用

丁　静

识字是阅读和写作的基础，是第一学段教学的重点和难点，它遵循的是识字指向运用（特别是阅读）的教学价值取向。第一学段就要求学生认识常用汉字1600个左右，其中800个左右会写，要求认读的汉字数量远远超过要求会写的字，平均每篇课文学生要会认十几个字。这样的目的是降低学生学习的难度，多认汉字为儿童阅读扫清障碍，帮助他们尽早进入大量阅读阶段。这种“多认少写”是第一学段识字教学的基本原则，从学理上说，这样的设计契合语文学习的基本规律。但是，一篇课文就要识记十几个汉字，课堂上学生在识字这个环节，回生字很多，生字的遗忘率比较高，尤其是学前识字量不多的儿童，在整册教材学习结束后，发现很多教过的生字都不记得了，需要反反复复回认、复现，才能再次识记。而语文第一学段汉字“多认少写”的教材编排，识字量大，客观上导致了学生识字“遗忘多、遗忘快”现象的发生。

对此，更需要依据科学理论，用科学的方法引导学生掌握识字本领，提高识字能力，有助于其语文素养的形成。

一、组块理论简介

“组块”是人类信息加工中最重要的形式之一。“组块”（chunk）这个概念最早由美国著名心理学家米勒提出，他注意到人类的工作记忆（短时记忆）容量是有限的，这种有限性主要指：①记忆保存的时间有限，某一工作记忆中的信息如果未被复诵，大约10秒后便消退；②记忆保存的容量有限，工作记忆储

 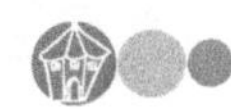

存信息的最大容量为(7±2)单元。但人类在信息处理中具有克服工作记忆容量限制的基本策略,有意识地将许多零散的信息单元整合成一个有更大意义的信息单位,他将这一策略称为“组块”。一般意义上来说,组块就是指由若干个意义较小的单位(称其为“块”)组合而成的意义较大的信息加工的记忆单位。

米勒在《神奇的数字7±2:我们信息加工能力的限制》一文中,明确提出了短时记忆的容量为(7±2)单元,在这里所说的容量“7±2”是以单元来计算的,一个单元可以是一个数字、字母、音节,也可以是一组单词、短语或句子。也就是说如果每个单元的组合越多,那么你记忆的容量就越大。组块理论认为,当外界信息通过感官进入记忆系统,记忆系统中的短时储存系统就对信息进行有意识的处理。实验表明:短时记忆贮存系统一般接受(7±2)单位的量,也就是说,如果我们去记一些无关的单位,一次能够记住5～9单位,而且单位越多越不容易记忆,但是心理学家通过大量的实验得出结论:改变组块的容量可以改变记忆的容量。

比如我们一个字母一个字母的记忆26个英文字母——abcdefghijklmnopqrstuvwxyz,它们的排列顺序在一定程度上是任意的,其间并无确切的理据可言,因此可以看作26个信息单位。为了便于儿童记忆,《字母歌》将之组块处理为:abcdefg / hijklmn / opq / rst / uvwxyz,《字母歌》将这26个信息单位整体上组合为5块,每一块依次包含7、7、3、3、6个单位,其中前4个块的单位数目两两相同,从而使块与块之间在参差错落中具有了一定的秩序,也就是赋予了整散结合的结构关系。经过组块之后,信息单位不再是26个字母,而是5个块,需要加工的信息数量被控制在工作记忆容许的范围内,因而习得者既可以在空间布局上整体性地把握所有信息,也可以在时间序列中同时处理这些信息而不至于耗费过多的认知资源。

“组块”作为认知过程中的一种组织策略和整合行为,具有重组、整合的功能,可以提高记忆的容量和效率。“组块理论”为识字教学结构化提供了儿童认知的心理学依据。

二、组块理论在低段识字课中的运用

(1)采用“组块”式记忆，促进学生认知汉字。小时候学习汉字时，都是从“横(一)　竖(丨)　撇(丿)　捺(㇏)　折(㇉)　点(、)”等基本笔画开始的。然后记住“一　二　四　人　天　大　主　手　目　小”等最简单的字。这些字的笔画少且结构简单，我们会跟着老师一遍一遍念：“天：横 横 撇 捺”就这样记住了“天”这个字。这就是将这五个笔画看成5个“块”，组合成整个字——“天”。

有了以上这些基础后，我们就学习基本的造字单位：偏旁部首。等开始学习更多的相对复杂的汉字时，我们就不会像学习简单汉字时，采用死记硬背笔画的方式了，会采用偏旁部首来记忆。比如记忆“动”字时，运用偏旁部首的方式，将“动”拆成“云”和“力”两个部件进行记忆，因为“云”和“力”是先前已经记住的，这样就可以将“动”轻松地记忆下来。组块理论认为记忆储存最佳为(7±2)个块，而“动”运用偏旁部首记忆的方法，将这个字拆成了“云”和“力”两个“块”，学生记忆起来就非常轻松，极大地减少了记忆的工作量。如果再用笔画记忆，就远远超出了记忆最佳的数量，学生就不容易记住这个字。

其实，用偏旁部首记忆汉字的方式就是典型的“组块”式记忆，这是我们非常熟悉的方式。

(2)遵循汉字的构字规律，建立“部件块”“字块”“词块”的联系。鲁迅先生曾说过汉字有三美：音美以感耳，形美以感目，意美以感心。汉字是音、形、义3个因素构成的方块图形。掌握汉字就是建立起音、形、义三者之间的联系。

①联系字理演变形象识字，建立由“部件块”到“字块”的联系。小学生产生错别字的原因，很多是汉字的音、形、义之间的连接发生断裂。如“歌”，很多学生会将右边的欠字旁写成反文旁，原因是学生对“欠”的字源不了解。“欠”的古文字体为：，像一个人张大嘴巴，气从口出，“欠”是“歌”的义旁。而反文旁的古文字是这样的：，像一只手握枝条。若学生将“歌”的字形与字义联系起来记忆，就不会将欠字旁和反文旁搞混了。

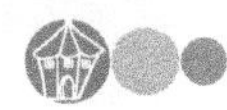

如针对学生“历”和“厉”乱用的现象，教师就可从字理入手对它们进行辨析：这两个字的字义与里面的“力”和“万”有什么联系呢？教师可出现“历”和“厉”的古体字，然后讲述这两个字的演变故事：

“历”原来下方是“止”：，表示用脚行走，意思是走过，现在演变成了“力”，指要用力气走过，所以，“历”的本义就是“经过”，引申为“遍、完全”和“推算年、月、日的方法”，可以组词：“经历、游历、日历、历历在目”等；

“厉”的下方是大写的“万”，原意是指这是一块万般坚硬的磨刀石，十分厉害，引申为“严肃、凶猛、磨、使锋利”，可以组词“严厉、厉害、再接再厉”等。

这样，利用汉字字理进行教学，由构字部件这一小“块”，组合成汉字的字“块”，建立音、形、义之间的组块联系，让学生了解汉字构造的特点和汉字背后的意义，从一定程度上可以构建形象意义，使识字教学更加精准，还能最大限度地激发孩子识字的兴趣。

②见形知音义，建立“字块”“词块”的联系。形声字是在象形字、指事字、会意字的基础上形成的，由表示意义范畴的意符（形旁）和表示声音类别的声符（声旁）组合而成。所以形声字是汉字造字法中音、形、义结合最紧密的。

教师要利用好教材，揭示形声字的规律，引导学生以积累形声字的方法进行识字。形声字在汉字中占有80%以上的比例，学生若能掌握好形声字的特点，对学习汉字，提高识字的能力是极为有利的。

教学时，我们可以利用形声字的构字特点，帮助学生建立起音、形、义之间的联系。如《我是什么》中“抱、跑、雹、袍”这几个形近字同时出现在一篇课文中，老师可以借助顺口溜帮助学生识记：有手轻轻抱，有足快快跑，有衣穿红袍，有雨是冰雹。

再如《小青蛙》通过字族识字，由母体字“青”，带出“清、晴、请、情、睛”等形声字。《动物儿歌》则出现了大量虫字旁的形声字，“蚯蚓、蝌蚪、蝴蝶、蚂蚁、蜻蜓、蜘蛛”都是帮助学生掌握形声字的教学资源，在教学时既要引导学生关注偏旁“虫”，又要引导学生发现整个字在读音方面与声旁的联系。学生学会了字音，又掌握了形声字的特点。将“蚯”和“蚓”两个字以词语的形式出示，将两个“块”组合成一个“块”，这样将要认的12个字组合成6个词语，变成记忆的6个“块”，符合组块理论认为的记忆储存最佳为(7±2)个块，这样学生记忆比较牢固。最后，以此特点，再进行相应的识字拓展：你还知道哪些虫字旁的字？学生自然会联系平时的经验，想到“蜜蜂、蟋蟀、蝈蝈、蛐蛐、螳螂、蝗虫”等，加大了学生记忆贮存的量。

(3)利用生活实际，加大识字量。早在1890年，美国心理学之父詹姆士(James)就提出了著名的“邻近法则”(The Law of Contiguity)：同时经历过的事物在思维中会被联系在一起。当其中一个被想起时，其他的也会被想起，而且以过去同样的顺序或方式。大脑储存信息的模式完全取决于大脑提取信息的方便性。有关儿童母语习得机制的研究表明：在儿童习得母语过程的初期，他们往往将大量词汇块不加分析地贮存在记忆中，供需要时整体提取和使用。

部编语文第一学段教科书中的《识字加油站》栏目，充分发挥母语学习的资源无处不在的优势，强化了生活识字的理念，大力倡导生活识字，树立生活中处处可以识字的理念。

①识字从生活中来，到生活中去。语文学习是母语学习，无处不在，无时不在，在生活中识字是一个很重要、很方便的途径。

例如：二年级上册语文园地一的“识字加油站”(见图1)。

手套(tào)	帽(mào)子	登(dēng)山鞋(xié)	运动裤(kù)
地图(tú)	水壶(hú)	手电筒(tǒng)	指南针(zhēn)

tào	mào	dēng	xié	kù	tú	hú	tǒng	zhēn
套	帽	登	鞋	裤	图	壶	筒	针

图1 语文园地一“识字加油站”

这一单元的“识字加油站”内容，非常贴近学生的生活实际，取材于孩子们最喜欢的郊游活动。对于郊游活动，二年级的学生并不陌生，父母带领外出郊游，学校组织外出春(秋)游，观察大自然，孩子们很喜欢这样的活动。对于外出郊游观察大自然该带些什么物品，学生也比较熟悉。本次“识字加油站”的词语，学生平时比较熟悉，为识字教学向生活延伸搭建了极好的平台。

本次识记 8 个词语,9 个生字,符合组块理论提出的记忆贮存(7±2)个块。

教学时,先出示图画,让学生说说这两个同学在干什么?再出示词语,这两个同学外出郊游观察大自然带了些什么?我们来读一读。让学生将这些词语读正确,并说说为什么要带这些物品。接着,选用几个词语说说句子:例:郊游时,我会(戴上帽子,带好水壶,穿好运动裤和登山鞋。)然后,出示单个生字,让学生认读。相机对生字进行识记方法的教学,让学生不仅会认,更会用合理的方法识记生字。最后,让学生关注泡泡里的话"去野外观察大自然,你会准备些什么?"在学生的回答中,老师出示相关的词语,如:望远镜、干粮、面包、餐巾纸、垃圾袋、画板……让学生读一读,词语数量也控制在(7±2)个。紧接着,老师可以适当地进行课外拓展:回家后自己制作识字卡,郊游观察大自然还需要准备些什么,制作成词卡,明天带来和组内同学交流,组内交流不仅要正确读出词语,更要说说新认识的字用什么方法来记。这样,学生兴趣盎然,识字并没有因教学环节的结束而结束,而是延伸到了课外,将更多的相关词语生字呈现在同学面前。

这样的活动设计,搭建了课堂与生活之间的平台,课堂识字链接生活,课本上的内容延伸到学生的身边,进入了他们真实的生活,让孩子们意识到生活识字无处不在。

②以生活经验,促进识字。部编语文二年级教科书中的"识字加油站"很多都是选自孩子们熟悉的生活场景中出现的词语,符合儿童的生活经验。教学起来,容易唤醒孩子们的生活记忆,将孩子们熟悉的生活经验与识字联系起来,以达到识字的目的。

如:二年级下册的语文园地四的"识字加油站"(见图 2)。

tuó luó 陀螺	jiàn 毽子	dǎo wēng 不倒翁	qiāng 玩具枪
xiàng 橡皮泥	kòng 遥控	tǎn kè 坦克	tuó luó 陀螺

jiàn 毽	dǎo 倒	wēng 翁	qiāng 枪	xiàng 橡	kòng 控	tǎn 坦	kè 克

图 2　语文园地四"识字加油站"

这一组词是孩子们很熟悉的词语，都是玩具的名称，共 7 个词语、10 个生字。生字的数量偏多，把生字放在词语中认识，由 10 个生字“块”，降低到 7 个词语“块”，即通过把相关的几个小项目整合为一个大项目，减少基本块数，从而将信息量控制在记忆所容许的范围内，降低学生识记生字的难度。对于本单元“识字加油站”的这些词语，学生在认读的过程中，脑海中都会呈现相应的玩具，而这些玩具的名称原来是这样写的，因此，这些汉字仿佛都活了起来，孩子们自然而然记住了这些汉字，符合学生的“整存整取”记忆规律。每一个孩子都有自己的玩具，还可以让学生介绍自己的玩具，以“我还玩过别的玩具……”开头进行介绍，同时，老师出示相关的词语，让学生认读。最后布置课外作业：回家把自己最喜爱的玩具画下来，并写上它的名字，明天和同学们交流，教别的同学认认你写的玩具的名称，数量控制在（7±2）个块。

依托组块理论，鼓励学生在生活中识字，强化生活处处皆可识字的理念，使学生不断获得识记汉字的成就感。低年级的识字课与生活进行链接，就可以培养学生良好的识字习惯，形成高效的识字能力。

③归类识字，感悟规律。在识字教学中，教师除了要注重识字数量，更重要的是要引导学生去发现字词的规律，要关注学生在识字过程中的体验和认识，以及他们对识字方法的学习和运用情况。

如：二年级上册语文园地三的“识字加油站”（见图 3）。

tán gāng qín 弹 钢 琴	wǔ dǎo 练 舞 蹈	唱京戏
画图画	niē ní 捏 泥 人	下围棋
gǔn tiě huán 滚 铁 环	dàng 荡 秋 千	huá tī 滑 滑 梯

tán gāng qín wǔ dǎo niē ní gǔn tiě huán dàng huá tī
弹 钢 琴 舞 蹈 捏 泥 滚 铁 环 荡 滑 梯

图 3 语文园地三“识字加油站”

这是一组词源于孩子们生活中常见课余活动，列举了 9 种活动的名称，

符合组块理论提出的(7±2)个块，学生联系生活实际，就能了解这9个词语的意思，学生仿佛能够看见自己正在做这些活动。同时，动宾结构的构词，读起来有一定的节奏感，学生读几遍后，就能发现这一构词特点，在老师的引导下，还能自己说说这种结构表示活动的词语，如：写作业、跳长绳、打篮球、跳格子……数量也要控制在(7±2)个词块内。

对应着熟悉的生活环境及生活经验来学习汉字，能更好地帮助学生记忆生字，提高识记汉字的效果。同时将识字学习与生活相链接，有意识地建立起课内学习与生活认知之间的联系，将课堂识字学习放在大生活中，强化了“生活处处皆语文”的理念，引导学生随时随地主动识字。这样的识字课，学生的识字量才会大幅提升。

(4)利用构字的规律建立“相似块”，提高识字能力。部编语文教科书在一年级对汉字的偏旁、结构、构字原理有了初步了解的基础上，针对二年级合体字增多的现实，教材进一步强化了形声字形旁表义、声旁表音的规律，并充分利用这些规律，引导学生大胆地猜读生字，自主学习生字。

如：二年级上册的语文园地五的“识字加油站”(见图4)。

山 fēng	锋	爱 mù	幕	吵	chǎo 饭
蜜 fēng	峰	扫 mù	慕	抄	chǎo 闹
刀 fēng	蜂	开 mù	墓	炒	chāo 写

fēng	mì	fēng	mù	mù	sǎo	mù	chāo	chǎo
锋	蜜	蜂	幕	慕	扫	墓	抄	炒

图4 语文园地五“识字加油站”

认知心理学，有意识地将许多零散的信息单元整合成一个有更大意义的信息单位，并贮存在大脑中的心理活动称之为“组块”，而把贮存在大脑中的信息单位称为“相似块”。

语文园地五的“识字加油站”，共识记9个生字，识记的量比较大，可是教材根据“峰、锋、蜂”“幕、墓、慕”“抄、炒、吵”3组字的字形特点，分成3组呈现，形成了3个相似块，大大减少了记忆的贮存数量，根据形声字形旁表义、声旁表音的规律，引导学生根据偏旁的特点判断字义，把生字选入恰当的语境中，减少了学生识记的难度。根据形声字的构字特点，大胆猜字，逐步提高识字能力。

课例：

师：谁来读读第一组词语：山 fēng 峰。

学生读。

师：为什么山 fēng，连的是“峰”这个字呢？

生：因为这个“峰”是山字旁，肯定和山有关，所以连“峰”。

师：谁能说说“蜜 fēng”和“刀 fēng”应该连哪个“fēng”？

指名一生在实物投影仪中连一连。

师：你能说说为什么这么连吗？

生：“蜜蜂”是昆虫，所以我连的是虫字旁的“蜂”，“刀锋”是和刀有关，是金属的，所以我连的是金字旁的“锋”。

师：是呀，我们的汉字很多都有这样的特点，根据它们的偏旁就能猜出这个字的意思呢。接下来，你可以用汉字的这个特点，来猜一猜，下面两组的词语该怎么连。

根据形声字的特点来集中识字，让学生在认读中自主发现偏旁与字义之间的联系，不断丰富学生对汉字的感知。遵循汉字的构字规律而教，提高学生的识字能力。

三、结语

总之，识字教学作为第一学段的教学重点，教师要特别重视学生的识字兴趣，利用生活有意识地加强识字实践活动，用多样而有趣的教学活动结合细致而扎实的训练，更要关注学生识字的心理，运用组块理论，实现识字与其他事物的多元关系的整合，必然能使以简单记忆为主的识字教学朝结构化、精准化发展，提高学生自主识字的能力，为学生接下来的学习奠定坚实的基础。

参考文献

[1] 中华人民共和国教育部.义务教育语文课程标准[M].北京:北京师范大学出版社,2012.

[2] 莫国夫.以“联系”抵达识字教学结构化——谈基于“组块理论”的低年级课堂识字教学改进[G].小学语文教学杂志，2016(4):27.

[3] 张敏华.谈小学语文教学之道:统编本教材教学方略(第一学段)[M].宁波:宁波教育出版社,2018.

[4] 宋德生.组块效应及其对外语教学的启示[J].外语与外语教学，2002(9):23—25.

(作者单位:舟山市定海区廷佐小学)

记忆心理学原理在小学识字写字教学中的应用

王佳璐

识字和写字作为低段学生语文学习的起点，是语文学习的重要任务，同时也是学生阅读、写作能力培养的基础阶段。郭沫若先生曾经说过："识字是一切探求之第一步。"它有利于学生的智力发展，有利于提高学生的审美情趣和文化品位。作为一名语文教学的一线工作者，在识字教学中经常会遇到这样的问题：刚上完新课，学生当时清楚地记住了生字，但是没过多久就会忘记，即使记住了一些大概的字形，但在面对练习、考试时却容易出错。此时，学生就会感到气馁，质疑自己的能力，产生消极情绪，对学习产生厌烦或畏惧感。

学生学得慢、教师教得累、学生学得更是累。识字、阅读、写作这 3 个板块往往互相脱节，识字的效率低已经成为孩子们进入早期阅读的瓶颈。在识字写字教学过程中如何才能让低段孩子较轻松地掌握所学知识，让他们能在有效掌握知识的基础上还不增加他们的学习负担呢？我认为低段的语文老师可以尝试运用记忆心理学原理，为低段学生制订出系统的识字写字学习方案。

根据记忆的性质，可以将记忆划分成 3 种：方法记忆、知识记忆、经验记忆。方法记忆即我们对处理事物的做法的记忆，是一种无形中的记忆，但却是最难遗忘的。知识记忆是知识性的，因为知识本身就比较枯燥，一般情况下是较容易遗忘的。而经验记忆与每个人自身的经验相关联，可以不经意地被人想起。运用记忆心理学不仅有助于孩子们识字时心情上的放松，还有助于学生识字写字情绪的调动，从而提高学习效率。

一、提供记忆点，强化感性认识

孩子们平时在识字时，所产生的记忆大多都是属于知识性记忆，知识本身是缺乏新鲜感的，所以学生在识字时也往往是被动的，很少是真正发自内心的喜好去学习。“好知者不如乐知者”，大脑对于抽象记忆对象的记忆时间十分短暂，这也是孩子们识字回生率高的最重要原因。这些文字内容在潜意识中会被孩子们的大脑认为是无用的知识，所以很难给孩子们留下深刻的印象。因此作为教师，我认为我们首先要丰富教学方式，用尽可能多样化的方式将知识记忆以学生所喜欢的方式予以呈现，以此来加强孩子们对生字的感性认识。

让汉字教学的课堂活跃起来，根据生字设计活动调动他们的积极性，能从多种方面提供记忆线索深化感性认识。

1.“动起来”识字

记忆心理实验研究表明：充分调动身体的各个器官有助于记忆的增强。利用这个规律，我在识字教学会意字时，经常会请孩子们根据字形做一做相关的动作，在做动作的过程中让他们对生字进行正向的思维，帮助他们意义识记。比如在讲授“闻”这个字时，我请了一个孩子站在门中，做出侧耳倾听的动作，告诉孩子们“闻”的本义是听；在讲授“看”时，我让孩子们把手放在眉毛上四处望，表明上半部分代表一只手，“目”是眼睛；教学“休”字时，我请了一位学生靠在模拟的树干上，学生就明白了“休”有“停止、歇息”之意；讲授“解”字时，我通过多媒体播放“庖丁解牛”的故事，告诉孩子们“解”的意思就是用两把刀把牛分割成一块块的，所以由“刀”“用”“牛”这几个字构成……

在这样的做与说中，孩子们不仅快速地记住了字形，同时也了解了这些字的本义，学会了记字的方法之一——拆字法，为后面的学习打下了基础。

3. 让字“动”起来

(1)加一加。学生在记忆新的知识内容时要依据一定的记忆线索，这就需要思维打开、激活有关记忆的节点，打开搜索通道。教师在课堂识字教学中应设法将汉字分析得生动、形象，通过深入浅出的讲解，让孩子们感受每个汉字独特的美学特征，同时引导他们认识汉字的审美价值，从而对写字充满浓厚的兴趣。

例如在教学“聪”字的时候：老师在黑板上写“聪”字，问孩子们：你们想做聪明的孩子吗？学生说：想！师继续问：怎样才能使自己变得聪明呢？这时候教师可以用手指“聪”字，提醒孩子们在字里寻找答案。孩子们在老师的启发下，会陆续在字里找到了“口”“心”“耳”。进而，老师进行引导：“总”字上的点撇像什么？学生回答：像小眼睛。最后，老师总结：所以我们读书要做到眼到、口到、耳到、心到，这样才能做聪明的小朋友。

(2)巧编谜语。也可以采用给生字编谜语的方式，让原本枯燥无味的识字变得生动有趣，这种方法对低年级的孩子们而言，更容易产生记忆节点，被记忆库保留。在孩子对字形结构的认识有了初步认识后，便将编字谜这一活动引入识字教学中，给孩子们创造形象生动的谜面，成为回忆生字字形、字音和字义三要素时最可靠的线索。

在教三年级时，孩子们总是容易将“碧”的“石”写成“王”，针对这一情况，引用了自己上小学时期接触过的谜语：王先生，白先生，坐在一块石头上。这个谜语使学生能轻松地回忆起字形(下面是个“石”而不是“王”)的线索；再如书中“告”的谜语是“一口咬下牛尾巴”，字形(上面不是“牛”)的线索能使学生在记谜语中就记住了这个字，也给了我很大的启发；这一类的谜语还有很多，例如“八九不离十”中，他们明白了“杂”字的组成，而“向前一直去”这个谜语，让孩子们知道了“句”的正确写法……

谜语大大调动了孩子们的兴趣，一个个原本枯燥无味的汉字在孩子们的眼中，都变成了生动的谜语，在猜字谜与编字谜的过程中，智慧的火花时常闪现，在记字的同时又锻炼了孩子们的思维能力。可谓一举两得。

(3)巧编顺口溜。编顺口溜和谜语有异曲同工之妙，顺口溜具有朗朗上口的特点，学生喜欢用这种形式来认识生字。例如“嚷”可以这样编顺口溜：张开小嘴乱嚷嚷，一点一横长，两口在中央；“衣”字没有点，一口水井放中间；“德”——有对好朋友，阿十和阿四，团结在一起，做事一条心。这些容易记住的歌谣，一下子突破了生字的教学难点，效果立竿见影。在学会了口诀后，孩

子们在练习书写“嚷”的时候不会将撇丢掉，书写“德”字的时候也不会有人将“四”下面的短横漏掉。孩子们在几次练习后很快掌握了这种识字方法，开始试着模仿编顺口溜：司机讲话——词，山上的石头——岩。我还专门让孩子们在课堂上互相交流，互做老师。在一次课上，基础较差的张××小朋友在教大家识记“赢”时这样说：“死亡都不怕，张开大嘴巴，一口吃掉月，一口吃掉贝，一口吃掉凡。”这个顺口溜，一下子赢得了全班的掌声。

有时孩子编的顺口溜十分牵强，但这本身就是他们的再创造，正是在这种再创造中，孩子们的识字能力得到了进一步增强，对字的感性认识也更为深刻，能让他们更为持久地记住生字，理解含义，这就达到了识字教学的目的。

二、遵从学生心理特点，优化识字策略

汉字识记难点在于记字形，汉字的识记过程就是信息的加工贮存和检索的过程。其中，加工和线索起着至关重要的作用，心理学认为，每一个事件的记忆，都将随着加工的增多而增进，加工越是充分，记忆的效果就愈好。学生在识字时根据字形理解字义，建立起音形义三者的内在联系就是对汉字进行了深刻的加工，可以很大程度上强化记忆。

1. 字理识字法

字理识字是将一个字的古文字形呈现给学生看，利用其形象、理据的特点，帮助学生理解和识记。在部编版一年级的课本中，有好多象形字，如日、月、水、火、山、田等。在教学时可以引导学生观察实物图片，发现事物的特点，再从汉字的发展变化来看，了解这些字的来历，这样，就能牢牢地记住这些字形。在教学新部首“日、目”时。相机出示了古代的“日”字，并向学生解释外面这个圆就是太阳的轮廓，里面的一点代表太阳的光。因此，日字里面只有一横。接着出示古时候的“目”字，同样说明外面一圈是眼眶，里面是眼睛的瞳孔，所以目字里面有两横。

这样一对比，学生就能很轻松地分清“日”和“目”。

3. 组块教学法

著名心理学家米勒在他的组块概念中认为，我们对信息进行有序地组

织，使其成为组块，会扩大该系统的容量。组块概念认为，越是把学习的材料组块化，大脑能贮存的容量就越大，在提取信息的时候效果就会越好。

依据汉字的理据性特点，带领孩子们对不同类型的汉字进行了不同的组合，取得了良好的学习效果。汉字形声字中的部件、部首形成了汉字内部结构的完整系统。以“青”为声符的字“情、清、晴、蜻、请”作为例子，韵母都是后鼻音“ing”，都是由共同的声符作为中心构成的，我们可以将它们作为组块，对这些字进行组织加工，孩子们就掌握了音、形、义。再如品字结构的字“品、晶、森、磊”等，这些字的字形具有系统性，将其作为一个大的组块，在掌握了基础字的基础上，就可以轻松地掌握其他字。

在识字教学时，我发现孩子们容易因为一些汉字的某部分与别的字混淆而时常写错。这种情况，我们可以利用汉字的表意性将这些字分解再组块。例如“染”字，学生经常把上面的“九”写成“丸”，在课堂教学时会把它分解为三个组块：氵、木、九，告诉学生染东西的时候要用到“水”，而染料的提取来源是草木，“九”字表示要染的次数很多，这样一讲解，孩子们就不容易写错了。同样在教学“熟”字时可以将“丸”字当成是正在锅中煮着的肉丸子来记。依据汉字的系统性，将声符、义符和本义三者组合在一起，组成一个字组，大大提高了识记效率。

3.随文识字法

“随文识字”是指在教师的引导下，学生积极、主动地在具体的语言环境中去识字，先由字到词，再由词到语句，有的甚至可以将语句纳入一段文字中去理解。随文识字主张“字不离词，词不离句，句不离文”。随文识字教学法符合低段孩子从形象思维向抽象思维发展的客观规律，注重孩子思维的形象性特点，符合孩子语言认知的一般规律，便于他们在新旧知识之间建立联系。

例如在教学《欢乐的泼水节》这一课时，问学生：傣族人民是用什么“灌”的？学生回答：用“瓢”。这时候我相机出示“瓢”，追问：“瓢”的右边是什么？为什么是瓜字旁？生回答：因为瓢是用瓜做的。

这节课中，我巧妙地运用随文识字法，给学生提供了具象、规范的语言环

 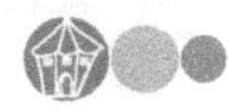

境。但是,随文识字要注意不能过分将识字束缚在阅读中,否则会导致识字教学活动呈现效率低下的情况。

总之,在教学时可以大胆地将生字以生动、形象的形式展示给学生,刺激学生的感官。以上这些识字教学方法,改变了以往死记硬背的传统学习方式,又减轻了孩子们的学习压力,调动了孩子们的学习积极性。大大激发了孩子们识字的兴趣,让他们感受到汉字丰富的文化内涵。

三、遵循遗忘规律,有效复习

(1)遵循规律,科学复习。心理学家艾宾浩斯研究发现,人类的遗忘是有规律可循的,同时遗忘的进程是有变化的。最开始遗忘的速度很快,然后逐渐变得缓慢。艾宾浩斯得出了一些关于记忆的结论,我们称为"遗忘曲线"。观察曲线,我们会发现,学得的知识在一天后遗忘。如不抓紧复习,就只剩下原来记忆的25%。所以,我们必须在遗忘开始前就让学生对所学的知识进行巩固。

有相当多的老师在学生识字写字的过程中,只关注了课堂学习时的记忆效果。但其实要想做好记忆工作,我们更要关注后期的保持,否则是很难达到良好的学习效果的。那么如何才能让学生保持良好的记忆效果不变质呢?这就需要学生在课后进行有效的复习。

低段孩子对课文内容一般不会遗忘,对故事情节更是牢牢记得,但对生字词的识记就显得较薄弱。经过多次尝试,我发现在学完课文后的第二天,让学生对所学生字词进行巩固,这时候的效果最佳。

上完一篇课文一般需要2天的时间。第一课时主要是生字词的教学以及围绕课文的朗读和初步了解展开的,第二课时在第一课时的基础上完成对课文内容的深入理解以及有感情朗读,有时候还需要在课堂上练习背诵。上完第二课时之后,根据配套的识字写字练习,对所学生字马上进行巩固。学生在一笔一画地书写过程中,从描红到仿影到最后临写,经历了对生字从初识到熟识的过程。经过多次调查后发现,学生在刚学完生字之后临写生字,能最有效地记住生字的笔顺,提高识记生字的效率。

(2)巧用组词、有效“保持”。我们的大脑就像一个记忆的大宝库,凡是人脑经历过的事物、思考过的问题、体验过的情感和情绪以及练习过的动作,都可以成为记忆的内容。有很多老师在学生识字的过程中,只关注了学习当时的记忆效果。但其实如果想要做好记忆工作,更要关注记忆后期的保持,否则很难达到良好的效果。那么如何才能让学生保持良好的记忆不变质呢?这就需要学生在课后进行有效的复习。

当孩子们在学完课文之后,教师可以让他们把所有要求掌握的生字用音序或部首查字法查组3个词语。当然,如果有孩子可以不查字典就能正确地给这个字组词,那就更好了,说明这个学生的词汇量十分丰富。这种方法也是扩大学生识字量的有效方法之一。

(3)默写字词,有效“再认”。低段语文教学以识字为主,学生在识字时“回生”现象比较普遍,因此在每次上新课之前都要将上一课的内容进行回顾、复习。每天既要练习当天刚学的“生字”,还要复习之前学过的字。当一课已经学完两三天后,孩子们需要对所学知识进行“再认”。

经过前两个环节的复习,学生对生字词有了一定的记忆,这时候再进行有效的“再认”,让孩子们对所学知识再次复习巩固。

默写就能很好地防止生字“回生”现象的发生。默写主要有两种方式:一是自我检查,可以让孩子们把所有的生字抄下来,然后在每个生字后面标上3个小括号,合上语文书,独立地把生字通过组词的方式默写出来;二是由老师口头报词语,进行默写。这种方式比较传统但效果好。为了达到最佳记忆效果,老师在默写时必须要打乱顺序,随机地抽取字词进行默写。默写的过程就是记忆的重组和再认,确保学生对每一个生字词都扎扎实实地掌握。一般情况下,第一遍的默写情况可能不太乐观,但第二次默写之后情况就会有明显的改善,大多数学生基本已经掌握要求认识的生字词了。

(4)有效练习,巩固“记忆”。我们都知道,复习是巩固和强化所学知识不可或缺的途径,是学习过程中最为重要的环节。而练习就是复习环节重要的载体。新课标曾强调不增加学生的学习负担,那么如何能在这一前提下,对所学生字进行复习呢?

语文配套的《生字抄写本》和《课堂作业本》,给我们的复习提供了保证。

这本作业本要在学校完成,《生字抄写本》可以安排在识字写字教学完成之后,让学生对课上的内容有一个检验。教师及时批改学生写错的字词,及时订正。然后第二天可以安排默写,默写的次数建议为两次,这时候学生对字词的掌握已经比较扎实。然后让学生在课堂上,独立完成课堂作业,在闭卷情况下完成,学生通对所学知识进行“回忆”独立完成练习,达到了真正意义上的巩固“记忆”。通过“识记—保持—再认—回忆”这一整个过程,孩子们所学的知识就会以长时间记忆的形式贮存在学生的脑海中,不会因为时间长了就被遗忘。这才是真正达到了有效“记忆”。

(5)内容适当,增强复习趣味性。著名心理学家乔治·米勒提出了“怪数七”或“魔力之七”的记忆理论,这一理论告诉我们如果记忆的内容多于7项,那么记忆的效果就会不佳。比如,一节课上,学生学习了很多生字,若按一个相关词串为一个组块记忆,那么记忆的单位就会减少很多,记忆的效率也会高很多。

此外,孩子们在复习的过程中,要对一些生字进行反复咀嚼,与此同时还应思考其趣味性,也就是要讲究复习的趣味。感受复习带来的乐趣,从而使孩子们在复习的过程中不易疲乏。例如,可以几个孩子一起复习,用抢答积分的形式来识记生字,交流记字的方法。这样每个孩子在复习的时候都可以找到或发现新的问题和方法,从而加深对生字的印象和掌握。

总的来说,孩子们对事物的记忆会出现模糊的情况都是正常的现象,我们只要摆正好心态,积极地引导孩子面对这些问题,并及时对学习情况进行反思总结,弄清楚是哪些因素造成了记忆遗忘的情况,然后利用科学的记忆方法对生活和学习进行有效的指导,我相信孩子们会在字词学习中越挫越勇,从而提高识字写字的效率,为阅读写作打下坚实的基础。

参考文献

[1] 董蓓非.语文教育心理学[M].北京:人民教育出版社,2001.

[2] 刘儒德.教育中的心理效应[M].上海:华东师范大学出版社,2006.

[3] 曹海永.斯霞老师“随课文分散识字”教学模式研究[J].江苏教育,2010(4)13—15.

[4] 刘勋，吴艳红，李兴珊，等.认知心理学：理解脑、心智和行为的基石[J].中国科学院院刊，2011(6)：620－629.

[5] 董雪梅.运用记忆和保持原理进行教学提高教学实效[J].赤峰教育学院学报，2010(3)：17.

[6] 王丽敏.从认知心理学的教学观看成人教育方法的改革[J].赤峰教育学院学报，2010(2)：20－21.

[7] 蒋晓虹.用心理学规律指导心理学教学[J].临沂师专学报，2010(4)：77－78.

（作者单位：舟山市定海小学教育集团海滨校区）

布鲁纳认知结构教学理论在小学识字教学中的运用

胡　曾

识字教学是小学语文最基本和最重要的内容和任务之一。语文学科被公认为是“百科之母”，是一门重要的基础学科，是了解和学习其他科学文化知识的基础和基本工具。汉字是构成汉语体系的基础材料，所以识字写字在语文学习中的作用极为重要。就其基础性和重要性，不管是在古代还是在现代，识字教学都是语文教学，特别是蒙学和小学低年级语文教学的关注焦点与研究热点。

然而小学教育受传统教学模式的影响很大，以教师为中心，学生只是被动接受，参与意识很弱，不能积极独立地思考问题和解决问题。当前识字教学问题主要表现为忽视科学规律，方法单调，错别字大量存在，学生学习积极性不高。

布鲁纳的认知结构教学理论重视主动形成认知结构，注重培养直觉性思维，强调内部动机的重要性，提倡使用发现法教学，关注教师示范作用，认真审视这一思想，能为语文教学提供诸多的理念性的启示，对当前小学识字写字教学有很大的借鉴意义。本篇主要就该理论在识字教学中的运用谈一些看法。

一、布鲁纳认知结构教学理论简介

布鲁纳是在西方教育界和心理学界都享有盛誉的学者。他主张学习的目的在于以发现学习的方式，使学科的基本结构转变为学生头脑中的认知结构。其基本思想闪烁着教育智慧，一直带给我们深刻的启发和思考。

(1)注重学生智力的充分发展。促使儿童智力的不断发展与完善是布鲁纳教育研究的出发点和最终目标。布鲁纳认为,过去学生在学校里学习的一定数量的知识技能已远远满足不了当代社会的需要。因此,他主张学校教育除知识技能外,更重要的是培养学生的认知能力,发展他们的智力,使学习者成为“自主自动的思想家”,在他们离校后,能“独立地向前迈进”。

(2)强调学科基本结构的学习。布鲁纳说:“不论我们教什么学科,务必使学生理解该学科的基本结构。”所谓学科的基本结构,是指学科的基本概念、基本原理、基本态度和方法。他认为,掌握学科基本结构可以较容易地理解和掌握整个学科,有助于学生的记忆,缩小“高级”知识和“低级”知识之间的差距,实现学习的迁移。所以,他主张课程的设计应遵循学科知识的基本结构进行。

(3)重视发展学生的直觉思维。布鲁纳说:“一个人往往通过直觉思维使一些问题获得解决,而这些问题如果借助分析思维将无法解决,或者充其量只能慢慢解决。”直觉思维时常以熟悉知识领域及其结构为依据,使思维者可能实行跃进、越级和采取捷径,直接获得答案。因此他认为:给予学生训练,承认直觉思维的合理性,在教学中鼓励学生大胆猜测,并多使用启发式的教学方法不失为培养直觉思维的好方法。

(4)注重引发学生内部学习动机。布鲁纳强调学生不是被动的、消极的知识的接受者,而是主动的、积极的知识的探究者。在教学过程中,教师的作用是要形成一种学生能够独立探究的领域,让学生试着做,边做边想,而不是提供现成的知识。他进一步指出,好奇心是学生内部动机的原型,要重视形成学生的内部学习动机。

(5)倡导“发现法”学习。如上所述,教学任务在于培养学生的一些态度。布鲁纳强调发现了兴奋感,孩子发现新知识之间存在的联系与规律从而产生自信。

发现式教学主要有以下几个步骤:①创设问题情境,发现或提出问题。②针对问题提出解答的假设。③从理论上或实践上检验假设。④根据实验结果,得出最后结论。

发现学习就是学生在教师的指引和帮助下,自己去探索和“发现”事物的

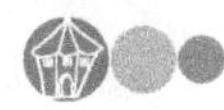

规律，去获取知识，成为一个“发现者”。这样的发现是促进学生学习，增强学习兴趣，使学生智力增长的重要因素。

二、布鲁纳认知结构教学理论的运用

1. 识字教学目标的定位

教学目标是一切教学的出发点和归宿点，因此对识字教学目标进行正确的定位十分必要。《课程标准》作为各科的纲领性文件，其中的课程目标和教学建议对教学实践有重要的指导意义。根据《课标》集中梳理识字目标如表1所示：

表1　各学段教学目标

学　段	识字目标
第一学段	①喜欢学习汉字，有主动识字的愿望 ②认识常用汉字1600个，其中800个左右会写 ③掌握汉字的基本笔画和常用的偏旁部首，注意间架结构，初步感受汉字的形体美 ④学习独立识字
第二学段	①对学习汉字有浓厚的兴趣，养成主动识字的习惯 ②累计认识常用汉字2500个左右，其中1600个左右会写 ③有初步的独立识字能力
第三学段	有较强的独立识字能力。累计认识汉字3000个左右，其中2500个左右会写

仔细考究各个学段的识字教学目标后会发现，它不是一种单维度目标，而是多维度目标，其中第一学段和第二学段都把培养学生“主动识字的愿望和习惯”放在“识字数量”之前，而且每一学段都提倡培养学生“独立识字的能力”。这足以说明培养学生自主识字的习惯和独立识字能力的重要性。

布鲁纳的结构主义教学理论重视学生智力的发展和能力的培养，注重激发学生内在学习动机和学习过程。因此审视和反思布鲁纳结构主义教学理论，不仅对我们的小学识字教学具有重要的借鉴意义，而且与《语文课程标准》中的总目标是不谋而合的。因此在识字教学的目标定位中，以结构主义教学理论为指导，并结合课程目标是尤为重要的。

2. 识字教学内容的安排

(1)以学定教，合理安排识字内容。在布鲁纳看来，学生学习某种知识所遇到的材料序列会影响他们对知识的获得和智慧的发展。因此，教师在教学过程中应充分重视教学设计，使所教授的学科结构与儿童的认知结构相适应，并按最佳顺序呈现教学内容。统编本新教材“识字先行”这一“颠覆性”的变化，给教学带来更多的实践空间和思考。旧教材是先学拼音再识字，认为拼音是识字的必要工具。新教材却先学识字，再学拼音。开学初，笔者对班上 40 位学生做了个小调查。调查结果显示，像“天地人”“口耳目”“上中下”等一些简单的汉字，学生基本都已经认识。有近半数的学生能认识 100 个汉字，并能阅读简单的图画书。这些汉字除了父母有意识地教授外，大部分来自学前的学习和生活：看故事书、看电视、逛超市……那么基于这样的学情，就需要“以学定教”，合理安排识字的内容，提高识字效率。

如教学《天地人》一课的“你我他”时，教师了解到，学生已经能读准这 3 个字音，认清这 3 个字形了。于是上课时，着重引导学生在字词句的运用中，来理解、巩固汉字。教师先提问：“我是一年三班的语文老师，你叫什么名字？他是你的同桌，他叫什么名字？”指定学生回答时自然就引出了“你我他”，学生也在回答时自然而然理解了“你我他”指代谁。接着让学生比较“你”和“他”有什么共同点，发现它们有相同部首“单人旁”，通过认识“单人旁”，帮助学生理解字义。最后通过游戏互动，进一步理解“你我他”：请三位学生上台，手拿生字卡片加动作进行互动交流，如一位学生说：“我是×××，很高兴认识你。我喜欢下象棋，你喜欢什么？他是你的同桌，他喜欢什么？”分小组练习，互动说话。

(2)科学设计，合理编排教材识字内容。结构主义教学理论中十分强调教学设计的科学性，要使所教授的学科结构必须与儿童的认知结构相适应，以最佳顺序呈现教学内容。这要求教师在备课过程中要认真思考如何设计教学内容，才能使学生更容易掌握和迁移应用知识的问题。《课标》在教学建议中也提倡教师“应认真钻研教材，正确理解、把握教材内容，创造性地使用

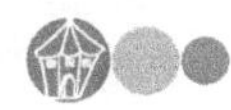

教材，积极开发、合理利用课程资源”。

如在识字过程中，同音混淆是一个普遍现象，那么如何预防学生同音混淆现象呢？我们可以把一串同音字，放在具体的与课本不同的语言环境中，既让学生理解同一个字可以用在不同的语言环境中，也让学生理解有时候同一个字在不同的语言环境中意义是不同的。

如“课、刻、客”这一组同音字，统编教材一年级识字第7课《操场上》出现了含有“课”的一首儿歌：铃声响，下课了。操场上，真热闹。跳绳踢毽丢沙包，天天锻炼身体好。当学生读完这首儿歌，对“课”字有些熟悉了，再拓展学习几个同音字“刻”和“客”，并且把这一组同音字编在一个有趣的故事里：星期天，兰兰到阳阳家去做客。做完功课后，他们到公园玩。兰兰和阳阳看到有个小朋友正在河里抓蝌蚪，立刻跑过去说：“不能抓，不能抓，蝌蚪长大了会变成青蛙，会捉害虫呢！”读了这个有趣的故事，“做客”的“客”，“立刻”的“刻”，“功课”的“课”，这3个同音字就马上鲜活起来了，学生更容易掌握并且迁移运用了。由此可见，科学设计识字内容，不仅符合学生认知结构的发展，而且能提高识字效率。

3. 识字教学方法的运用

在教学方法上，布鲁纳主张“发现法”。所谓“发现法”，对学生是一种学习方法，叫发现学习；对教师则是一种教学方法，叫发现教学。他认为“我们教一门科目，并不是希望学生成为该科目的一个小型图书馆，而是要他们参与获得知识的过程。学习是一种过程，而不是结果。”中国的汉字具有独特的艺术美，它变化微妙，神形兼备，是音、形、义的结合体，要区别掌握它们并不是一件容易的事。因此在教学实践中，要注重运用多种教学方法和手段进行识字教学，特别是注重在具体的语言环境中教识字，把字的音、形、义结合起来，把识字和认识事物结合起来，引导学生通过联想、比较去发现，让学生人人动脑、动手、动口。从而有效地激发了学生的学习兴趣，提高了学生的识字能力，巩固了识字教学的成果。

(1)图文联想法。小学低年级儿童形象记忆占优势，以具体形象思维为主，他们很容易识记含有具体形象的字词。根据小学生的这一心理特点，运用直观手段，让学生观察、思考，使抽象的汉字变成可以感知的具体事物，可以让识字教学事半功倍。例如教同音字“木—目”，这两个字都是象形字，是为描摹事物的特征或形状用线条构成的字。针对这一特点，教学中，出示树木图和眼睛图，分别跟同音字“木—目”联系起来，找出字与图的相同点来识记，学生在饶有兴趣的观察中区别了这两个字。

运用图片联想法识字，值得注意的是图片提供的形象性与直观性，必须与汉字相吻合。一般大部分的象形字都适合用图片联想法来识记，如：竹、月、水、山、石、瓜、雨、禾等。此外，在图片与字形建立联想时，教师要点拨学生抓住图片中的事物的核心特征，突出与汉字有直接联系的部分，其余部分忽略即可。

(2)演示体验法。此方法具体可分为两种：一种是教师通过实物、模具的演示，让学生仔细观察，加深学生对汉字的理解，从而加强汉字的识记。比如，学习“笔”字时，教师先呈现一支毛笔让学生观察，学生进而发现“笔”是由竹子和毛发组成的；学习“串”字时，教师准备了一串糖葫芦，形象直观地演示了糖葫芦串起来的过程，让学生理解了“串”的字义。

另一种演示体验法的实施主体则是学生，通过自己的动作与表演，进而理解字义。比如，区别同音字“坐、座、做、作”时，可以让两位学生在地上做席地而坐的姿势来理解“坐”；指名一位学生站起来指着自己的座位说：“这是我的座位”来理解“座”；请学生动作演示“做蛋糕、做手工、做菜”来理解“做”就是从事某种工作或活动。又如，统编教材一年级下册18课《小猴子下山》中，有6个关于手的动作的字要识记。教师可以让学生看着图片，学着小猴子的样子，同桌相互合作来表演(见图1)。

图1 《小猴子下山》手的动作

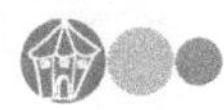

这样不仅能加强对字义的理解，还能提升学生的有效注意，让每位学生都参与到课堂中。值得强调的是，老师运用此方法之前或之后，要及时地补充总结这些字的特点，让学生更好地理解汉字的构形模式和构字规律，以便之后能运用此方法更有效地去学习相同类型的汉字。

(3)韵语儿歌法。在课堂上编一些儿歌顺口溜帮助学生识记生字，也可以收到很好的效果。如教“朋”时，可编成儿歌“两个月亮并排走，马上就成好朋友”。为了让学生牢记“美”字，可以编一句这样的歇后语“大王头上戴俩花——臭美”。又如：有饭能吃饱，有水把茶泡，有足快快跑，有手轻轻抱，有衣穿长袍，有火放鞭炮。这样根据“饱、泡、跑、抱、袍、炮”这几个字字形、字义的不同来编歌谣，就在比较中轻松识记了它们。识记“飘”和“漂”也可以用这种方法：有风树叶空中飘，有水树叶水面漂。

运用此方法时，不能将其当作平时所唱的儿歌，认为只要背诵了就算完成任务，而需要教师对所学汉字的知识进行一番点拨、讲解，如此一来，才会达到事半功倍的识记效果。

(4)想象记忆法。小学生善于发现，善于联想，想象记忆法就是充分激发学生的想象力。如记“当”字时，他们说：一座山被推倒了，可山上的小树还直立着。当了解到蚕的作用时，他们说“蚕”就是天下最好的虫。看到“从”字，可以想象成前面有一个人在走路，后面有一个人跟着他，即“跟从、随从”的“从”。再如“尘”，“尘”的上部分“小”表示“细小”，下面的“土”表示灰土，连起来就表示细小的灰土，就是“灰尘”的“尘”。

学生的想象生动、神奇，每个学生都会有不同的想象，教师有时候也会不由自主地受到学生们的感染。教师在教学中要及时给予表扬，并尊重学生的个性差异，只要想象合理即可，学生的想象力得到激发，语言发展了，对字形与字音、字义的认识也深刻了。

(5)归类总结法。汉字尽管千变万化，但也有规律可循，在学生识记了一定量的汉字后，教师应引导学生进行归类总结，将一些构件形态相同的汉字集中到一起，并对其进行功能和意义的综合分析，然后将构建功能或意义相同的汉字归到一起进行集中学习。此方法最常见的有两种归类形式，一种是形旁归类，如眨、眯、睁、盯、瞄、瞅、瞟、瞧、眺等字，其形旁都是“目”，“目”表示看的意思，所以这些字都和看有关。又如统编小学语文一年级下册《语文园地八》“我的发现”中“猫、猴、狮”都是“反犬旁”，“鸡、鸭、鸦”都是“鸟字旁”，“蝴蝶、蜻蜓、蚂蚁”都是“虫字旁”，它们分别和动物、鸟类和虫子有关。由于这些字都是形声字，剩余构件乃是声旁，提示读音的作用，所以学习这些汉字时，教师应指导学生理解形旁意义之后，着重记忆声旁。

另一种是声旁归类，例如统编小学语文一年级下册识字三《小青蛙》中“请、清、晴、情、睛、蜻”等字，其声旁都是“青”，都和“ing”发音相同，剩余的构件都是形旁，表示一种类别的意义，所以这些汉字的意义各不相同，学生也最容易混淆，因此在进行教学时，应多关注其形旁的意义。

以上的几种方法各有特点和优势，除去个别方法只适用于某一类字外，多数方法都可适用于各种类型的汉字，但这些方法运用时都必须立足于发展学生的智力，结合汉字具体的构形模式，考虑学生的学情和现实教学情境，灵活地选择和运用各种识字方法。

4. 识字教学过程的实施

教学目的、教学内容都必须通过教学过程来实现。布鲁纳认为教学过程是以儿童的智力发展的过程为前提的教和学的统一。在他看来，儿童的智慧发展不是像时钟装置那样，一连串事件相继出现；它对环境，特别对学校环境的影响，也做出反应，因此，教学不必刻板地跟随儿童认知发展的自然过程，而是要向儿童提供挑战并寻找合适的机会使他们的发展步步向前。再者，他认为发现以前未曾认识的观念间的关系和相似的规律性可以给人带来兴奋感和对自身能力的自信感，因此，他强调通过增加教材本身的趣味性使学生有发现的新鲜感，从而鼓励学生去积极主动地发现学习。也就是说，在教学过程中不但要重视学生主动发现学习的行为，也要强调教师发挥的重要作用。因此在识字教学过程中要关注以下两点：

(1)教师引领要科学。趣味识字教学因其趣味性较强受到许多小学语文教师的推崇。但是笔者在听课过程中发现了许多问题，其中一点就是为追求趣味而误讲字理，教师的讲解有时候是违背了汉字的科学的构形规律，或者把形声字讲成会意字或象形字，或者讲错了部件：把部件甲讲成部件乙，或者

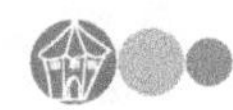

把简单的问题复杂化。某位老师在教学“蚯蚓”二字时，说：“‘蚯蚓’是虫子，所以都是虫子旁……蚯蚓没有脚，所以两点不能加，不能把丘写成兵。蚯蚓有时弯来弯去，像‘弓’，有时是笔直的，像‘丨’，所以右边是个‘引’字。”这个教学环节看似充满趣味性，帮助学生识记了蚯蚓二字，但是从教学的讲解来看，他把这两个字当成了象形字。也许有些人认为在小学识字阶段，为了帮助学生识记，可以不顾字理，但是笔者认为掌握汉字的科学构形规律，对培养学生的识字能力，提高识字效率都有好处。就“蚯蚓”二字的识字来说，可以用其形声字的构造特点来引导学生，“蚯蚓”二字都有虫字旁，这是因为蚯蚓是虫子。“蚯”字的右边是“丘”而不是“兵”是因为这个字读 qiū，“丘”表示了这个字的音；同样“蚓”从“引”是因为“蚓”读为 yǐn，正好由“引”来表示。这样将“蚯蚓”这两个形声字的形旁表义，声旁表声的构形规律渗透到识字教学中，可以逐渐培养起学生对一批汉字构造特点的认识。其实错误的字形分析在小学识字教学中经常出现，从局部看它也许有助于个别字的识记，但从长远看它不利于学生形成对汉字规律的科学认识。

(2)教学过程要生动。现代信息技术的高速发展，给识字教学带来了无限的生机。它强大的演示功能，让学生能清晰地目睹象形文字的进化过程，在头脑中留下深刻的印象。而且多媒体技术可以融文字、图片、动画、声音于一体，可以使抽象的汉字变得具体形象、静态的汉字变得灵动活泼、枯燥的汉字变得生动有趣，调动学生的识字兴趣，加深学生对汉字的理解和记忆。比如统编教材一年级下册《古对今》中要识记“鸟语花香”这个词语，文中在课后出示了这个词语，但是作为一篇对韵歌，学生读完后，对这个词语比较难理解。但是如果利用多媒体课件，用鸟叫声和花草的图片制作出视频，学生就一目了然了。又如人教版二年级下册《邮票齿孔的故事》中识记“齿”字，笔者在教学时利用多媒体课件制作了图片(见图 2)：

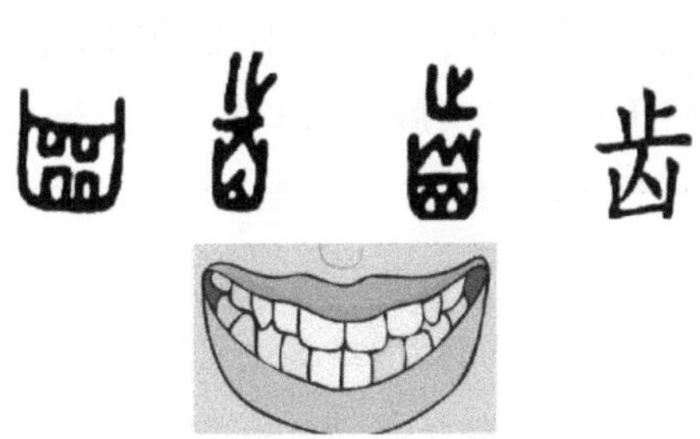

图 2 《邮票齿孔的故事》课件

我们明显发现这幅图形象生动，能调动学生自己的日常生活体验，继而激发学生识字的兴趣，提升识记的效率。

当然，在教学中，教师如能以满腔的热情为学生铺路搭桥，灵活多样地运用多种识字方法，协助学生寻找出隐含在汉字中的童趣，让识字教学百花齐放，那么识字将不再是负担，而会成为一种乐趣。

识字教学是一项艰巨的教学工作。当前小学语文的识字教学可谓活泼有余，但效率不高。本篇倡导基于布鲁纳认知结构教学理论去展开识字教学，不仅能够有效提高识记的效率和促进识字能力的培养，而且能增强学生阅读教学中的情感体悟，提高小学生文化素养。通过论述，本篇基本完成了以下任务：第一，通过对布鲁纳认知结构教学理论的简介，认识到布鲁纳认知结构教学理论对指导识字教学的合理性和科学性；第二，识字教学最终要落实到实践中，所以从识字教学的目标、内容、方法和实施过程这四方面为教师们提出了具体的实践策略。

参考文献

[1] 罗杰姆·S.布鲁纳.教育过程[M].上海师范大学外国教育研究室，译.上海：上海人民出版社，1973.

[2] 杨丹.对布鲁纳结构主义教学理论的再认识[J].现代教育科学，2008(12)：88－90.

[3] 曹艳.布鲁纳结构主义教学理论对我国基础教育课程改革的启示[J].湖北成人教育学院学报，2009(2)：1－2.

[4] 丁九阳，张倩.语文新课改视野下结构主义教学论的价值探寻[J].成都大学学报，2007(1)：86－88.

[5] 中华人民共和国教育部.语文课程标准(实验稿)[S].北京：北京师范大学出版社，2001.

（作者单位：舟山市定海区廷佐小学）

情境教学理论在小学低段语文识字教学中的应用

童　峥

识字教学是小学低段语文教学的重点和难点。而目前，小学低年级识字教学现状不容乐观，存在许多亟待解决的问题。怎样才能够提高小学低年级学生学习汉字的兴趣和效率，是多年来一线教师经常研究的重要课题。针对此，本篇分析了情境教学理论对小学低年级语文识字教学的价值，集中把握情境教学理论在小学低段识字教学中的运用策略，让学生真正对识字感兴趣，主动、轻松识字，并为广大小学语文教师在小学低年级识字教学实践中提供一定的借鉴。

一、情境教学理论简介

情境教学法是由英国应用语言学家在20世纪30年代到60年代发展形成的，核心在于激发学生的情感。情境教学的概念最初是在1989年的一篇名为《情境认知与学习文化》(*Situated Cognition and the Culture of Learning*)的论文中提出的。他认为“知识只有在它们产生及应用的情境中才能产生一定的意义。知识绝不能从它本身所处的环境中孤立出来，学习知识的最好方法就是在情境中进行。”1989年，布朗(J.S.Brown)等提出并界定了“情境性学习”的概念。情境性学习是指在学习过程中，为了达到一定的教学和实用目标，根据学生身心发展的特点，教师所创建的具有学习背景、景象和学习活动条件的学习环境，是师生主动积极建构性的学习，是作用于学生并能引发学生学习积极性的过程。

综上所述，情境教学法是指老师在教学过程中，结合不同的教学内容，提供不同的情境。学生在这种情境中有设身处地的感受,激发学生主动学习的积极性,以求达到最佳教学效果。过去的教学实践已经并将继续证明着:在小学教学中,特别是低年级的教学中,运用情境教学法,不仅符合学生的心理和注意力的发展特点,而且可以使本来乏味的识字教学变得生动形象。教师在情境教学中,不单是开展思维、解释、说明等智力活动,更是领会、表达、创造等非智力元素的融会贯通,而学生在获取知识的同时也能获得美的享受和体验。

二、小学低年级识字教学中存在的问题

汉字以完美而富于变化的构架真实地记录了我们祖先认知世界、改造世界、再现生活、感悟生命的过程。汉字凝集了我们中华民族的智慧,它不仅是记录语言的符号,更是文化的象征和艺术的写照。识字教学就是要把汉字的工具性、文化性和艺术性全方位地传递给孩子们,“培育热爱祖国语言文字的情感”,让他们“喜欢学习汉字,有主动识字、写字的愿望”,“对学习汉字有浓厚的兴趣,养成主动识字的习惯”,让他们感受汉字的巨大魅力。然而,我们目前的识字教学远远没有达到《义务教育语文课程标准(2011 年版)》的要求。虽然小学语文低年级识字教学在新课程改革理念的指导下,有了一定的改变。但在取得了一定成果的同时,也伴随着一些亟待教育工作者们去研究和解决的问题。

(1)识字教学方法单一,缺少创新。杨再隋教授曾严肃地指出:“在语文课上,学生被动地抄词、解词、拼合词语、组装句子,加上无的放矢地改错、选择、判断,使学生在知识的迷宫里晕头转向。教师在课堂上枯燥乏味地讲,讲了不少‘正确的废话’,学生在教室里没精打采地听,漫无边际地说,说了不少‘正确的空话’。语文教学的魅力没有了。”

落实到小学低年级语文识字课堂上,更是如此。虽然小学语文课本在编排时,特意安排了看图识字、归类识字、韵文识字等各式各样的识字形式。新课程改革也为教育界提供了丰富多样的识字方法和教学方法。但在具体的识字教学中,大多数一线老师为了减轻自己的负担,并不愿意改进教学方法,

还是坚持“老一套”，采用“机械识字”的方法进行教学。

如课例《找春天》，老师试图想通过“开火车”这一游戏帮助学生对新学的生字进行巩固。

老师：在拼音宝宝的帮助下，我们认识了许多生字好朋友。接下来，我们进行“开火车”小游戏，看看哪列火车能开得又快又稳，大家有信心吗？

学生：（信心满满的样子）有！

老师：第一列火车，现在准备出发。

（屏幕出示生字，第一组的学生每人读一个字）

老师：第一列火车开得又快又准，比我们的和谐号列车还快，真棒！第二列火车可以比第一列火车更快吗？

学生：能！

老师：第二列火车，准备出发。

（第二组每人读一个字，速度比之前要快）

老师：第二列火车也不赖，开得很快，但要注意把字音读准。

老师：最后一列火车，你们要加把劲哦！

（第三组每人读一个字，虽然速度比之前要快，但是有个别学生没有把字音读准确）

……

这堂课，看上去课堂气氛浓厚，学生情绪高昂，积极性高。但是，学生并没有静下心去听、思考、识记，更多的是把注意力放在“开火车”这个游戏上，而真正能把生字的字音读准，把生字的字形记牢固的学生并不多。

在平时的识字练习中，有的老师让孩子们反复地抄写生字。老师们以为通过反复抄写就能让学生把生字记准、记牢，殊不知，这样只会令学生对识字产生厌倦、疲惫的情绪。由此可见，这种忽视方法，忽视学生感受的识字教学，必然会导致学生产生心理倦怠，效率低下。

（2）识字教学评价导向单一，缺少情感体验。小学低段的识字教学中，教师对学生的评价主要侧重于学生识字正确率、书写规范方面，通常是以测验、听写等机械的形式进行识字检测，将识字教学量化评价，侧重于结果性评价而忽视过程性评价。在识字教学中，教师对学生识字的结果性评价，使得学生在认知生字时的侧重点也放在识字数量和书写准确性上。在以结果性评价为主的前提下，学生对于汉字文化内涵和情感就显得比较薄弱，对汉字的应用就会显出不足。

在对儿童进行随机访谈的过程中发现，有的学生表示喜欢学习生字，是因为在学习生字的过程中，能够获得教师的肯定性评价，对于小学低段学生来说这种激励也是形成他们喜欢学习生字的重要原因；从另一个侧面来说，当学生因识写生字而获得否定性评价，以罚为教，因为识写生字而获得罚抄生字，学生对识字的兴趣和积极性就会受到消极影响。小学低段的儿童情感丰富，好动活泼，喜欢用色彩和动作的方式表达情感，过于理性化的识字教学方式限制儿童在活动中表达自己的愿望，造成儿童在日后的阅读和写作的过程中出现困难，难以形成识字教学的后发驱动力，学生识字层次差距明显。

(3)教师教学任务重，缺少对识字教学的专项研究。现如今，教师除了要完成自身的教学任务，还要完成学校规定的其他教育教学任务，比如参加学校组织的教学科研，学术交流，进修培训等。教师的工作对象需要面对不同的群体。其中学生群体是教师关注的主要对象。在应试教育与素质教育并行的今天，学校、家庭或者社会往往更关注教学结果，而忽略教学过程，重理性教育而轻人文教育。聚焦到识字教学上，识字数量、书写正确率成了衡量识字教学效果的一把标尺。在以班级授课制为主要教学组织形式的今天，班级管理实行的大多也是班主任负责制，既要肩负教育教学任务又要本着学生发展的目标因材施教，在工作的同时亦有家庭需要兼顾，使得教师对于教育教学的研究精力不足，研究深度不够，研究的系统化和专门化程度不高。

另外，学校对识字研究的重视不够，缺少识字专项研究，使得识字教学工具性凸显而人文性不足，而人文性的识字教学又是阅读理解和写话写作的基础，基础没打好，阅读和写作就会受到影响，低段和中高段的语文教学就会衔接不畅。

(4)学生识字兴趣不高，识字教学弹性不足。我们可以发现，在现如今的教学中，低段识字教学以书写为主，在实际的教学中以汉字的“形”为重，“音”其次，较为忽略汉字蕴含的“义”。不理解汉字所蕴含的意义，对汉字的应用

就会捉襟见肘。许多学生经常会写错别字，混淆同音异义的字，究其原因，就是对汉字意义的不理解，不能正确地将汉字运用到适合的语境中去。

学生教师访谈实录：

你能将学过的生字进行组词、造句应用到写作（写话）中吗？

学生 A：可以。有的没学过的生字写不上来，学过的有的时候就会忘了，有的比较简单的或者稍微难一点的能写出来。

学生 B：大多数能，有的时候不能，难的生字不能。

学生 C：遇到不会的字词的时候，会让我们利用拼音查字法查字典。一般的情况下能，比较熟悉的能写出来，有的一下子想不起来的，就会用拼音代替，课下的时候再查字典。

您认为本班学生在学习汉字方面有困难吗？

教师 A：孩子接受程度不一。层次比较高的学生会在同音字、形近字上混淆，层次低一点的学生在记忆字形上会有困难。

教师 B：学习上困难不大，运用上会出现问题，单独学习汉字的书写及字形的记忆没有问题，真正放到语境中的时候会出现问题。

教师 C：易混淆形近字，课下会对学生们进行单独的指导和定期的检测，然后加上家长在课下的配合，学生掌握的情况会比较好。

从访谈中了解到在低段识字教学过程中，教师主导地位凸显，而学生主体性体现不足，在教学的环节中缺少学生的参与，缺少教师和学生之间的良性沟通和互动，更多的学生喜欢有丰富表象的课堂，喜欢自己动手实践和参与到课堂活动中，单一的课堂讲授，重复地书写，一方面消磨了儿童学习汉字的兴趣，另一方面也不适合低段儿童的身心发展特点。低段儿童的注意力集中时间短，注意力稳定性差，以形象思维为主，对图像、色彩、声音感知鲜明，容易被新奇的事物所吸引，千篇一律的课堂不能很好地吸引学生的注意力，就会出现学生识字兴趣偏低，识字教学呈现低效化的现象。

由此可见，缺少联系实物和儿童当下生活情境的识字教学，忽视了低段儿童学习和认知的特点，也没有从汉字本身的文化内涵和构字规律出发。

三、情境教学法在小学低段语文识字教学中的实施策略

《语文课程标准》认为“识字教学要将儿童熟识的语言因素作为主要材料,同时充分利用儿童的生活经验,注重教给识字方法,力求识用结合。”因此,运用多种形象的直观教学手段,创设丰富多彩的教学环境,将识字材料、识字内容和儿童生活经验联系起来,将现实生活中的实物融入小学低段的识字教学中,利用儿童熟知的生活环境、具体事物为切入点,开展识字教学,从心理认知的角度来说,儿童更易认知和理解。本文根据情境化教学的理念,结合李吉林的情境教学,从以下几个方面进行小学低段语文识字情境教学的实施策略分析。

(1)创设故事情境,在故事中识字。创设故事情境,是指老师根据知识内容,创设一些符合学生年龄和心理特点的故事情境,来帮助学生更好地识记和理解知识。故事是小学低年级学生最喜欢的文体之一。在识字课堂教学中,如果老师能根据教学实际,创设生动有趣的故事情境,学生就会不由自主地被故事内容所吸引,自觉地投入到学习中,并帮助学生更好地进行识字学习,提高老师的课堂教学效率。

如课例人教版一年级下册《两只小狮子》:

出示:“一只小狮子整天练习滚、扑、撕、咬,非常刻苦。”

小狮子学会了哪些本领?“滚、扑、撕、咬”。

创设故事情境:

师:小狮子们,现在你们的前方出现猎物了,请你赶紧去“扑”一下。

师:小狮子们,你们已经扑到猎物了,赶紧“撕”下一点来。

师:刚才同学们的动作都和我们的“手”有关,所以是提手旁,字的偏旁一般都是表示字的意思。这边还有一个字的偏旁也表示它的意思,是哪个字啊?

师:小狮子们,现在猎物已经到你们的嘴边了,请张大嘴巴美美地咬一口吧!

这个“咬”是口字旁,就和嘴巴的动作有关,生读。

通过创设故事情境来帮助学生识字,给枯燥乏味的识字教学穿上故事的

新衣，既符合了小学低年级学生的年龄特点，顺应了学生喜欢听故事的心理和认知发展轨迹，又为识字学习增加了乐趣。而故事本身又具有丰富的知识、大量的语言表述、有趣的情节和丰富的感情，这就使老师将识字教学投放在整个语文乃至儿童文化学习的大背景中，增强了识字教学的内涵。在识字教学的课堂上创设故事情境，不仅为学生的识字学习增添乐趣，还能激发学生识字学习的主动性和积极性。

(2)创设生活情境，在体验中识字。苏霍姆林斯基说："只有当识字对儿童来说变成一种鲜明的激动人心的生活情境，里面充满活生生的形象、声音、旋律的时候，读写结合的过程才能变得比较轻松。"小学语文课本中的生字，大多离不开学生的日常生活。如果在课堂上，老师能创设学生熟悉的生活情境，调动学生已有的知识和经验，不但能引发学生的求知欲，调动学生的主动性，还能使学生体会到学习就在自己身边，从而培养学生在生活中识字的意识。

如课例部编版一年级上册《小书包》。

老师：最近，老师检查了一下一些小朋友的书包整理情况，并拍了照，你们猜猜这是谁的家。

(出示照片)这是谁的书包？请你为大家介绍一下，好吗？

学生甲：这是我的书包，红色的铅笔是妈妈刚给我买的。那个绿色的转笔刀是爸爸送我的开学礼物。

老师：介绍得非常清楚，谢谢你的介绍。我们来看看"铅笔、转笔刀"这两个词语。(教师边出示词，边领读)大家的书包里有这些文具吗？谁能再为大家描述一下你的小书包。

学生乙：我的书包里有好多作业本。我黄色的笔袋里除了铅笔、橡皮，还有一把长长的尺子。

(老师出示词语，领读生词)

教师：把生字宝宝的拼音帽子摘掉，你们还记得它们吗？你是怎样认识和记住的？

学生丙："铅笔"是我在文具店认识的。

学生丁："橡皮"是妈妈教我的。

在这一识字教学片段中，老师从学生熟悉的生活情境出发引入新知识，让学生置身于老师所创设的生活情境中，从而激发学生的求知欲望，使他们感到学习生字不再枯燥、抽象，进而主动、有效地识记生字。

(3)创设游戏情境，在玩中识字。教育家卡罗琳说："孩子的工作就是游戏，在游戏中激发他们的思维，学习知识，是他们最愿意接受的。"由此可见，在识字课堂中，老师创设一定的游戏情境，不仅能在一定程度上将抽象、枯燥的文字变得新颖、有趣，让学生在"乐学"中识字、学习，还能激发学生的求知欲望，唤起学生的学习兴趣。我们要注意的是，在识字教学中创设游戏情境，虽然能达到优化课堂，高效识字的效果，但是，在创设游戏情境的时候，我们不能为了游戏而设计游戏，把课堂纯粹变成"游乐场"。而是要按照一定的课堂教学目标和学生的年龄特点，以促进学生学习知识、发展能力、陶冶情操为目的，来创设游戏情境。千万不能只是追求课堂上的热闹，而应时刻与教学内容相联系，时刻为教学目标和学生的学习服务。

在识字教学中，我们可以采用以下游戏：

①找朋友游戏：把不同的偏旁部首和独体字分别写在一张纸上，让学生们各拿一张纸，自由搭配，组合成新字。看谁能以最快的速度找到好朋友。如，把"日"与"月"合成"明"，把"甲"和"鸟"合成"鸭"，把"又"和"鸟"合成"鸡"等等。我们还可以把要求识记的生字写在小卡片上，让学生按规律找朋友。如，按偏旁归类、按结构归类等。这类游戏，可以在课堂上进行，也可以让学生在课余进行。学生可以根据自己的爱好编卡片，和同学，甚至家长一起玩这类识字游戏。学生在玩游戏中，不但能对新学的字进行识记，更能调动已学的汉字，进行复习巩固，从而培养思维能力，提高识字效果。

②转盘游戏：比如在学习带有"衤"字旁的生字(裤、袜、袖、衬、补、被、袄、衫、袍、裙)时，可以这样设计转盘。把"衤"字旁写在一个转盘上，把部首以外的部分写在另外一个转盘上。让学生在转动转盘的过程中对随机配对的字进行认读，还可以让学生联系生活实际，帮助记忆。这样，对生字的认读和识记就能在玩游戏中完成。

同样，我们可以归纳一些有相同部件的字，设计转盘，利用转盘的特点，帮助学生识记和区分形似字，如"池、地、他、她、驰"和"请、清、情、晴、靖、精、睛、蜻"等。这样，从部件到汉字，从部分到整体，既生动有趣，学生乐于接受，

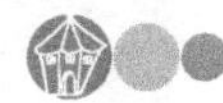

又能锻炼学生的逻辑思维能力。

③挑战性游戏：小学低年级学生比较好动，喜欢具有挑战性的内容。在识字课堂上，如果老师能增加一些具有挑战性的游戏，必定能调动学生的积极性，使课堂气氛更活跃。如在识字教学课堂上加入以下游戏："藤上开花""摘苹果""青蛙过河"等。在具有挑战性、竞争性的游戏中，学生的注意力会高度集中，学习更有效果和效率。

例如：在教学部编教材二年级上册的《场景歌》时，可通过图1"摘苹果"的游戏，检查学生的生字的掌握情况。

图1 "摘苹果"

如在新课结束的时候，我们也可以运用图2的"藤上开花"游戏，帮助我们了解学生对所学生字的掌握情况。

图2 "藤上开花"

总之，将识字教学穿插在游戏情境中，可以将枯燥的知识变得生动有趣，使学生在玩中学、学中玩。老师应努力给学生创设这样的学习机会，让学习变得轻松而有吸引力。

(4)创设体态情境，在看中识字。创设体态情境，是指在课堂中，师生通过创设各种动作、表情等情境，帮助学生更牢固地识记生字的音、形、义。

汉语言文字中有许多的会意字，在教学会意字时，老师可以通过创设体态情境这一方法，帮助学生识记生字。在识字课堂上，老师创设各种动作、表情等体态情境，不仅能让学生留下深刻印象，还能帮助学生更牢固地记住生字。

如识记“看”字：

老师把手放在额头前，问学生：“老师这是在干什么？”

生答：“老师在向远处看。”

老师马上指着“看”字让学生观察，并向学生解释道：“‘看’字上边的部分是‘手’的变形，下面的‘目’是表示眼睛。老师把手放在眼睛上，就是为了可以看得更加远。”

听完老师的解释，学生都感到很兴奋，纷纷地做出这个动作，还边做动作边读出字音。通过这样简单的动作示范，学生就把这个字的音、形、义牢固地记住，不会轻易忘记。

再如识记形似字“渴、喝”。

老师：我们今天要学习两个形似字，请同学们认真观察老师的动作和表情。(老师用舌头舔舔嘴唇，很辛苦的样子)大家猜猜老师现在怎样了？

学生：老师很口渴。

老师：口渴了，那需要什么呢？

学生：口渴了，需要水。

(老师把“渴”字的“氵”描红)

老师：(老师拿起水杯喝水)谁来说一说，老师怎样喝水的？

学生：老师用口来喝水。

(老师趁机把“喝”字的“口”描红)

老师：大家能为这两个字编句儿歌吗？

学生：“渴”了喝“水”，“喝”水用“口”。

从上面的教学片段中可看出，通过老师和学生的几个简单的动作和对

话，就能帮助学生区分“渴”与“喝”两个形似字，并能帮助学生理解字义。在课堂上，老师根据教学目标的要求，从教学内容的实际出发，依据学生身心发展的特点，创设合适的体态情境。不仅易于激发学生的兴趣，更有助于他们识记、理解生字，并在不知不觉中培养学生专注的品质。

识字教学是小学语文教学的重要构成部分，是阅读和写作的基础。识字教学效果的好坏直接影响到语文教学的质量，关系到学生能否熟练掌握汉语言文字这一工具，促进学生对其他各门知识的学习。将情境教学融入小学低段的识字教学中，既符合小学低段儿童的心理特点，又将识字教学的资源拓展延伸。情境化的识字教学融入了多种元素，能够充分调动儿童的感官，全面化感知汉字本身固有的特质，理解汉字博大精深的文化内涵。

参考文献

[1] 冯卫东.情境教学操作全手册[M].南京：江苏教育出版社，2010.

[2] 周健.汉字教学理论与方法[M].北京：北京大学出版社，2007.

[3] 教育部师范教育司.李吉林与情境教育[M].北京：北京师范大学出版社，2006.

[4] 李吉林.情境教学——情境教育[M].济南：山东教育出版社，2001.

[5] 李吉林.李吉林文集(卷四)：美、智、趣的教学情境[M].北京：人民教育出版社，2006.

[6] 李京雄.情境教学的策略研究[J].教育探索，2005(5)：69－70.

（作者单位：舟山市定海区马岙中心学校）

阅读教学

五过程模式理论在小学语文第三学段阅读教学中的应用

陈　华

第三学段的阅读教学，必须基于篇章的视角进行教学，这已经成为共识。综观现状，篇章的整体教学仅停留在学文开始的整体感知环节，只是涉猎文章主要内容的归纳、表达顺序的揣摩；在精讲细读的部分，进行碎片化教学，往往是一句一句、一段一段来，把篇弃之一边，进行句子和语段的肢解，教学方法和策略大都停留在第二学段的层面，教学进行低水平的重复，使学生对课文的理解只限于文章的部分内容、语言的把握，无法领会独特的情感形象，对文章的表达形式体悟也停留在只见树木不见森林的层面上；阅读中没有篇的概念，写作中，就没有整体布局的意识，造成条理不清、详略不当，写文章信马由缰，偏题、离题自然也不奇怪。五过程理论告诉我们，阅读理解是微加工过程、整合加工过程、宏加工过程、精加工过程和元认知过程相互配合，协同动作的过程，是一个有机的整体。教学中，为走出"碎片化教学"的泥淖，笔者运用阅读理解五过程模式理论，进行了探索，获得了一些策略。

一、阅读理解五过程模式理论简介

传统的阅读教学把理解过程分为若干独立的子技能进行教学，把阅读看成是被动的、静止的过程，与阅读有关的活动往往是在所读材料中寻找一个正确的答案，忽略了读者的主动性及阅读策略与目的和情境的关系。欧文以认知心理学家的理论模式为基础，并运用信息加工理念和心理语言学，把阅读理解作为一个整体的过程进行了客观的描述，提出了阅读理解五过程模式理论，旨在设计更有效的方法帮助学生运用这些过程，提高阅读理解能力。该理论认为，在阅读理解过程中，至少有五个过程同时起作用，每一个过程又包括若干子过程。

微加工过程，指读者的第一项任务是从每个句子的各个观念单位中提取意义并决定这些观念中哪些观念需要记住。整合加工过程，指读者只有把各个句子中的各个观念联结为有机整体才能有效阅读。宏加工过程，概念只有被组织在一个总的结构模式中，才能得到有效连接和保持。因此，在阅读理解中，读者必须把单个概念综合和组织成概要或一系列结构化的总概念。精加工过程，在阅读中，我们常会做出一些既非作者意想的也非必然是字面解释所需的推论。阅读中的这种推论过程称为精加工过程。元认知过程，元认知是读者对自己认知过程的自觉意识和控制，它涉及读者对自己是否理解了读物的意识及怎样去实现一个认知目标的认识。

阅读理解五过程理论从阅读理解的本质过程出发为我们提供了提高阅读理解能力的方法。从这一理论出发，我们就能综合阅读背景的各种因素，按照阅读理解发生的过程，针对性地设计个别化阅读教学计划，开展阅读理解过程教学，从而提高课堂阅读教学的效率。

阅读理解五过程模式理论对阅读诊断与矫治教学具有重要意义，它不但为我们确立了阅读诊断的基本范围，也为我们提供了开展阅读矫治教学的基本框架和方法。

二、阅读理解五过程模式理论的应用

欧文认为，仅对阅读理解实际发生的过程做出描述是不够的，还必须弄清理解过程是怎样受读者个性特征（读者背景）、读物（课文背景）和总体阅读情景（情景背景）等阅读背景影响的。教师作为学生阅读理解的引导者、帮助者，要站在理论引导的视角下促进学生深入文本，引发积极的阅读经历。

1. 从表达的视角确定主问题

提问是阅读教学的重要方法，然而传统阅读常常只提一些字面回忆性问

 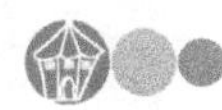

题，或是比较零碎的问题，不能充分展现学生的高级思维过程。根据阅读理解五过程模式理论针对各个理解加工过程展开提问，立体深入地考查学生阅读理解的各种技能水平，为改进课堂阅读提问提供重要的理论依据。我们提出了主问题的概念，主问题本身有较大的思维空间，涵盖范围广，能摈弃不必要的内容分析和烦琐的事实性提问，把着力点放在整篇文章中。从表达的视角确定的主问题，能处在篇章的高度，高屋建瓴，整体上理解内容，领悟主旨，更能探究作者运思的过程，从而达到语言形式的领悟和内化，实现教学价值的最大化。

如人教版六年级上册《一面》一文，作者阿累是用外貌描写来刻画鲁迅先生的形象，一共有 6 次外貌描写、4 次详写、2 次略写，如此浓墨重彩的描写在小学阶段尚属首次。为此，确定的主问题是这样：阿累在描写鲁迅先生外貌时，为什么反复写瘦？同样写瘦，又有什么变化？

主问题围绕该文最大的表达特点——外貌描写展开，在学生和整篇文章进行深层次的对话时，在小组讨论、交流和教师巧妙点拨下，有诸多收获：第一，知道了描写的顺序：由远到近，由粗到细，由整体到局部，进行有顺序的渐进式描写，而且随着阿累离鲁迅先生越来越近，先生的外貌越来越清晰，人物形象越来越丰满；第二，明白了描写的目的：作者反复地写鲁迅的瘦，是因为鲁迅先生的健康，差不多被缺乏休息的艰苦工作毁坏了，鲁迅是为劳苦大众而消瘦的，“俯首甘为孺子牛”是先生伟大精神的写照；第三，洞悉了构思的匠心：作者用外貌描写来表达人物的品质，凸显鲁迅先生伟大而忘我的斗士精神；第四，拥有了后续的收获：外貌描写不是文章可有可无的点缀，不能千人一面，而是为了凸显人物的形象。

再如《老人和海鸥》一文，是写人和动物两者之间关系的经典之作，主问题可以这样：文章用哪些事例和方法来表达老人和海鸥之间的深情？感受作者运用对应描写的写作方法。再者，《唯一的听众》的主问题：作者为什么反复地描写老妇人的目光呢？联系上下文，想想这目光里都在诉说什么呢？

所以，处在表达视角的主问题下的教学，把课文当作一个整体，即内容的整体，形象和语言形式的整体。学生都是站在篇章高度，高瞻远瞩，使整体驾驭着局部，局部服从着整体，局部与局部密切相连，把对文本人物品质的真切体会,融入对文本表达形式的揣摩体会中,从而使整体大于局部之和,实现教学价值的最大化。

3. 在篇章的观照下品词析句

哈里斯曾在“语篇分析”一文中说,“语言不是存在于零散的词或句中,而是存在于连接着的语篇中。”“阅读的目的就是在特定的语境中,在一定的文化背景下,借用语言系统这个意义来源,在语篇层次上提取意义,达到对语篇的理解。”语篇是由句子来实现的语义整体,有交际的独立性。构成语篇的句子在结构上相互衔接,在语义上彼此连贯。我们应利用语篇的衔接手段对句际逻辑关系进行分析、对比、归纳、综合和推断,区分主次细节,分清先后顺序,同时要把握语篇的结构特征,熟悉段落模式,迅速把握作者的思路,了解内容结构,确定中心思想,辨认重要事实,达到对文章的深层次理解。

由此可见,句是字词的语境,篇是段和句的语境,而语意的表达在很大程度上受到语境的制约,所以有“词不离句、句不离篇”的原则。“词不离句”容易操作,也能在教学中落实,而“句不离篇”虽是句子学习的第一要义,但因难操作而被忽视,往往把句子、语段从具体的语境中剥离出来,使原本在篇章中鲜活的句段,都成了无源之水。所以只有把词句段放置在文章整体中,在篇章整体的视角下随文欣赏和解析,方可更准确地把握句段的意义和作用,从而更全面、深刻地理解课文。

笔者在执教经典课文《慈母情深》中,就是在篇章的观照下品词析句。教学中,把核心教学点落在以动作为主的以下 3 处细节描写上:

☆背直起来了,我的母亲。转过身来了,我的母亲。褐色的口罩上方,一对眼神疲惫的眼睛吃惊地望着我,我的母亲……

☆母亲却已将钱塞在我手心里了,大声对那个女人说:“我挺高兴他爱看书的。”

☆母亲说完,立刻又坐了下去,立刻又弯曲了背,立刻又将头俯在缝纫机板上了,立刻又陷入了忙碌……

要求小组合作,探究梁晓声动作描写的妙处。同时,温馨提示思考的途径:4 处动作描写分别出现在这件事的什么时候?表达了怎样的情感?每一

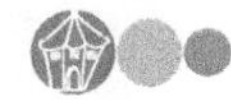

处动作描写各有什么特点？有怎样的感悟？这样写有什么好处？

这样在篇章的观照下品味句子，不仅仅是对句子的感悟，更是为了一箭多雕：

第一，实现了对文章的整体观照。每一次的动作描写，都处于事情的不同时段，即开始—发展—结束，涵盖了事情的始末。第一处给钱是“我”在第一次来到母亲的工厂时，在恶劣的环境中对母亲的动作、外貌描写；第二处出现在事情的高潮处，在旁人忍不住劝解母亲不要花费那个看闲书的钱时，用一个简单而富有内涵的“塞”字来刻画母亲的形象；第三处出现在给钱的事告一段落时，母亲马不停蹄地投入工作的情景。这样，抓住了文本的行文线索，弄清了文章表达的路径和方向，整体把握了这篇文章的整体框架和核心区域。

第二，把握了作者的情感。3 处动作描写，也是全文情感脉络的一条暗线。第一处中我看到母亲佝偻的背，迟钝的近乎麻木的身子，疲惫的眼神，这与母亲年龄极不相称的衰老，与我记忆中那挺直的背、清澈的眸子大相径庭，那一刻，我震惊、心酸；“塞”给钱时，我惭愧、感动；再看到母亲马不停蹄地工作时，我心疼，感恩。每一处动作，是“我”情感的生发处，也是情感推动的拐点，一波一波推向高潮。

第三，洞悉了文章的表达特点。文章最精彩的表达，都聚焦到那 3 处描写中。第一处，母亲每一个看似平常的动作后面，都有发自肺腑的“我的母亲”的呼唤，并以后置的方式出现，排比的句式、长短句的参差错落、一唱三叹的语言节律具有绵绵韵味。第二处，一个“简简单单”的“塞”，看似平凡，但意蕴深刻，“塞”得毫不犹豫，“塞”是慈母情深的平淡。第三处 4 个“立刻”写出了母亲的工作马不停蹄、永不停息，凸显了母亲工作就是这样的单调、乏味，周而复始。这种富有张力的表现层层推进，人物的形象越来越鲜明，同样是动作描写，但是方法不一，形式多样。既有慢镜头的特写，也有快镜头推进；既有直接准确的动作白描，又有动作跟语言、外貌水乳交融的细节刻画，具有无穷的魅力。

从以上的教学中，我们发现，基于篇章的教学，并非全盘否定“局部”体悟的作用，但不是以一句一句、一段一段的感悟来肢解文章，进行部分内容、部分言语的碎片化的解读，不是抛开文章的整体，在一些段落或词语上进行零打碎敲式的分析，而是在整体的角度中对不同层面进行考察与理解。所以，我们在未来的教学中，在对文章重点段或重点句进行品悟的时候，必须始终以篇章的视角来俯视全文，将句子的理解、文章的思路、中心思想、表达方式糅合在一起学习课文，加强文章的整体把握和深层领悟，这样能更好地培养学生的阅读能力。

3.依循文章的结构组织课堂教学

理解是一个积极主动的过程，课文特征对理解产生深刻的影响。可读性研究表明，词的熟悉程度、句子长短、段的连贯性和结构都对课文的可理解性产生重大影响。文章的结构是作者谋篇布局的归宿，是文章各部分之间的内在联系，体现了作者思维的秩序。顺着文章的结构进行教学，能与作者的思路息息相通，从整体上获得感受，体验整篇课文的情感和作者的表达方法。教学中，有以下四种策略：

(1)抓住文章起承转合的段落。第三学段的文章，篇幅比较长，内容比较多。文章中总有那么一些段落，看似不起眼，其实是文章的“腰”，支撑起了全文。很多老师往往忽略了这些段落起承转合的作用，从而忽视了作者谋篇布局的独具匠心；而如果关注这些段落，就会洞悉文章内部的机理，从而更透彻地体会作者表达的情感。

如人教版五年级上册《狼牙山五壮士》，作者按照事情发展的顺序，写了接受任务、痛击敌人、引上绝路、顶峰歼敌、跳下悬崖这 5 个场面，乍一看，文章最感人、最能反映中心的是痛击敌人、顶峰歼敌、跳下悬崖这 3 处，其实，“引上绝路”才是故事发展、推向高潮的支柱，是作者行文线索的拐点，文章层层推进的关键。抓住了这个段落，就能使各个片段串珠成线，浑然一体。著名特级教师李卫东敏锐地发现并进行了浓墨重彩的教学。

李老师的主问题：“我们看第三自然段怎样给文章掀起波澜，完成转折的？”并以此进行任务驱动，在学生纵横全文的边读边思考和老师的巧妙点拨引导后，知晓了这段话对全篇的意义：该自然段第一句联系了第一、二个自然段，是对接受任务、痛击敌人后的小结，也意味着新的事情发生了；接着用走哪条路设置了悬念，把读者的胃口吊起来了。最后一个斩钉截铁地“走”字写

 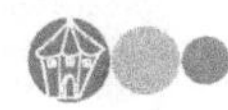

出了他们的抉择，并联系了后文的顶峰歼敌、跳下悬崖两部分，引出了下文，掀起了高潮。

这样的教学，更点住了文脉的穴，抓住了行文的脉，真的是牵一发动全身，学生明白壮士不是一下子铸就的，只有在群众和自己的安危之间舍生取义，才能配得上这个称号。

为此，在阅读教学中，不仅要重视在全文中起承转合的段落，更要引导学生细细地咀嚼，慢慢地体悟。那样，文本不再是各自为政的一个一个片段，而是一个有机的联系体。

(2)洞悉文章内容的逻辑联系。《鹿和狼的故事》这篇文章结构清晰，通过罗斯福下命令杀狼来保护鹿，但是结果却事与愿违的事例，来说明要遵守自然之道的道理。在教学中，可以关注事例和道理之间的关系来组织教学。先通过画情节梯的方法来厘清事例的脉络：狼是鹿的敌人—下令杀狼—狼群被灭—鹿儿成宠—鹿繁殖，植被减少—鹿苟延残喘，知道了作者就是在故事一波三折的层层推进中，揭示了大自然中既需要鹿，也需要狼，否则会事与愿违，犯大错误，让道理水到渠成。

(3)把握文章表达形式的内在关联。《凡卡》一文，作者的叙述、凡卡的信和他在写信过程中的回忆穿插起来。虽然有三部分的内容，但三者却是一个有机的整体，互相辉映，都是为表达凡卡悲惨的学徒生活服务。教学中，如果把每一部分孤立地进行教学，那就大大削弱了文章的艺术魅力。所以教学中，可以从文章表达形式的内在关联入手进行教学，引导学生探究作者为表达凡卡悲惨的学徒生活采用了哪些表现手法，从而明白作者除了直接描写凡卡缺衣少食、受尽凌辱的学徒生活，还对凡卡的写信的环境、动作、神态进行了一系列的细节描写来烘托他的悲惨；用反复的手法写凡卡哀求爷爷带他回乡下，目的是这样的学徒生活已经没有指望了；信中两次回忆和爷爷的乡村生活是为了跟学徒生活形成对比，突出现在生活的悲惨。这样的教学，学生顿悟：《凡卡》一文的多种表达形式都聚焦中心，浑然一体。

(4)探寻作者选材组材的思绪。根据阅读理解五过程模式理论，理解背景被分为读者背景、课文背景和情景背景三个方面。由于它们对理解有重要影响，因此，教师可根据学生理解背景之作者选材组材背景的具体情况针对性制定阅读理解的最优教学计划。

人教版六年级上册《用心灵去倾听》，全文围绕“我”与苏珊的交往过程这条主线展开，在写“我”与苏珊的“电话”交往中，发生了许多事情，但是作者选了3个事例。教学中，教师可以引导学生探寻“作者选择这三个材料的原因”：事例一和事例三是“我”与苏珊交往的初次和最后一次，有着纪念意义；事例二是“我”人生第一次受到“生命”教育，懂得要乐观地看待生命结束以及未来，意义非凡。作者就是这样选择典型的材料来表达中心。

4. 由相关片段进行比较阅读

五过程模式理论告诉我们在制定阅读教学方案时，可以从学生类型、任务目标、资源特征和教师风格等4个教学变量做出综合考虑和逻辑分析，从而使学习任务的外在条件与学生内在的知识心理状况相匹配。资源特征是指师生在阅读教学中运用的材料、方法和途径。教师不但要明确可以得到哪些资源，而且还要查清这些资源在何种程度上满足了学生的需要和动机特征。俄国著名化学家门捷列夫总结自己阅读体会时说：“要全部把握住，需要比较方法。”比较能着眼于整体，不再仅仅学“这一段、这一句、这一词”，而是准确地或者在更深层次上把握住课文内容和形式上的特点。而这种比较阅读，往往能激发起学生探究兴趣和愿望。一般这种比较阅读，通常有以下两种：

(1)段与段之间的比较。苏教版五年级下册《水》细腻而生动地描述了缺水境遇中的独特感受，文中最精彩的是“一村人雨中洗澡”和“一家人一勺水洗澡”两个场景。笔者在教学中，进行了对比阅读。设计的主问题是：“两个场面同样写洗澡，表达上有什么异同呢？让我们好好地来研究这两段文字。”为了让学生的对比阅读有效，教师给予学生自学提示：两段分别写了谁？主要采用什么描写？通过这些描写你感受到什么？

学生先自读自悟，然后小组合作，再通过全班交流后，明白虽然都用苦事乐写的方法，但是前者是场面描写，抓住人物的动作有详有略来写，形象地写出了人们雨中酣畅淋漓洗澡时的情景以及人们那种久旱逢甘霖的痛快；后者主要是特写，把一勺水在身体上的流动放慢来写，似乎每一寸皮肤、每一个细胞都在享受这难得的水，细腻地写出舀水洗澡惬意的感受。进而知晓了作者

 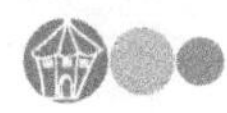

的意图:从场面描写到特写,从全村人写到我们兄弟,从雨水洗澡到仅仅一勺水洗澡,由面到点,层层递进,这样的选材和安排序列突出了水是家乡最珍贵的中心。

段落比较的材料还有不少,如《狼牙山五壮士》中痛击敌人和顶峰歼敌进行比较,明白逐一描写和点面描写方法;《地震中的父与子》中,父亲的语言和动作描写的比较,感受作者是从执着的信念和坚持不懈的行为来表达父亲的了不起;《少年闰土》中,开头"我"印象中那个画面和闰土叙述的"看瓜刺猹"两段文字进行比较,感受口语与书面语的不同的表现力,以便读写迁移,写一写"雪地捕鸟""看跳鱼儿""海边拾贝"在心目中的画面……

(2)篇与篇的比较。人教版六年级上册第一单元是一组写景的文章,《山中访友》《山雨》《草虫的村落》《索溪峪的"野"》这 4 篇课文都通过丰富的想象和联想,运用比喻、拟人的方法,展示了大自然的无穷魅力——这是相同点,也是学生应重点品味、积累并能够模仿借鉴的;这 4 篇课文联想和想象又各有独特之处,《山中访友》把山中的朋友想象成与"我"诉说心声的朋友;《山雨》是作者通过观察、倾听,引发了奇特的想象;《草虫的村落》以独特的描述、丰富的想象赋予小甲虫以生命、美丽和智慧;《索溪峪的"野"》则是用生动活泼的语言来描述作者富有情趣的想象。这样,通过篇与篇之间的对比,明白了想象的不同描写方法,以便形成正迁移。

这种段与段之间的比较,可以帮助学生对文章的描写手段、组材方式、表达效果等获取深刻认识,从而实现知识和思维方法及能力的迁移、运用,提高其理解、欣赏评价、习作能力,使思维发展进入一个全新的境界。

综上所述,阅读理解五过程模式理论运用下的小学语文第三学段阅读教学,我们更能在实践中,体会阅读理解是学生运用已有读者背景和课文背景去推断作者意指含义的过程。阅读教学是立足篇章,在学生的头脑中形成一个属于文章本身的完整而又完美的形象,从整体上去感受和体验整篇文章的内容的过程。阅读教学是引导学生在自主体验、分析、归纳的历程中,由表及里地准确把握住它们的本质特征,吃透文章内涵,领会文章写作意图,从而提高学生的语文素养的过程。

参考文献

[1] 陈华.选择最有价值的教学点[J].语文教学之友,2015(9):17—18.

[2] 宋燕晖,齐静.比较阅读——小学语文阅读教学的新思路[J].小学语文,2011(7):11—14.

[3] 宋秋前.阅读理解五过程模式理论及其对教学的指导意义[J].现代中小学教育,1998(4):24—27.

[4] 宋秋前,金红月.国外诊断矫正性阅读教学模式与策略研究[J].中学语文教学,2001(5):60—63.

（作者单位：舟山市定海区教师进修学校）

情境教学理论在小学写景类散文教学中的应用

张琳娜

不同体裁，写作手法各异，这就形成每篇课文的各自特点。著名学者王国维在《人间词话》中写道："一切景语皆情语。"人教版小学语文教材中的写景散文，如《荷花》《桂林山水》《麦哨》《七月的天山》《山中访友》《小桥流水人家》等，语言描写生动优美，意境深远，抒发了作者对大自然的热爱之情。教学中运用情境教学理论，充分引导学生真正进入写景散文的情境中，感受语言表达的魅力，进而巧妙地进行言语的实践，能取得较好的效果。

一、理论简介

情境，曾被简化为"一组刺激"，但在教育上却有着复杂深远意义。凡是有成效的教学或教育，均需要有与其目标相应的情境，这是规律性的事情。《礼记·学记》中所谓"善喻"之教，要在"道而弗牵、强而弗抑、开而弗达"的教学方式下使师生关系融洽，才有了"和易以思"的教学情境。大教育家夸美纽斯提倡的直观教学；第斯多惠说的"一个好的教师则教人发现真理"，力求使教学引人入胜，杜威的思维教学从思想理论上提出"思维起于直接经验的情境"等提出了创设教学情境之意。

而著名特级教师、小学语文教学法专家李吉林老师，则首次提出情境教学理论。她认为情境教学是充分利用形象，创设典型场景，激起学生的学习情绪，把认知活动与情感活动结合起来的一种教学模式。情境教育中的情境是多元、多构、多功能的。运用情境教学理论，调动学生学习兴趣，突破教学难点，让学生在教师有意为之创设或优选带入美感的情境中，认识世界、体验世界，并用笔以自己的真情实感去表达和描绘世界。情境教学作为一种创设优化场景、激发儿童相应的情感，把情意活动与认知活动结合起来的教学模式，它的理论框架特点是：以鲜明的形象强化学生感知教材的真切感；以真切的感情调动学生参与认识活动的主动性；以广远的意境激发学生拓展课文的想象力；以蕴含的理念诱导学生提高对事物的认识力。同时，李吉林老师对情境的类型也做了归类，即实体情境、模拟情境、想象情境、推理情境、语言情境。情境教学理论也正符合了《小学语文课程标准》的理念，它充分调动学生的学习积极性，促使他们自主学习和探究，进一步达到教与学的和谐统一。在教学中，只要根据学生的年龄特点和心理特征，设置适当的情境，引起学生的情感共鸣，就能获得最佳的教学效果，尤其是在写景类散文教学中。

二、情境教学理论的应用

在课堂教学中，创设恰当的情境，让学生感到新鲜、亲切，吸引学生注意力，注意力越集中，学生观察、探索与交流就会越持久，越真切。在这样的情境中学习语言文字，就易于理解，易于积累，易于表达。

1. 创设情境，探寻言语表达的精妙

写景类散文既要让学生“得意”“得言”，又要“得法”，尤其是“得法”。与其“教得”，不如“习得”。只有教师的“教”转化为学生的“习”，才能真正让学生将语言入心入脑。比如在学习义务教育人教版语文第七册《桂林山水》等课文时，教师在引导学生多次朗读的基础上，省去了逐句讲解分析，运用任务驱动，创设“当当小老师”这个情境，让学生自主发现作者言语表达中的精妙。

(1)整体探究，发现谋篇布局的奥秘。《桂林山水》的写作结构很清楚，全文按照“总分总”的结构组织材料，开篇引用“桂林山水甲天下”的赞语，作为全文的总起句，既概括说明了桂林山水在祖国名胜中的地位，又交代了作者观赏桂林山水的缘由，引出了后文。接着分述桂林的山和水。分述山和水，都运用了“总分”的写法，用对比的方法描述了漓江的水、桂林的山的突出特点。最后，总的描写桂林山水。以“舟行碧波上，人在画中游”总结全文，又点

明中心，照应前文，使得全文结构严谨，浑然一体。有了教师的引导，发现这个写法不难："这篇课文的结构很明显，现在请你当当小老师，你能发现这个奥秘，并运用上学期学过的思维导图画出来吗?"听到当"小老师"，他们的积极性被激发出来了：通过阅读，找到了段落之间的关系，在小组合作的基础上，完整地展示了学习的成果，有的是提纲式的，有的是树枝状的，有的是多重气泡图，还有的运用表格等。学生在自主发现、提炼、总结中还发展了思维。

(2)局部突破，发现语言表达的奥秘。

①品味修辞手法的作用。四年级的学生对比喻这一修辞手法已不陌生，《桂林山水》一课中的比喻句不难发现，但文中的两处排比句既是本组教材的教学重点，又是教学难点。为了进一步引导学习探究，教学中继续创设情境提问："课文语言有什么独特的美，作者是怎么表达的，你能继续当当小老师发现作者语言表达上的奥秘吗?"在这样的情境中，学生很快通过阅读找出了两处排比句。

"漓江的水真静啊，静得让你感觉不到它在流动；漓江的水真清啊，清得可以看见江底的沙石；漓江的水真绿啊，绿得仿佛那是一块无瑕的翡翠。"

"桂林的山真奇啊，一座座拔地而起，各不相连，像老人，像巨象，像骆驼，奇峰罗列，形态万千；桂林的山真秀啊，像翠绿的屏障，像新生的竹笋，色彩明丽，倒映水中；桂林的山真险啊，危峰兀立，怪石嶙峋，好像一不小心就会栽倒下来。"

然后，教师引导"小老师们"说说作者写得好的秘密在哪里。有了这样的情境创设，学生潜心默读，发现了3个句子"长得"很相似。于是引入单元回顾里的教学点，让学生知道像这样有3个以上结构相似的句子叫作排比句，它们就像孪生的"三胞胎"。作者运用排比来写景，能让我们感觉景物描写的层次清楚、描写细腻、生动形象，才使桂林的山水在我们的脑海里挥之不去，印象深刻，朗读中更有一种气势。

类似这样的排比句在义务教育人教版语文第七册《七月的天山》中也有："满是高过马头的野花，红、黄、蓝、白、紫，五彩缤纷，像织不完的丝锦那么绵延，像天边的霞光那么耀眼，像高空的长虹那么绚烂。"结合《桂林山水》的学习可以继续引导学生细细品味。在写景类散文中，类似的排比句都需熟读、品味,从而提升语言素养。

②体会“词不重用”的妙用。学习《桂林山水》一文,引导学生找出比喻句,品味时找找比喻词,然后让他们“当当小老师”讲讲为什么作者有的用“像”,有的用“仿佛”。学生在比较中朗读,在比较中明白这样的作用是避免用词重复。

同样的,这种写法在义务教育人教版语文第八册《牧场之国》一文中也有体现:“牛犊的模样像贵夫人,仪态端庄。老牛好似牛群的家长,无比尊严。极目远眺,四周全是丝绒般的碧绿的草原和黑白两色的花牛。”在这段话中,作者开始用了“像”,接着用“好似”,最后用“是……般的”,在引导学生反复朗读中,得出“词不重用”的妙处,这时的“小老师”已是个像模像样的“老师”了。

③感受言语节奏的韵味。散文的语言之美,就是在行文中讲究规律,富有节奏美。比如义务教育人教版语文第七册《火烧云》中:“这地方的火烧云变化极多,一会儿红彤彤的,一会儿金灿灿的,一会儿半紫半黄,一会儿半灰半百合色。葡萄灰、梨黄、茄子紫,这些颜色天空都有。”细细研读这段话,其节奏的变化极为丰富。教师引导“小老师们”反复朗读,在朗读中体会言语的节奏,然后打乱其顺序进行比较。如“这地方的火烧云变化极多,一会儿红彤彤的,一会儿半紫半黄,一会儿金灿灿的,一会儿半灰半百合色……”学生们都不同意,原来,“红彤彤”的节奏与“金灿灿”一致,而“半紫半黄”与“半灰半百合色”的节奏也是一致,如果打乱顺序,言语的节奏美就会被破坏。发现写景类散文的语言的节奏美,将为他们说与写的能力打下扎实的基础。

3. 再现情境,进行言语交际的实践

心理学家指出,学生学了很多课文,很多词句只会背不会运用,究其原因:会背的是“消极的语言”,而能运用才是“积极的语言”。所以教师在语文课里要积极创设语境,让学生主动、积极地运用学到的“消极的语言”,将“消极的语言”转化为“积极的语言”。这个转化没有其他办法,只有靠实践、运用,于是就有了“当当小导游”的模拟情境再现。

(1)观录像,现场解说。如义务教育人教版语文第七册《观潮》的第三、四自然段的语言很美,适宜学生积累,课后练习要求背诵,但是仅仅让学生背诵

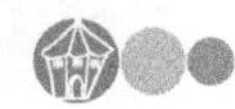

却不运用，还是“消极的语言”。运用“当当小导游”的情境再现，学生自主运用语言的效果明显：

①按照提示背诵。

出示：

午后一点左右，________________

过了一会儿，________________

再近些，________________

浪潮越来越近，________________

学生借助以上提示自由练习背诵。

②运用语言解说。现在大家都是小导游了，我们来一场现场解说活动，先看一段录像，边看边思考怎样用书本的语言来解说。学生观看录像后自己说，在小组内说，然后小组合作现场展示完成解说：

游客朋友们，大潮就要来了。钱塘江大潮自古以来就被称为“天下奇观”，你听到了吗？远处传来隆隆的响声，好像闷雷滚动，可江面还是风平浪静。你看到了吗？东边水天相接的地方出现了一条白线了。那条白线移动得很快，越来越粗，横贯江面。潮水已经涌起两丈多高了，就像是一堵白色水墙。潮水越来越近了，就像是千万匹白色战马飞奔而来。你听，那声音快把人的耳朵都震聋了。大家要注意安全。

（这是其中一组学生的解说词，有总体介绍，也有对游客的提示，还有对钱江大潮的介绍，很有顺序。更重要的是，这是对课文内容的一次再创造，在创作的同时，已将背诵积累的“消极的语言”转化成了“积极的语言”。）

③总结。出示浪潮来时的几幅图片，让学生看一幅或几幅图书面解说。（加大难度，分层再次表达，进一步提高了语言运用的能力。）

在“当当小导游”的情境再现中，学生经历了从背诵到解说、从说到写、由口头转化为书面的由易到难的过程，在多次实践中，学生的语言已经在积极运用中生根开花了。

（2）说图意，比较异同。如义务教育人教版语文第七册《长城》一课第一自然段描写了长城的远景，语言表达很有特色，如果单单是读读背背，也只在于对语言的积累而已。所谓“入境始于亲”，教师继续运用“当当小导游”的情境再现，以图画、音乐等媒介让学生的情感进入认知活动，并在教师语言的描绘中进行学习：

①看图描述：在学习单元导语导入之后，出示一幅长城的远景图：这是长城的远景，如果你是“小导游”，请你为大家来描述这幅美景。

学生的表达都是零碎的：“长城，你建在盘山公路上，多长啊！”“长城，你真长啊，蜿蜒盘旋在崇山峻岭之上！”

②比较异同：那么，作者又是如何描述的呢？出示第一自然段：

“远看长城，它像一条长龙，在崇山峻岭之间蜿蜒盘旋。从东头的山海关到西头的嘉峪关，有一万三千多里。”

在朗读中与刚才的描述比较，你发现文中句子哪里值得我们学习了？

学生有了之前的表达和现在的比较，就会找到差距：说到“长”，自己只是说“很长”，但作者却运用“从……到……”的句式和“一万三千多里”这个数字，在我们的眼前铺展开了一个巨大的画面。

教师随机出示长城的动态图，引入资料来介绍长城经历了11个省份。那么我们也用上数据：“建筑长城的条石，可以砌成宽5米、高1米的城墙，绕地球一圈”，这样的表达可以吗？作者为什么没有这样说呢？让学生发现，除此之外，作者还运用比喻（打比方）的手法（“它像一条长龙，在崇山峻岭之间蜿蜒盘旋”）来说明长城。体会比喻的恰当、生动，指导朗读。这时，再次请学生当“小导游”来介绍就水到渠成了。

有比较才会发现差异，有情境再现才能深入体验，经历学习过程，更是真正习得语言的好方法。

(3)看导图，口头介绍。如学习了《桂林山水》之后，借助之前画的思维导图，选择“山”或“水”来一场现场讲解赛，“小导游”也是乐此不疲的。

再如，学习这一组第三课《记金华的双龙洞》一文，在品味外洞和孔隙的语言后，让“小导游”借助思维导图和内洞的图片，有顺序地讲解：

“我来为大家介绍内洞。内洞的特点是很大很大，在洞里走了一转，觉得内洞比外洞大得多，大概有十来进房子那么大。内洞很黑很黑，什么都看不见。工人提着汽灯，也只能照见小小的一块地方，其他全是昏暗的。如果一个人走会很害怕的。”——“小导游”借用了课文的内容，还加进了自己的感觉。

“我介绍内洞是很神奇很神奇的。洞顶有两条龙，一条黄龙，一条青龙，还有一些石钟乳和石笋，有的像神仙，有的像动物，有的像家具，形状变化多端，再加上颜色各异，即使不比作什么，也很值得观赏。”——“小导游”的介绍不仅还原了课文内容，还结合了自己的想象。

当然，还有的“小导游”借助课前查到的资料进行了补充介绍。只要让学生经常进行这样的语言实践，学生的“积极语言”一定会生成。

3.凭借情境，运用言语知识的库存

每当寒暑假，不少家长总会带学生游历祖国大好河山。即使是周末、节假日，也能见到学生郊游的身影。创设“当当小霞客”的情境，引导学生写好游记。当然，写好游记，首先需要掌握写景类散文的写作技巧。

(1)揣摩文中的表达顺序，灵活运用。《语文课程标准(2011 版)》明确指出：在阅读中揣摩文章的表达顺序，体会作者的思想感情，初步领悟文章基本的表达方法。以义务教育人教版语文第七册第一、第五单元为例，两组共 6 篇课文，其写作顺序为同学们提供了很好的蓝本。

课文	写作顺序
《观潮》	潮来之前—潮来之时—潮过之后
《鸟的天堂》	第一天傍晚—第二天早上
《火烧云》	火烧云上来—火烧云变化—火烧云下去
《长城》	远—近
《颐和园》	总—分—总

教师引导学生“当当小霞客”，写好游记中要运用以上的写作顺序。指导学生写《游海山公园》《游海滨公园》时，建议用“总分总”的方法；指导学生写《校园一角》《观菊展》时建议用“从远到近”的方法；指导学生写《观烟花》则按照“观烟花前—观烟花时—观烟花后”。学生动笔之前先谋篇布局，再根据实际情况确定好写作顺序后完成习作，这样就言之有序了。

(2)学习文中的表达技巧，厚积薄发。

①学习联想和想象的方法。在写景类散文中，作者运用比喻、拟人、排比

等修辞,展开丰富的联想和想象,语言生动吸引人,是学生言语积淀的最好文本。以义务教育人教版语文第七册《长城》一文为例,“远看长城,它像一条长龙,在崇山峻岭之间蜿蜒盘旋”这一句是联想。“站在长城上,踏着脚下的方砖,扶着墙上的条石,很自然地想起古代修筑长城的劳动人民来。单看这数不清的条石,一块有两三千斤重。那时候没有火车、汽车,没有起重机,就靠着无数的肩膀无数的手,一步一步地抬上这陡峭的山岭”这一长句是想象。还有义务教育人教版语文第十一册《山中访友》中第四自然段也是运用联想和想象的方法。在写景类散文中,融入联想和想象,使文章更生动,更传神。

教师在指导学生写作时,先让学生熟读课本,找到课本中作者写作的窍门,再进行观察,思考,动笔。如义务教育人教版语文第十一册第一组课文,教学《山中访友》《草虫的村落》时聚焦联想和想象,再创设一个情境,或听一段音响写片段,或把自己当作大自然的一员进行仿写,取得了较好效果。

②学习借景抒情的方法。有的直接抒情,有的间接抒情:“我爱我的老家,那是我出生的地方。我家只有几间矮小的平房,我出生的那间卧室,光线很暗,地面潮湿,但我很爱它。”(义务教育人教版语文第九册《小桥流水人家》)“那些小丘的线条是那么柔美,就像只用绿色渲染,不用墨线勾勒的中国画那样,到处翠色欲流,轻轻流入云际。”(义务教育人教版语文第十册《草原》)两句相比,直接抒情与间接抒情显而易见。第一句先抑后扬,后一句喜爱赞美之情跃然纸上。在比较中,学生明白:何时需要直接抒情,何时需要间接抒情,要根据作者的写作习惯和行文的需要。让学生习得这些表达技巧,对提高其言语积累规律的认识和写作能力将起到积极的作用。

(3)运用文中的优美词句,妙笔生花。《语文课程标准(2011 版)》对语文的课程性质做了新的表述:“语文课程是一门学习语言运用的综合性、实践性的课程。”“学习文字的运用”就成为语文课程的核心理念、主要任务。语文教学必须从语言入手感悟内容,再回到语言,实现语言的价值。

《香港,璀璨的明珠》是义务教育人教版语文第五册的一篇写景类散文,文本中有大量的四字词,如琳琅满目、应有尽有、物美价廉、一应俱全、光彩夺目等。有位老师在教学《香港,璀璨的明珠》时,先结合课文学习这些词语,然后让学生走进生活情境,运用这些词语介绍本地的夜景或者美食。词语的训

练扎实有效，言语的素养得到了提高。

再如教学义务教育人教版语文第十一册《索溪峪的野》后，指导学生写《朱家尖沙滩的美》《海边日落》《美丽的环城东路》《护城河的美》等，在写作的时候用上学过的写作顺序，尝试用上联想和想象，像徐霞客那样把游记写生动，写具体，给读者一种身临其境的感觉。

综上所述，在写景类散文教学中运用情境教学理论，让学生体验“当当小老师”“当当小导游”“当当小霞客”的角色，激发学生的学习兴趣和思维的火花，可以帮助他们探寻言语形式的精妙，掌握言语表达的诀窍，提升言语实践能力，从而提高学生的语文核心素养。

参考文献

[1] 李吉林.小学语文情境教学[M].北京：人民教育出版社，2003.

[2] 赵祥麟，王承绪.杜威教育论著选[M].上海：华东师范大学出版社，1981.

[3] 陈志萍，季正蓓.情景创设[M].上海：上海教育出版社，2004.

[4] 中华人民共和国教育部.义务教育语文课程标准（2011 版）[M].北京：北京师范大学出版社，2012.

（作者单位：舟山定海小学教育集团昌东校区）

图式理论在小学四年级语文段落阅读教学中的应用

余盼盼

小学语文阅读教学向来是小学生语文学习的重中之重。可是，由于小学阶段儿童年龄较小，以形象化思维为主，已有的知识经验储备不够等原因，导致阅读教学存在阅读理解导向单一、教学效率较低等弊端。近年来，将图式理论运用于阅读教学，已取得了不少研究成果，若教师能有目的地将图式理论运用于语文段落阅读教学，将有效促进学生阅读能力的提高。

本文针对小学四年级语文段落阅读教学，结合现代认知心理学的图式理论有关成果，进行研究与实践，探求图式理论在语文段落阅读教学中的运用策略，以期能有效提高学生的阅读理解能力。

一、图式理论简介

1. 图式理论概念

现代认知心理学家认为，信息组成的最基本单元是图式，图式能够运用于范围广泛的情境中，是所有信息加工所必需的基本要素。

(1)图式具有层次性。一是指一个图式是由一组子图式组成。例如，就人物形象图式而言，自上而下地由头、躯干、肢体等子图式组成。二是指图式存在不同程度的抽象水平。就人物形象的图式而言，存在不同的抽象水平。如关于女童形象的图式，既包括笼统地区别于中青年、老年的女性形象，也包括不同国籍、相貌、性格、品质等具体的形象。如人教版第七册《乌塔》一文中

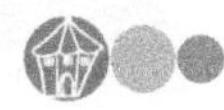

勇敢独立的小乌塔，人教版第八册《触摸春天》一文中热爱生命的盲童安静，《永生的眼睛》一文中乐于奉献的小温迪，等等。

(2)图式包含多种信息。图式包含很多的信息，除去较简单的陈述性知识之外，还包括不同水平的程序性、策略性等知识。与阅读相关的图式也是如此，例如了解文章主要内容的陈述性知识以及如何整理出六要素等程序性知识和策略性知识都是阅读记叙文的相关图式。

(3)图式处于动态变化。在阅读一篇课文的时候，图式一方面要对头脑中已有知识与课文信息是否契合进行衡量、比较，另一方面也要对自身图式不断积累加值。因此，阅读过程中的图式绝非静止不变，而是时刻处于变化中。如学习人教版第七册《火烧云》一文时，一方面，已有图式要和文中所描写的文字内容进行比较，寻找到已有的有关火烧云的信息与文中所提供的信息存在哪些异同点；另一方面，作为阅读者本身，需要不断从文中填补原来头脑中的空白值，重新或更新建构新图式，学习文中具体描写火烧云颜色、形状变化之快的信息。由此可知，图式绝非一幅幅静态画面，而是一座座信息加工厂，不断对文本进行记忆、理解和评价。

引导学生建立和发展相关阅读图式，显得尤为重要。

3. 段落阅读图式

文章是各个段落通过一定的形式组成的。篇章段落结构是一种重要的纬度，根据这种纬度，可以迅速评价和掌握所要研究篇章的相似性和不同性。对于第二学段的学生而言，把握段落图式(见图 1)，有利于快速、全面了解文章内容和段落内容，厘清阅读思路，提高阅读的效率。

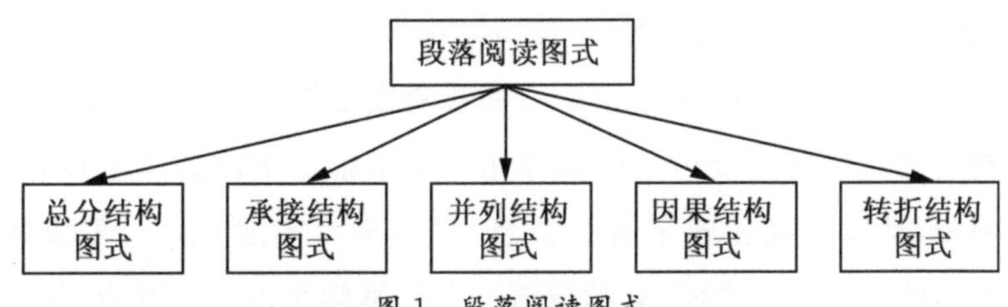

图 1　段落阅读图式

(1)总分结构图式。在人教版小学语文第二学段教材中，总分结构出现的频率极高，一般分成总分结构、分总结构、总分总结构这三种类型，如《观潮》《蟋蟀的住宅》《白鹅》《猫》等都采用了此类结构图式，这是第二学段学生进行段落阅读学习和段落习作的起点。

(2)承接结构图式。承接结构广泛运用于记叙文，一般有按事情发展顺序、方位顺序、时间顺序等承接方式，如《颐和园》《记金华的双龙洞》《七月的天山》《中彩那天》等。

(3)并列结构图式。在写景、状物类的文章中采用并列结构，主要是从事物的不同方面分类描述，如《桂林山水》《秦兵马俑》等。

(4)因果结构图式。在有些记叙文或说明文中，为了说清某一现象或道理也会使用这种结构，主要有先因后果和先果后因这两种形式。

(5)转折结构图式。为了表示前后内容之间的转折关系，多用“但是”“可是”“然而”等词语连接，如《观潮》《巨人的花园》《白鹅》等。

二、图式理论的运用

1. 专题教学——构建典型阅读图式

“专题教学”指在一定的时间内，通过细致讲解一个或多个典型阅读图式，指导学生学习掌握总分、承接、并列、转折、因果这几种典型段落图式的特点，帮助学生迅速掌握课文的段落结构，形成对篇章的整体把握。通过一定的专题教学，促使学生在头脑中存储对典型段落图式的记忆和理解，在今后阅读具体的段落时，脑海中的段落图式就会被唤醒或激活，进而培养学生自主、高效的阅读习惯。

(1)精心选择，激活原图式。奥苏贝尔强调“把学生原有知识的实质内容及其组织特征看成是影响新知识学习的最重要变量”。由此可见，原知识在学生建构新图式时起到极为关键的作用。小学第二学段的学生在日常的生活和学习中，其实已经积累了各类信息，只是多为零散、单一、不成系统的。在进行专题的阅读教学之前，教师应该充分了解学生的学习起点，做好充分、详尽的设计安排，紧紧把握教材资源，精心挑选课外资源，找寻丰富的典型阅读材料，即所选材料在结构上具有该结构的明显特征，学生能迅速找到其共

同点，在反复比较和练习中，逐渐建立新的段落阅读图式。

在精心选择阅读材料之外，为能使学生更好更快地建立新的图式，教师应在教学中尽可能地激活孩子已有的图式和相关的知识储备，更好地激发他们的阅读兴趣和提高自信心，帮助学生尽快同化或顺应新的阅读图式。比如在教学人教版第七册第三单元“童话”这一体裁的文本前，我们应该了解学生已经知晓的关于童话的知识背景，他们都是看着童话长大的孩子，阅读过大量的童话故事，也看过大量由童话故事改编而成的影视剧，童话的故事情节、人物形象都在他们的脑海里浮现过，但学生对“童话”体裁的认识是零碎、不成系统的，教师必须通过专题系列的教学活动，把这些相关知识串联起来，使其系统化，形成一个童话阅读图式，使得学生在今后的阅读学习中提高阅读效率，加深对文本的理解和感悟。

(2)学习典型，建构新图式。段落阅读图式的建构，有助于学生迅速有效地把握阅读材料。小学中年级的阅读训练重点在于“段落”的训练，所以教师尽量在教学过程中步步引导，让学生准确把握阅读材料，逐步增强阅读能力。教师慢慢引导学生发现段落结构上的特点，知道同一类结构类型的段落可以用一个相对便捷而准确的方法来把握文本内容。

在图式形成的过程中，应激发学生学图式的兴趣。举例来说：我们帮助学生形成因果段落结构图式(先叙述原因再叙述结果)。教师首先请学生用“因为……所以……”说一句话，并指出原因与结果。接着，呈现两处典型段落，通过阅读、思考，得出段落间存在的相似之处，都是先讲清原因再说结果。同时得出归纳此类段落主要内容的一般形式。有了前一阶段的学习，教师引导学生发现：上述两种构段方式称之为因果结构。紧接着，教师再提供一个典型因果结构的段落，让学生运用所学知识去阅读该段落材料。在精读精讲之后，教师加快课堂节奏，进行限时阅读：提供 10 个典型段落，教师不做任何提示，要求学生利用 5 分钟时间快速阅读，归纳主要内容。学生反馈，交流自己的心得，顺势得出掌握因果结构图式能帮助阅读，要多运用因果结构的结论。在此基础上，还应掌握其他更多的典型段落结构，运用于自己的习作。

“总分段落图式”的专题课中，我们选取了典型篇章《猫》。

教学设计片段：

(1)了解总分式结构片段的特点及作用。

①请同学们读一读《猫》第一自然段。

②课件出示第一自然段,学生思考:这个自然段在结构上有什么特点。(第一句先总写猫的性格古怪,再分别具体展开描写猫古怪的表现。)

③交流这样写有什么好处。(这样写,不仅条理清楚,具体写出了猫的性格古怪,但却惹人喜爱,流露出了老舍爷爷对猫的喜爱之情。)

④读下面两段话,判断它们是不是总分式结构片段。

天空中的风筝越来越多,热闹极了。那美丽的"大蝴蝶"橘黄的身子布满"墨绿"的斑纹,扇着翅膀徐徐上升。那金色的"小蜜蜂"翘着两只棕色的翅膀,好像在百花丛中飞来飞去……

鱼成群结队地在珊瑚丛中穿来穿去。有的全身布满彩色的条纹;有的头上长着一簇红缨,好看极了;有的周身像插着好些扇子,游动的时候飘飘摇摇……

(2)明确学习要求。过渡:我们已经知道了总分式结构的特点及其作用,接下来学习写这种结构。

(3)习作指导。

①课件出示:一到休假日,街上就热闹起来。让学生思考,如何使这一句话变成一个总分结构式的段落。

②个人展示,其他同学评议、修改。

③将"春节的街头可真热闹啊!"作为总起句,后面通过人的声音、活动等展开具体描写,形成一段总分结构的话。

④小组内说说自己设计的段落,其他同学评议、修改。

段落阅读图式的建构,能让学生进行高效阅读。阅读时,一方面要清楚知晓段落的图式特征,另一方面要掌握图式在具体条件下的使用价值。从上述案例中得出,学生不仅要获得因果结构图式,还要深切体会因果结构图式给阅读带来的好处。

3. 策略强化——润色和丰富图式

图式的构建从呈现到完善是一个循环往复的过程,新的图式在初次习得之后只是停留在学生们的大脑表层,未必内化为已有图式,需要教师在教学

中不断组织多种有效教学方式，最大限度地激活学生的图式体系，达到内化、吸收乃至运用迁移的良好效果。

(1)角色朗读，把握段落结构。分角色朗读适用于结构特征非常明显的段落阅读图式。

以总分结构图式为例，教师可安排：嗓门大、声音亮的男生读总起句，起强调突出的作用；说话柔和的女生来朗读分句部分。如果分句之间是并列关系，则可以安排几名学生各读一句；若分句之间是承接关系，可以安排不同人数的学生，人数由少到多，音量由小到大，各读一句，突出承接关系。通过不同形式的分角色朗读，让学生在亲身参与演绎中，直观具象地去感受段落结构，更好地把握段落图式的形式特征，在大脑中留下深刻印象。

(2)运用复述，保持信息完整。复述能让学生吸收、存储、内化、整理文本段落结构和语言。《语文课程标准》指出：“体会课文中关键词句表达情意的作用，能复述叙事性作品的大意，初步感受作品中生动的形象和优美的语言。”这是《课标》第一次对第二学段的学生提出了“复述”的要求。在图式段落教学中，要求复述典型的文章段落，是在对学习材料进行感知，挖掘课文的重点、难点和要点，用不同的符号标记将其突现出来。如：用横线画出本段的总起句，圈出相关句子里的中心词或关键词，用①②③等符号标出表示并列关系的句子等。在复述的过程中，教师要积极鼓励学生在原文基础上，创新地加入自己的理解，适当转换语言，如调整句子前后结构、换人称、适当增添内容。比如，复述《桂林山水》一文时，可以通过头脑中不断想象的画面来进行复述；复述《爬山虎的脚》一文时，可以通过画爬山虎脚的简笔画来加深印象；复述《颐和园》一文时，可通过绘画游览路线图的方式进行记忆。

(3)预测联想，不断激活图式。在阅读教学时，教师要积极引导学生运用已有的段落图式进行选择、整理和加工。如教学《记金华的双龙洞》一课时，学生已经建构了一定的段落阅读图式，教师鼓励学生思考：读完这个题目，猜猜看，你们觉得课文会怎么写？可能会与以前学习过的哪些课文有类似之处？这时学生会不断回忆已学课文，像《美丽的小兴安岭》《颐和园》等篇目，调出存在头脑里的相关阅读图式，大胆合理地对本篇课文进行预测、推理；根据这些图式特征，带着问题去读课文，马上就能对原先的预测进行印证。当学生发现自己的预测得到了证实，喜悦之情溢于言表；而与原预测不符的学生，则会在第一时间迅速做出调整。在这里，调用的应是学习《颐和园》时获得的承接结构图式。

在语文阅读的过程中，遇到的问题可能是复杂的。这时候，就需要引导学生同时运用两种或两种以上的方法去构建促进理解的新图式。或者，在某些情况下，配合使用多种方法能够更好地进行阅读，更好地激发旧图式，构建新图式，形成丰富的段落阅读图式，教师应积极鼓励学生综合运用。

3.读写结合——运用和迁移图式

读写结合能有效巩固图式，它对促进学生阅读能力和习作能力的提高，起到重要作用。如果说，学习课文阅读是建构新图式的过程，那么习作就是要从自身已有的知识经验中寻找适宜的图式进行加工、组合、再造的过程，是对图式的二次运用和迁移。二者相比，习作过程更加具有创造性，且富有个人色彩。但在实际教学过程中发现，学生对于习作这件事情是头疼的，经常出现没话写、想到哪写到哪等写作瓶颈。孩童受年龄、情感等因素的局限，写作时常会受到局限，而模仿却能有效降低学生习作难度，仿写练习能促进他们由读到写，由不会写到会写，实现生活画面到书面文字的转换，帮助他们搭起了一座由阅读通往习作的桥梁，为学生独立习作提供成长的拐棍。

(1)在口头表达中积极运用。从语言发展规律角度来说，口语早于书面语，说易写难。在段落结构图式习得的初始阶段，先从训练学生“说话”抓起，培养学生说话的兴趣，设计“仿说”练习。

在平时的教学中，教师可增加学生答题的难度，面对各类问题，向学生提出附加要求：能用上先总后分的结构来回答这个问题吗？请用上“因为……所以……”“之所以……是因为……”或“因此”(表示因果关系)回答。请用上“首先，其次，然后，最后(表示承接关系)”等词语将内容按顺序说清楚。有针对性的仿说训练，能不断强化学生习得的新图式，逐渐在自己的头脑中加深印象，直至融会贯通，转化为自身存储图式。

(2)分析结构，指导仿写。在段落阅读教学的过程中，教师如果有意识地精心挑选课文内容，指导学生进行仿写练笔，可以对学生段落图式的建构情

况起到检测作用。在仿写的过程中，教师适时指导，学生初步建构起来的段落图式会更加清晰，起到复现和巩固的正面强化作用。小学中段的学生，从说话写话一下子过渡到习作，他们缺乏“构段”的意识，更缺乏“谋篇布局”的能力，这就要求教师在选择时，尽量选择结构清晰、段落特征明显的文章。如人教版四年级语文教材中《桂林山水》《颐和园》等文章都采用了总分总的结构，《猫》《秦兵马俑》等段落的结构采用了总分的方式。以总起句总写，各个分句具体展开描写，容易让学生进行模仿学习，大大降低了学生习作的难度。

如细看《猫》一文的第1自然段的写法，老舍先生围绕“古怪”一词，通过具体描写猫的老实、贪玩、尽职等表现，一只性格古怪的猫儿形象跃然纸上。教师可要求学生学习作者的总分写法，围绕某种小动物身上的一个显著特点，从多角度具体展开，凸显动物特点。教师通过不断研读教材，发现总分写法的起始教学篇目并非是在四年级上册的教材，早在三年级的语文学习中就有涉及，教师在不断激发学生原有总分结构图式的基础上，引导学生关注作家老舍先生流露出来的对小动物的喜爱之情。与此同时，学生在仿写总分段落的过程中，不仅要关注段落图式，也要学习名师大家如何将个人情感传递给阅读者。

如在整体感知《颐和园》一文时，请学生关注全文的写作顺序，从篇章的结构上来说，此篇文章第二至五自然段的起始句均为表示地点转换的连接句，很显然是一篇根据游览顺序写成的文章。在第四自然段关于“万寿山顶上看景”的描写中，“向下望、正前面、向东远眺”等词语赫然立于段落中，学生不难得出此段的描写是根据方位顺序展开的。在课文阅读教学接近尾声时，要求学生进行一次小练笔：仿照课文段落结构，描写一处景点的不同方位；仿照课文篇章结构，移步换景，记一次参观游览活动。学生需要运用头脑中已有的承接结构图式，掌握参观活动、游记等按照游览顺序写的特点，又可以巩固按方位顺序承接的段落结构。

教师紧紧抓住这些具有典型结构的段落，精心设计“段落仿写”训练的习作课，思考“段落仿写”的教学流程，探究出适合本班学生实际的仿写教学策略，为学生搭建由“读”到“写”之间的“脚手架”，使学生逐步领悟、吸收和内化段落图式，感受祖国语言文字的奥妙，激发起对祖国语言文字的热爱之情。

4. 巧设板书——直观形象显图式

“精湛的板书是沟通作者写作思路、教师教学思路、学生学习思路的桥梁。是提示旧知与新知之间的内在联系,激发学生探求新知的欲望。”优秀的板书在语文阅读教学活动中发挥着重要意义。10 岁左右的孩子大脑发育正好处于内部结构和功能完善的关键期,抽象概括、分类、比较和推理能力开始形成。在孩子学习的黄金期,教师如能在进行段落阅读教学的过程中,巧妙设计板书,化抽象为具象,化零散为系统,势必能促进孩子语文阅读能力的培养,加快对孩子思维的塑造。

(1)“图”释段落中句子之间的关系。一个自然段中的各个句子之间都是存在着紧密联系的,并非杂乱无章地摆放。通过板书作图,句子之间的关系清晰呈现。

例如,教学《猫》第一自然段,设计了这样的板书(见图 2)。

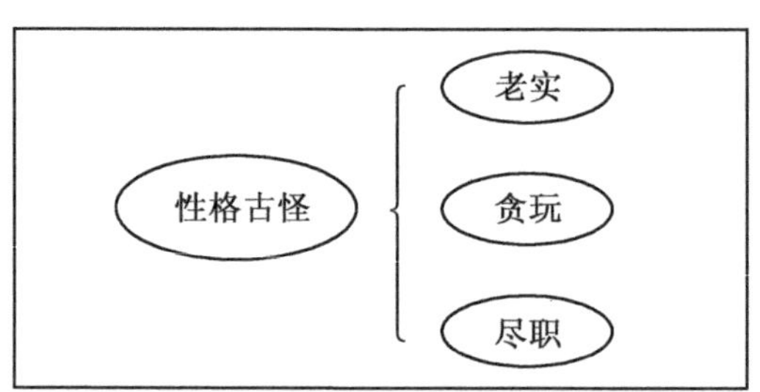

图 2 《猫》第一自然段板书

教师通过总分结构式的板书呈现,引导学生明悉句子之间的关系,了解总分这种段落的结构,引导学生站在“段”的高度理解文本,感受构段的严密。

(2)“图”释段落之间的关系。好的文章,其段落之间必存在严密的逻辑关系。通过板书的呈现,把握好段落与段落之间的关系,迅速读懂文本内容,思考文本的中心立意。

例如,教学《颐和园》一课时,设计了这样的板书(见图 3)。

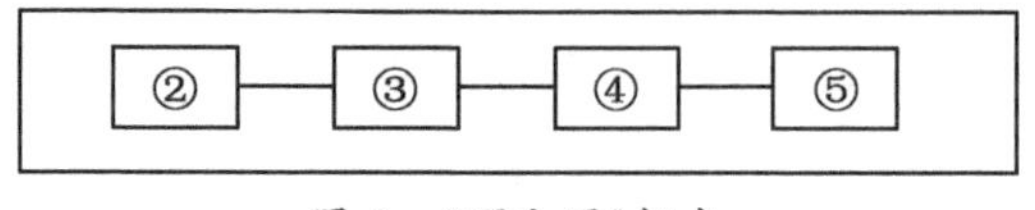

图 3 《颐和园》板书

板书将课文各段落之间的关系直观地呈现给学生。通过看图，学生能很快发现段落之间的承接关系，了解本文的写作顺序。

(3)“图”促段落仿写。课文经过编者精心选择，均出自名家名篇之手，其中的典型段落都是值得推敲和学习的，是学生习作学习的好材料。

例如，教学《爬山虎的脚》一课时，设计了这样的板书(见图 4)。

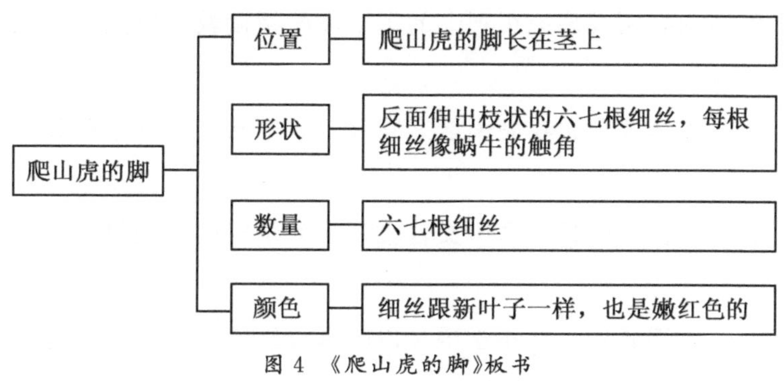

图 4 《爬山虎的脚》板书

学生通过模仿这个段落的写作结构和方法，写一写生活中其他观察过的事物。

教师让学生借助板书，有意识地培养学生将图式内化的能力，有了这样的板书呈现，学生对这类段落描写有了直观的认识，提高了表达段落的能力，拓展了思维空间。

三、结语

在阅读教学中，教师关注学生段落图式的构建，运用多种图式建构策略，能切实提高学生的阅读理解能力，提高阅读教学的效率，并作用于习作教学。当然，在语文教学的大背景下，用图式理论来指导语文段落阅读教学仅仅只是其中一个中间环节，并不是最终目标，还需要加入学生更多带有个性化的理解和运用，让语文知识融会贯通，让祖国的语言文字更加光辉灿烂。

参考文献

[1] 谢瑜.语文阅读教学文本资源选用研究[D].济南：山东师范大学，2018.

[2] 朱丽.图式理论在语文阅读教学中的应用[J].华夏教师,2017(13):27—28.

[3] 孙鹤.图式在初中语文阅读中的应用研究[D].开封:河南大学,2017.

[4] 赵雪琪.图式理论指导下初中语文阅读教学策略研究[D].贵阳:贵州师范大学,2017.

[5] 吴茜.内容图式理论视野下的小学高段阅读教学研究[D].成都:四川师范大学,2017.

[6] 黄自波.图式理论在高中语文阅读教学中的应用[D].南充:西华师范大学,2016.

[7] 田四方.图式理论在高中文言文词汇教学中的应用[D].武汉:华中师范大学,2014.

[8] 黄立宇.图式理论在小学语文段落阅读教学中的实验研究[D].苏州:苏州大学,2010.

[9] 黄斐.小学语文阅读图式专题教学研究[D].苏州:苏州大学,2010.

[10] 张向葵,关文信,孙树勇.图式理论在语文阅读理解中的应用[J].心理发展与教育,1997(4):58—61.

（作者单位：舟山市定海区干览中心学校）

图式理论在小学语文阅读教学中的应用

娄安娜

随着认知心理学研究的深入，图式在知识表征和组织中的作用越来越突出，对于当前小学语文阅读教学显示出越来越重要的理论与实践价值。图式理论根据小学生认知水平和发展特点，为当前小学语文阅读教学提供了新的思路，可以有效提升学生的阅读能力。通过图式理论在小学语文阅读教学中的应用，将促进学生思维与阅读能力同步发展，提升语文素养。

一、图式理论概述

1. 图式理论简介

图式理论是认知心理学家用以解释理解心理过程的一种理论，最早是由德国哲学家、心理学家康德于1781年提出的。他认为人的大脑中存在纯概念的东西，图式是连接概念和感知对象的纽带。瑞士著名的心理学家、教育家皮亚杰也十分重视图式概念，他认为“图式是指动作的结构或组织”。

现代认知心理学家认为图式是一种认知的模块或单元，是所有信息加工所必需的基本要素。大脑中储存的所有知识都可以分成单元、组成模块和构成系统，这类单元、模块和系统就称为图式。简而言之，图式就是存在于记忆中的认知结构或知识结构。每个人头脑中都存在大量的对外在事物的结构性认识称为图式。如谈到“手机”图式，人们想到的不仅是一部具体的手机形状，还会把它传播信息、拍照、播放音乐、储存文件等功能联系起来，手机已经作为一个知识结构综合体系进入了人的认知理念中了。

图式作为储存在人的记忆里的知识结构，很多图式之间是相互联系的，并存在等级排列，较为抽象的知识处于较高层次，而比较具体的知识位于下层。当下层图式被具体化时，高一级的图式便被激活。图式化认知常常是无意识进行的，它影响人们对信息的加工以及人们在特定情况下所采取的特定的行为方式。

3. 图式理论在阅读中的应用价值

关于阅读，图式理论的基本观点是：阅读是读者头脑中的知识结构体系与文本材料提供的信息交互作用的过程。当读者将记忆中的图式（如背景知识或抽象知识框架）与文本材料信息联系起来并使之相匹配时，就能理解语言材料的内容。在这一过程中，文本的语言文字信息激活读者记忆中的图式，从而达到成功阅读的效果。反之，当读者记忆中的知识框架不能与文本信息交互感应，即如果读者头脑中的预存知识、过去经验不能对文本信息进行预测、验证、解码、提取、记忆或文本信息不能激活、补偿记忆中的知识结构、经验组织，就会导致理解受阻或差异阅读。

传统的阅读模式主张采用“自下而上”的被动解码方式进行阅读，即读者只需逐字逐句读懂文字，通过对文字的理解就能明白全文的意思。随着认知心理学的发展及图式理论的提出，人们发现阅读并不单纯是被动的解码过程，也是主动的“猜测一证实”过程，即“自上而下”的阅读过程与“自下而上”的被动解码过程的有机结合，是两种过程相互作用的结果。

当前，图式理论对指导小学语文阅读教学具有重要意义，也有很大的应用价值。

(1)预测功能。预测功能是图式理论中最基本的一项功能，它贯穿于整个信息传达接受环节中。预测是接收信息的重要因素，有效地利用预测功能将促进阅读效率的提高。在预测功能作用下，人在接受某一图式时，对构成该图式的各模块、单元的预测与本人头脑中的认知经验相一致。随着外界信息的不断传递，相对应的图式空缺逐渐得到补充，从而完善大脑中的图式。

(2)选择功能。选择功能是指在阅读过程中，对从外部接收到的信息进

行整合时有所选择,一方面是在预期功能下验证性选择外部图式,另一方面是选择外部信息的整合重点,从而归纳到已有的图式体系中。在阅读教学中,如果要让学生的阅读能力达到较高的层次,教师应结合“从下到上”与“从上到下”这两种形式。

(3)理解功能。理解功能,指阅读文本中的信息传递到学生大脑后会与已储存的图式产生联系,使学生利用已储存的图式来顺应新图式以及革新旧图式,从而帮助理解新的信息。在阅读过程中,自然习得的图式是学习积累图式的初始点,通过阅读理解阶段,利用同化和顺应功能,最终使自然习得的图式发生转变,产生新的图式。

二、图式理论在阅读教学中的应用

从阅读的相互作用理论可以看到,无论是自下而上还是自上而下,阅读者要理解文章含义都必须具备相关图式基础。如果本身没有相关图式支撑,理解文章含义显然是不可能完成的任务。

对于小学生来说,其思维发展尚处在起步阶段,图式也处在开始形成和不断丰富的过程之中。因而,开展阅读教学,提高其阅读能力,我们首先要帮助、促进其建构形成相关的图式体系。通过实践研究,我们发现在语文阅读教学中促进小学生建构相关图式、提高阅读能力方面可以从“识字”“句子”“语段”“篇章”四个方面加以推进。

而“思维导图”是图式理论的一个核心概念,能帮助学生建立起良好的认知结构,发展思维能力,提升思维品质。因此,思维导图可以成为一种路径,一种教和学的媒介,可以帮助教师有效地将发展学生思维落实于具体的语文教学活动中。

1. 识字教学

汉字是由音、形、义三个基本因素构成的复合体。从心理学的角度看,识字要求形、音、义三者之间的相互沟通,使神经联系过程可以在任何一方灵活地进行,当感知汉字的某一因素时,能够准确地再现其他两个因素。由此可见，识字是一个复杂的观察、记忆、联想和思维的心理过程。因此，我们可以将思维导图与识字教学有机融合，发挥最佳效果。

(1)字理分析，激发兴趣。汉字是一种表意文字，尤其是象形字、会意字，也就是说，大部分汉字的字形与字义有紧密的联系，这种联系就是“字理”。如果结合汉字的构造规律，发觉汉字的“情理”，就能收到事半功倍的效果。

例如，教学统编本语文一年级上册识字课《口耳目》时，教师可以这么做：第一步，先出示象形文字，让学生猜一猜这是什么？猜对的公布图片，激发学生学习汉字的兴趣。第二步，出示由象形文字演变而成的汉字，让学生比较古今字形上的变化，并用自己喜欢的方式记住这些字。第三步，运用思维导图对这些汉字进行归类，图和字对照，强化记忆，如图1所示。

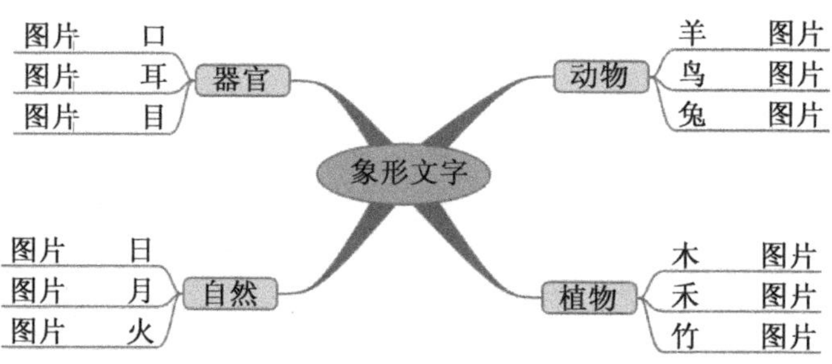

图1 《口耳目》“象形文字”归类思维导图

(2)驰骋想象，拓展思维。传统的识字教学在让学生了解汉字的音、形、义之后，巩固汉字的方法只是让学生简单地组词，形式单一，难以让学生保持兴趣。借助思维导图，可以让学生的思维发展过程呈现出多向性、综合性和跳跃性，可以使学生将所学目标有机联系，创造出新的思维成果。

例如，教学统编本语文一年级上册识字课《四季》一文的“春”字时，教师可以这样运用思维导图帮助学生学习：第一步，猜字谜引出“春”字，读准字音，识记字形。第二步，让学生说说看见“春”你想到了什么？第三步，教师引领着学生一起走进课文，学习写春天的好词佳句。第四步，教师将学生发言的内容画成思维导图，如图2所示。

(3)归类识字，帮助复习。带有同一种声旁的字往往读音相似，字形相近，容易混淆，可以借助思维导图从声旁入手归类识字。例如，教学统编本语

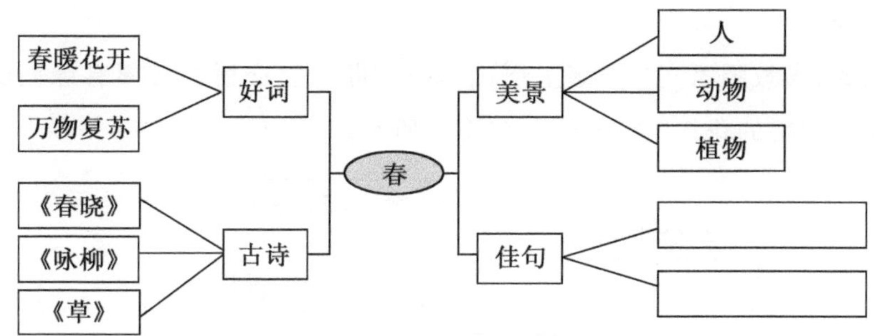

图 2 《四季》"春"字拓展思维导图

文一年级下册识字课《小青蛙》一文的"晴"字时，可以和本课的"清、睛、情、请"同步学习，通过思维导图呈现出来。再引导学生根据这些字的特点编顺口溜归类，如：青有了水才能清洁干净，太阳出来了才是晴天，目也叫眼睛，说话要用请。这样对新旧知识加以联系，并展示交流，加深了对同一类字的记忆。在"归类识字"这一板块中，我们也可以鼓励学生自己绘制简单的思维导图。

总之，识字教学与思维导图有机结合，既降低了识字难度，解决了识字教学中"枯燥无味"的问题，又增加了识字教学的思维含量，可谓一举多得。潜移默化中，学生感受到了学习汉字的乐趣，感受到了祖国语言文字的无限魅力，会越来越喜欢汉字，并逐渐养成自主识字的习惯，进而提高了独立识字的能力，为以后学习语言文字知识打下坚实的基础。

3. 句子教学

句子是语言的使用单位。句子由词和短语组成。一个句子表示一个相对完整的意思，能够完成一次简单的交际任务。从句子的整体综合意义上看，句子是汉语语法中最大的单位，也是语言交际中最基本的单位。将思维导图作为教学句子的手段，从本质上来看，就是以句子为基点对象，探寻句子的结构和功能的规律。

(1)解构句子，明晰内在结构。要提升句子教学的实效，就要帮助学生建立鲜明的句子概念。句子概念对于第一学段的学生而言是抽象而难以理解的。思维导图能将隐性的句子概念以显性化呈现，帮助第一学段的学生逐步形成句的概念，使句中各个词之间的关系主次分明，各个词的作用和功能也比较清楚。

例如，人教版语文二年级上册《北京》一课，“立交桥的四周有绿毯似的草坪和拼成图案的花坛”这个句子，如图 3 所示。

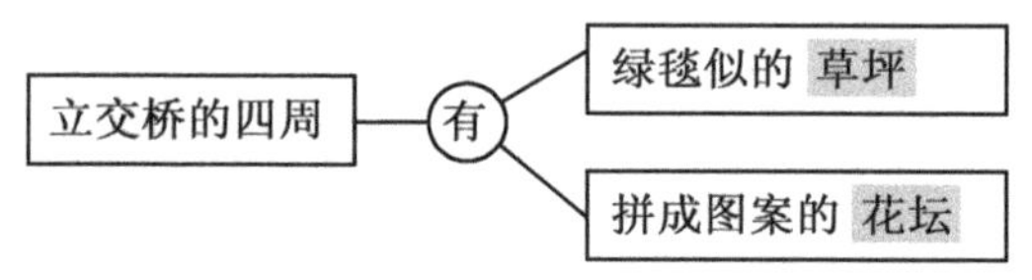

图 3 《北京》一课句子成分分析思维导图

(2)表达句子，提升语言质量。思维导图的运用，为积累语言创设了平台，使句子教学中读与写之间的联系更加直观，为有效地实践和运用句子铺设了台阶，提升学生的表达能力。例如，我们可以借助文本中的句子图示，精准对接读写结合(见图 4、图 5)。

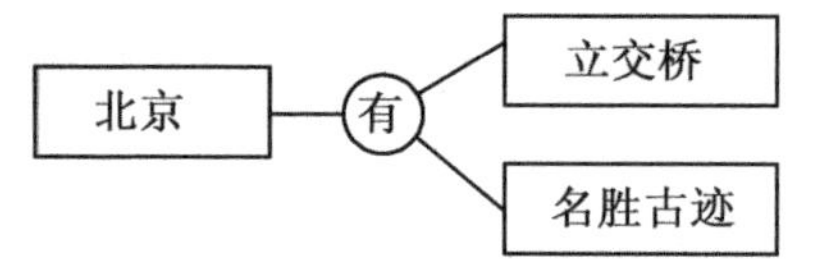

图 4 《北京》一课句子教学思维导图

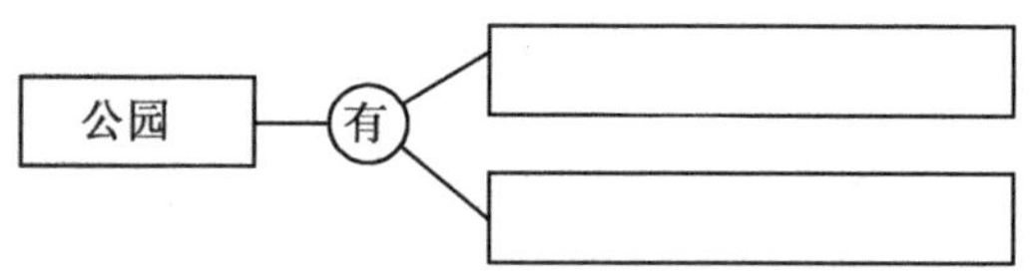

图 5 《北京》一课仿写句子思维导图

实践证明，经过长期扎实的训练，思维导图既能强化句子概念，又能直观展现句子关系，还能促进句子的积累和运用，提高学生的读句、写句能力。同时，它也能提升句子教学的效果，并促进学生思维能力的发展。

3.语段教学

何谓“语段”？语段是篇章结构的基本单位，研究的是句间关系、结构层次、衔接手段。语段阅读是读者以语段材料为依据，凭借已有的知识和经验，利用自己的内部语言去理解和改造材料的思维过程。它既是语言习得的过程，又是思维的发展过程。因此，语段教学成了阅读教学的一个重要组

成部分，是培养学生语言能力、提升阅读能力、发展阅读思维的一条重要途径。

(1)建立语段结构意识。如果说，主题是语段的“灵魂”，材料是语段的“血肉”，那么，结构就是语段的“骨骼”。缺少健壮而完整的骨骼，血肉就无所依附，灵魂也无处寄托。

以人教版语文三年级上册《香港，璀璨的明珠》一文为例，全文共六个自然段，采用“总分总”的结构行文，脉络清晰，首尾呼应。文本最大的特点是，二至五自然段语段结构相似，都是典型的围绕中心句写具体的语段，分别从市场、美食、旅游等方面具体介绍了香港。为了帮助学生理清句子间的关系，了解语段的结构，概括语段的大意，教师可利用思维导图，以第二自然段(香港的市场是一个“万国市场”)为例，展开以下教学：

①读语段，找找哪一句话最能概括语段的主要意思。

②交流，发现学生困难点(中心句概念模糊，意见不一致)。

③先来看看每一句话写了什么，提炼关键词。

④梳理每句话之间有什么关系，形成思维导图(见图6)。

⑤借助思维导图，理解“中心句”“中心词”的概念，从而概括段意。

⑥小结学法。

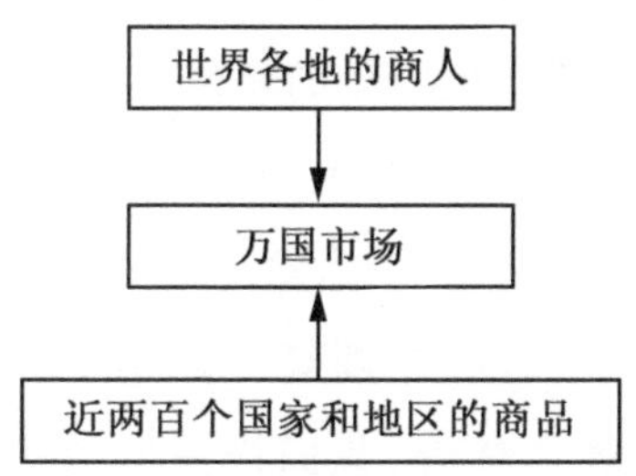

图6 《香港，璀璨的明珠》语段结构思维导图

如上所述，教师一步步地教学，由易到难，由分解到整合，用生动形象的思维导图展示了语段构成的形式，巧妙地将结构知识、提炼信息的能力与认知思维逻辑性的发展融合在一起。

(2)体悟语段表达色彩。清晰的结构是语段的框架，得当的表达技巧与真挚的感情则是语段的色彩，三者相得益彰才能让语段的描写真正打动人心。因此读一个语段，在把握了结构和整体段意之后，还得去细细体会语段的各种表达技巧，去深深感悟作者未直言却蕴含在字里行间的情感。

如人教版语文四年级上册《白鹅》一文描写白鹅步态的语段，丰子恺先生运用对比、比喻、拟人等修辞手法，把白鹅的高傲之态表现得淋漓尽致，也蕴含了作者对白鹅的喜爱之情。在这一课教学中，教师可让学生以“步态高傲”为中心点，延伸三种不同的修辞手法“对比”“比喻”“拟人”，自己绘制思维导图，提取文中的关键词，再用线条链接。最后，以思维导图为品读、积累的媒介，促进学生理解修辞之妙（见图7）。

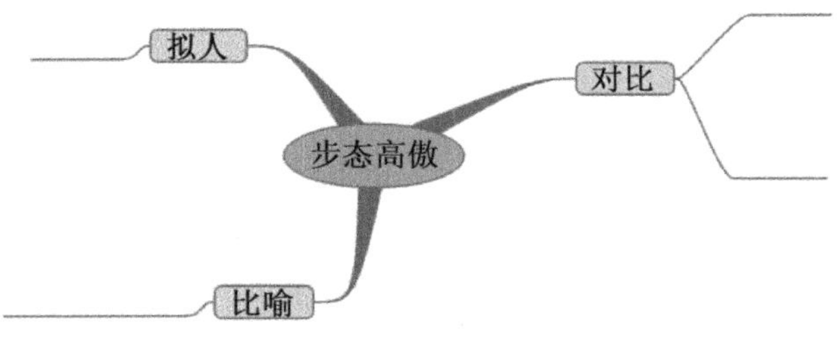

图7 《白鹅》语段结构思维导图

（3）练习语段读写对接。叶圣陶先生说：“语文教材无非是个例子，凭借这个例子要使学生能够举一反三，练习阅读和作文的熟练技巧。”因此，教师还得引导学生从段例的分析过渡到迁移运用，进行精准的读写对接。教师要精选迁移可仿之点，发展创造学生思维的联想性。

例如，在教学人教版语文三年级上册《风筝》一文，以第三自然段（我们去放风筝。一个人用手托着，另一个人牵着线，站在远远的地方，说声“放”，那线一紧一松，风筝就凌空飞起，渐渐高过树梢了。牵线人飞快地跑起来。风筝越飞越高，在空中翩翩飞舞着，我们快活地喊叫着，在田野里拼命地奔跑。村里人看见了，说：“放得这么高！”）为例，这一段是学生学习场面描写的极佳范例，教师首先要带领学生品读语段中场景描写的奥秘，进而进行迁移运用。

①引导学生读懂语段先写了什么，再写了什么，最后写了什么。

②引导发现语段的结构规律。

③迁移结构特点，仿写场面描写（见图8）。

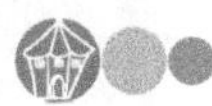

我们去(玩纸船)。一个人( ),另一个人( )。纸船( )。我们( )。旁边的人见了,( )。

图 8 《风筝》语段结构思维导图

以思维导图来学习语段的过程,本身就是学生一次又一次学习语言,发展思维的深化过程。图解语段,就是把抽象的语段概念形象化,把平面的语段结构立体化,把无形的语言形式有形化的语言和思维再加工过程。学生在阅读语段之后,往往会用千姿百态的图式来表达自己的阅读思维,又会用各有千秋的图式来呈现自己读写链接的思维,这些都是学生对语段内容个性化的解读,是学生对阅读、思维不同角度的图式解读。

4. 篇章教学

篇章,应是一个系统的、有着极强内在联系的有机整体,构成篇章的各个部分相对于篇章这个整体而言,起码具有目标的统一性、组合的有序性和系统的完整性等几大要素。篇章学习要求学生有扎实的字、词、句、段、阅读的基本功和逐渐养成的具有个性特征的阅读力。运用思维导图进行篇章教学,有很大的优势。思维导图可以立体呈现篇章结构的完整性、典范性、连接性和个体性。

(1)实现篇章的整体观照。在篇章教学中,许多学生不能有效提取必要的信息,抓住课文的中心内容所在,往往不经过思考和筛选全盘接受,不仅不能读懂篇章,而且过多无用信息的摄入,影响了阅读的速度,也增加了关键信息提取的难度。

例如,人教版语文四年级上册《新型玻璃》一课,教师就可以借助思维导图呈现说明性文本的结构层次(见图 9)。

又如,人教版语文五年级下册《景阳冈》。全文按事情发展的顺序,先讲武松进店饮酒,不听劝告,执意过冈;接着讲武松上冈,见了官府榜文,才知真的有虎,但决定继续上冈;然后讲武松赤手空拳与猛虎搏斗,终于打死了老虎;最后讲武松一步步下冈来。

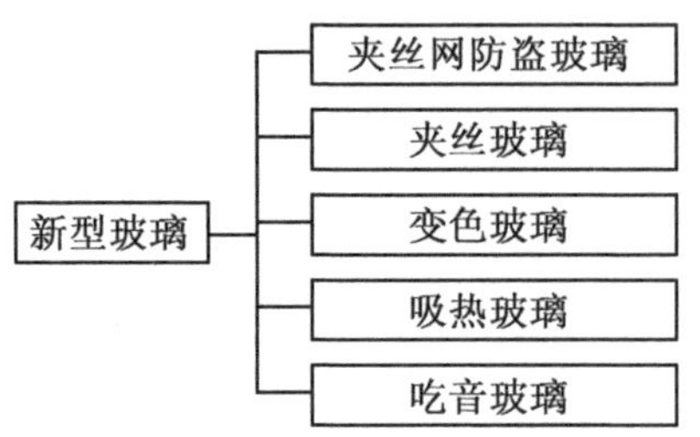

图 9 《新型玻璃》篇章结构思维导图

对于这样一个篇幅较长的文本，学生很难在短时间内全面地、完整地把握课文的主要内容，也无法准确地提取信息，重整语言表达。此时，可以进行师生合作，将读到的内容，归类整理、绘制成一张思维导图（见图 10）。

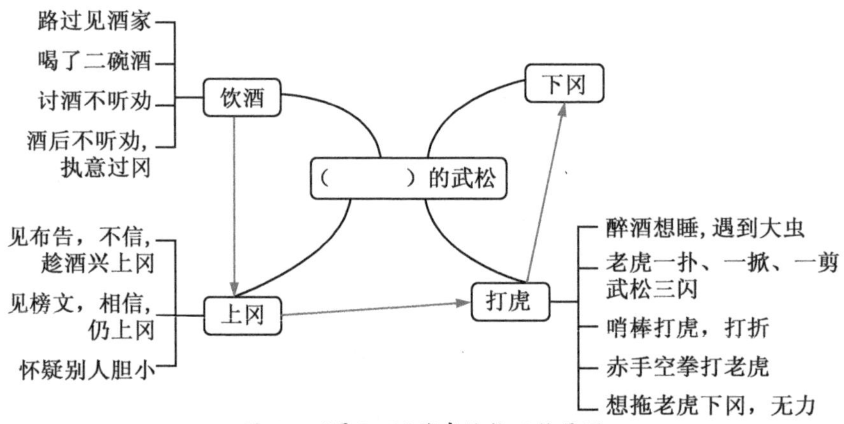

图 10 《景阳冈》篇章结构思维导图

(2)实现篇章学习的读写链接。篇章学习，其实就是让学生通过阅读还原作家的“构思立意”“列纲起草”“合理安排详略”。在篇章学习中，不断训练和强化学生的梳理信息的思维能力，不断在他们的认知中构建各种各样、丰富多彩的篇章结构，就像是为他们建造起来的知识宝库，是一个吸收、积累的过程。当学生需要写作的时候，可以从这个知识宝库中，选择最契合自己的结构图，还原结构图，并结合写作素材进行模仿、微调、创新，从而建构新的思路。

例如，人教版语文六年级上册《索溪峪的“野”》，全文围绕一个“野”字展开，从山是“野”的，水是“野”的，山上的野物“野性十足”，游客也变得“野”了起来，这四个方面写出了索溪峪的景美、人美、情美。这篇写景文的篇章结构

非常清晰，每个段落的第一句话是每一个方面的总起句，提取信息非常方便。学生可以很容易掌握这种篇章范式，进行仿写，抓住一处景致的特点，绘制辐射状思维导图，然后按照思维导图行文，展开写作。这既给了学生一定的样式，又拓宽了学生写作的广度，这样的习作才会精彩纷呈。

总之，阅读是一种复杂的心理过程，在各种阅读理论的探索中，图式理论从认知心理学、语用学、信息处理和人工智能等方面为阅读教学提供了一个崭新的视角，从而使人们对阅读教学过程有了新的理解。教师借助图式训练可以实现有效的阅读教学，提高学生的阅读能力和阅读水平，使学生在学习过程中获得知识，得到思维的训练。

参考文献

[1] 皮连生.智育心理学[M].北京：人民教育出版社，2000.

[2] 徐天中，林红，彭坚.图式理论在小学语文阅读教学中的应用[J].中小学教材教学，2006(7)：6—9.

[3] 谭文丽.图式理论与阅读教学改革[J].四川师范大学学报(社会科学版)，2010(6)：67—70.

[4] 黄立宇.图式对小学语文阅读教学的优化作用[J].苏州教育学院学报，2009(3)：122—124.

(作者单位：舟山市定海区白泉中心小学)

迁移理论在小学语文阅读教学中的应用

徐洁颖

在日常生活中，我们经常可以观察到这类现象，数学好的人比较容易学习物理，会骑自行车的人更容易学会骑摩托车，会一种外语的人学起另一种外语来会更容易。这些现象我们通常称之为迁移。其实，迁移不仅出现在日常的生活中，在教学的过程中，这种现象也普遍存在。古有孔子语："不愤不启，不悱不发，举一隅不以三隅反，则不复也。"今叶圣陶提出："语文教材无非是个例子，凭这些例子要使学生能够举一反三，练成阅读和写作的技能。"可见，无论古今，迁移在教学中发挥的作用都是不容小觑的。

阅读是学生搜集处理信息、认识世界、发展思维、获得审美体验的重要途径，是语文课程中极其重要的学习内容。在小学语文教学中，阅读教学贯穿整个阶段，所占的比重也最大。阅读教学的质量如何，在很大程度上决定了小学语文教学目标能否实现。要想提高学生的语文知识水平和语文素养，真正提高阅读教学的有效性，就应采取科学、有效的方法开展教学。而运用迁移理论，则不失为一种有效的手段。那么，如何在小学语文阅读教学中有效应用迁移理论，就是本文研究探讨的问题。

一、迁移理论概述

1. 迁移理论及教学含义

迁移原是教育心理学上的一个专用名词，是指在某一种学科、场合或情境中获得的认知对在另一种学科、场合或情境中获得的认知的影响。随着认

知心理学的提出,“迁移”的概念也在不断更新。当前,以认知心理学为基础的三大迁移理论是学术界的主旋律,即认知结构迁移理论,产生式迁移理论和认知策略迁移理论。这三大迁移理论在“迁移”概念上存在几个共同要素,主要包括强调先行组织者,强调前项任务和后项任务之间的相似性以及强调学习者自身的学习积极性。

把迁移三大理论的共同要素应用到教学的特定环境当中,即迁移的教学含义,可以把“迁移”的概念定义为通过教师的先行组织,让学习者明白前项任务与后项任务之间的关联,并让学习者结合自身的学习经验,自行选择学习策略,使其思维获得有效转换以及思维能力真正得到提高的一种影响。

3. 迁移效果影响因素

迁移有正迁移和负迁移之分。迁移产生的积极影响被称为正迁移,比如语文学习好的人,理解能力强,这对学好数学来说就是一件好事,因为理解文字的能力有助于理解数学中的逻辑语言。消极的影响被称为负迁移,如在学习语文汉语拼音的基础上去学习英语字母,就会受到干扰。作为学校教育的重要理论,学习迁移在教学中的运用应注意利用正迁移,消除负迁移。那么,如何促进学习的正迁移,增强迁移的效果,发挥迁移的最大作用呢?这就要考虑到先前提到的迁移理论的关键要素,包括强调先行组织者,强调前后任务之间的相似性,强调学习者自身的学习积极性。而这三点则与学习材料的共同因素、教材的组织结构、教学迁移的方法、学生的认知结构及情感心理状态等因素息息相关。

因此,在阅读教学中,教师应注重对教材结构、内容的研究,引导学生正确认识学习材料之间的共同因素;注重教学知识结构的系统性,恰当使用教学方法,步步完善学生的认知结构;注重学生的个体经验,有针对性地促进学生阅读的情感体验。总之,在教材的组织、教学方法的选择、学生情感的关注上都要注意学习迁移的作用,促进教学。

二、迁移理论在小学语文阅读教学中的应用

迁移理论在小学语文阅读教学中的应用具有重要的指导意义，阅读教学中充分运用迁移理论可以提高教学效率，提升学生解决问题的能力。现对迁移理论在小学语文阅读教学中的应用策略进行分析。

1. 把握教学目标，明确迁移方向

正确把握教学目标，明确迁移方向，这是阅读中迁移教学四部曲中的第一部，也是至关重要的一步。

(1)把握阅读教学的目标。因为教学目标是决定教学成败的尺码，也是评价教学目标是否达到的客观依据。那如何把握教学目标呢？要以《语文课程标准》为依据。在《语文课程标准》中，明确提出了小学各阶段的教学目标，它是语文教学目标制定的依据，同样也是阅读迁移教学目标确立的准绳。因此，在小学语文阅读教学中，教学目标的确立一定要以《课程标准》为依据，从落实阅读的知识和能力、关注阅读的过程和方法、凸显情感态度和价值观这三个维度出发，合理制定教学目标，让学生在增加阅读知识，提高阅读能力水平的同时，掌握阅读方法，从而在情感与价值观等方面受到正面的感染和熏陶。

(2)明确阅读教学的迁移方向。这是阅读教学迁移运用的指南针。在阅读教学中，根据迁移发生的学习类型或领域，迁移主要有三个大方向，包括认知方向的迁移，动作技能的迁移和情感态度的迁移。例如，学生利用阅读中学到的标点符号、词语、句型等进行独立的造句；学会分析课内文章的写作手法，也容易分析课外阅读的写作特点等，这些都属于认知领域中的迁移。学会了默读，很容易学会浏览；学会了朗读的技巧，很容易学会诵读、演讲；这些属于动作技能的迁移。养成了阅读时手脑并用，边读边记的好习惯，在以后其他知识的学习中，自然也会这样，这就属于情感态度的迁移。为了在教学中更有效地实施迁移，根据以上的分类标准和阅读学习的整个过程，可以将语文阅读教学中的迁移内容具体做如下分类，如表1所示。

表1 阅读迁移方向分类示例

阅读迁移方向	具体迁移内容	具体示例
认知方向	理解语义	举例说明"骄傲"在不同语境的含义
	知识应用	运用"比喻"的修辞手法,让这句话变得生动形象
	方法技巧	请借助字典,理解这个词语的意思
	由读到说	根据文章内容,说一说你对这件事的看法
	由读到写	仿照文章的写作特点,写一个片段
	创造性阅读	你认为《愚公移山》的精神该不该提倡
	跨学科阅读	请以《蟋蟀的住宅》为基础,阅读一篇关于动植物习性的科技文章
	从课内到课外	请在课外阅读积累有关"友情"的古诗
动作技能方向	朗读方式	请在熟读的基础上背诵这个片段
情感态度方向	体验情感	如果你是故事的主人公,你会怎么想?怎么做?
	阅读习惯	养成阅读的习惯,主动收集资料与同伴分享

3. 研究教学内容,确定教学方法

研究教学内容,确定教学方法,这是阅读中迁移教学的第二部曲。

(1)研究教学内容。前面提到,语文教学中,教材无非是例子。那么,阅读中迁移教学的内容应是自由选择的,既可以是从课本中选择,又可以从课外资料中选取。无论课内还是课外,教师都应当具有一双会发现的眼睛,在平时的阅读中积累对学生有帮助的信息和内容,发现其中语言运用的奥秘,并利用各内容内在的逻辑联系对其进行精心设计,使学生顺利产生迁移。

因为语文课程的最终目标是培养学生的语言能力,从大量的语言材料中获得语言实践能力,因此,迁移教学的内容必须能够从各个角度培养学生的语言能力,能够让学生在不同情境中解决语言问题,举一反三。如人教版小学语文五年级下册《祖父的园子》,就可以取其中的一个例子让学生进行迁移学习：

花开了，就像睡醒了似的。鸟飞了，就像在天上逛似的。虫子叫了，就像虫子在说话似的。一切都活了，要做什么，就做什么。要怎么样，就怎么样，都是自由的。倭瓜愿意爬上架就爬上架，愿意爬上房就爬上房。黄瓜愿意开一朵花，就开一朵花，愿意结一个瓜，就结一个瓜。若都不愿意，就是一个瓜也不结，一朵花也不开，也没有人问它。玉米愿意长多高就长多高，它若愿意长上天去，也没有人管。蝴蝶随意地飞，一会儿从墙头上飞来一对黄蝴蝶，一会儿又从墙头上飞走一只白蝴蝶。它们是从谁家来的，又飞到谁家去？太阳也不知道。

学生读了段话，内心必然会产生一种自由之感，对祖父园子里的一切都心生羡慕，这也会极大地激发他们自我创作的兴趣。其中“花开了，就像睡醒了似的。鸟飞了，就像在天上逛似的……倭瓜愿意爬上架就爬上架，愿意爬上房就爬上房”等语言例子具有较强的模仿性、趣味性、包容性，可以让学生进行由读到说、由读到写等迁移训练。

(2)确定教学方法。抓好基础知识的教学主要靠课堂教学，课堂教学主要依据教学方法解决问题。恰当的教学方法有利于帮助学生巩固和理解知识，能促进学习的迁移。所以，在选择和确定教学方法时，必须经过深思熟虑。最终选用哪种方法，取决于教学迁移的内容和学生的认知水平。比如小学阅读教学中“由读到写”的这个迁移内容，小学中段的学生就适合采用问答法和讲解法相结合的形式进行教学引导，因为中段的学生认知能力还是比较弱的，接触的语言例子也不多，通过教师的步步讲解和引导，由读到写的迁移效果才会好一些；小学高段的学生就适合用问题讨论法与欣赏法的结合，因为高段学生，特别是六年级的学生，他们经过多年的语文学习，已经具备一定的认知能力、辨别能力和归纳能力，而且通过这种讨论交流的形式，他们可以发表自己的观点和见解，比较符合这个年龄段学生的学习特点。根据阅读教学中不同的迁移内容和各学段学生的学情特征，以小学中高段的阅读教学为例，可采取如下教学方法，如表 2 所示。

表 2 阅读迁移教学方法示例

阅读教学 迁移内容	教学方法示例	
	中段	高段
理解语义	查字典,教师讲授	联系上下文理解
知识应用	教师引导下模仿,应用	小组讨论,归纳,模仿
方法技巧	教师演示,示范	教师演示,示范;学生观察,推敲
由读到说	教师激励,给出题目,给出具体“说”的环境	教师给出题目范围,要求自由发挥,相互讨论
由读到写	教师给出范例,引导学生一步一步去写	学生根据范文,讨论得出规律,自我写作
创造性阅读	教师引导学生从不同角度解读文本	教师抛出不同论点,引起学生思考和争论
跨学科阅读	教师给出跨学科阅读的材料,进行导读	教师给出跨学科阅读的材料,提出问题,让学生自行解读
从课内到课外	教师给出指定材料,提出一些事实性的问题,学生自行解答	教师给出指定材料的范围,提出一些事实性和思辨性的问题,学生自己解答
朗读方式	教师范读,学生模仿	学生创造性地读
体验情感	形象还原,联系实际生活	阅读,讨论
阅读习惯	教师讲授,要求	教师教授,言传身教

由此,我们发现,教学方法在阅读迁移教学中起着相当重要的作用,教师在教学时应当根据学生的认知水平采取恰当的教学方法,让迁移教学发挥最大作用。

3.关注学生经验,落实主体地位

关注学生经验,落实学生的主体地位,这是阅读教学中迁移运用的第三部曲。新《课标》中明确指出,学生是学习和发展的主体,语文课程必须根据学生身心发展和语文学习的特点,关注学生的个体差异和不同的学习需求。这也强调了在语文阅读中,关注学生经验,落实学生主体地位的重要性。有效的语文阅读教学也是建立在关注学生经验的基础上达成的，主要包括关注学生的个人特点和关注学生的认知结构两大方面。

(1)关注学生的个人特点。教师在迁移教学之前，不仅仅要考虑到阅读教学的迁移内容、方法，也要考虑到每个学生的性格、情绪特点及特长、爱好等。抓住学生的个人特点进行教学，可能会产生意想不到的效果。比如，上人教版六年级上册《月光曲》一课时，在课末进行迁移教学的时候，对于喜欢朗读的学生，可以进行“由读到创造性地读”的迁移教学，让其配乐朗诵，深情地或创造性地去朗读贝多芬弹奏月光曲的片段；对于喜欢画画的学生，可以进行“由读到画”的迁移教学，让其根据皮鞋匠和妹妹听月光曲所产生的想象画几幅与之相对应的图画；对于想象力丰富的同学，可以进行“创造性写作”的迁移教学，让其聆听一首曲子，运用文中联想的方法写一篇作文。这样不仅抓住了学生的个人特点，激发了学生的学习兴趣，也让学生在迁移学习中学到了新的东西。

相反，如果教师一意孤行，根据自己的意愿进行教学设计，效果并不会那么好。比如在设计人教版三年级上册《寓言两则》的迁移教学内容时，教师设计——“请你在 15 分钟内续写寓言《南辕北辙》的故事，中心明确，故事情节符合逻辑，字数不少于 150 字”。这样的设计就没有很好地考虑到学生的个体经验了。就拿时间安排来说，如果让所有学生在规定时间内完成任务，其实是很不公平的。对于那些反应较慢、积累也不多的学生，则可以适当放宽时间界限，给予其更多的时间考虑，然后一次次地缩短时间要求，直到和全班同学步调一致。

(2)关注学生的认知结构。这是关注学生经验，落实学生主体地位的另一重要方面。认知结构具有可利用性、可辨别性、稳固性等特点，当学生原有的认知结构中知识经验的可利用性越高，与新知识的可辨别性越强，稳固性也好的话，那么就容易促进正迁移的产生。因此，了解学生的认知结构至关重要，教师可通过平时的作业情况、测试情况、问卷调查等途径分析学生已有的能力和经验以及这些能力和经验与新知识之间的差距，找到学生的“最近发展区”，再根据学生特点，合理地进行教学设计。如教授人教版五年级下册《白杨》这一课，教学的重难点之一是“学生能够在课文中体会并运用借

物喻人的写作手法”,根据这个教学重难点,教师就应该从以下几个方面分析学生的学情:第一,先前经验。学生在学习这篇课文之前,学过哪些借物喻人的课文?掌握的程度如何?第二,学生在生活实际中是否接触过这种写作方法,只是不知道专业术语而已?第三,通过哪种教学方式让学生更好地运用借物喻人这个方法?在学生的认知结构的基础上,考虑学生在迁移学习中的种种可能性,精心安排设计,是不可多得的促进学生正迁移的好方法。

4. 创设课堂情境,激发情感体验

迁移理论认为,情境的创设可以激活和提取长时记忆中的相关信息的线索,使新的学习所需的知识的提取变得更为容易和有效。在阅读教学中,渗透情感教育是语文教育的一个重要目标。强烈的情感能激活学生的主体意识,而学生主体意识的加入有利于情感的代入和迁移。因此,创设合适的课堂情感氛围,激发学生的阅读情感体验,有利于学生在情感态度上进行迁移,并进一步促进阅读教学。那该如何做好这一点呢?可以从以下两个方面进行:

(1)课前创设适合文本内容的教学情境。为什么看到电影中感人的画面,观众会不约而同地掉眼泪?为什么演唱会现场,粉丝们会全场欢呼沸腾?这就是环境氛围的作用,大家内心的情感被现场的氛围激活了,不自觉地融入这个情景之中。同样,课堂教学亦是如此。教师在上课伊始要渲染一种与课文内容相适应的课堂氛围,让学生能置身于这一特定的情景当中,形成一定的感情基调,从而更好地理解和体会文章的内容。比如王崧舟老师在教授人教版三年级下册《荷花》一课时的导入:

老师精神抖擞地说道:“同学们,今天咱们上《荷花》这篇课文。哪些同学看到过荷花?看过的请举手。还真不少,还想不想再看看荷花?”

学生齐答:“想。”

老师:“好!咱们一起来欣赏。看完以后,大家再来交流交流,你看到了怎样的荷花。”(老师播放荷花的课件,学生静静欣赏。)

老师:“都陶醉了,是吧?来,跟大家说说,你看到了怎样的荷花?”

学生甲："我看到了美丽的荷花。"

（老师步步引导学生形容看到的荷花。）……

学生争着回答："我看到了千姿百态的荷花。""我看到了绿油油的荷叶像大圆盘一样，托着美满的荷花。""我看到了亭亭玉立的荷花。"……

老师："好！只要做个有心人，哪儿都能学到语文。这么美的荷花，同学们还想看吗？打开书本，咱们到书本上去看看荷花。"

王崧舟老师通过让学生欣赏荷花图片的方法，创设了荷塘情境，将学生的情绪带入美丽的荷花池中，同时步步引导，激发学生情感的火花，从"美丽"到"千姿百态""亭亭玉立"，一个个生动的词语在课堂中生成，学生的情感也在无意间自然地迁移到了文本中。在这样的课堂氛围下，《荷花》这一课的教学自然是一蹴而就的。

此外，还可以通过介绍文本及作者背景等创造课堂情境，"对一些与学生情感经验相距较大的课文，教师若不先做有关背景知识的介绍，就很可能出现文章感人，而学生却无动于衷的现象。"比如人教版五年级下册《祖父的园子》，这篇课文的作者萧红的人生经历与她的文字其实是有反差的，如果不了解她的生平背景，是很难真正读懂《祖父的园子》这篇文章的。所以，在教学前，教师通过介绍萧红的悲惨的人生经历，将学生的情绪带入萧红的童年时代，学生在理解她的文字时所获得的感受会是更加深刻的。这种情感的迁移也会进一步促进整篇阅读的教学。

（2）课中通过文本再现激活学生的情感。其主要包括两个途径：朗读和表演。阅读认知心理及阅读教学论都认为，小学语文阅读教学的核心和灵魂是一个"读"字。在阅读教学中，教师声情并茂的朗读可以准确地表现作者的思想感情，再现作者描述的情景，使学生有身临其境的感受，从而达到感染学生，激发学生情感的目的。比如执教人教版三年级下册《荷花》的这一段：

我忽然觉得自己仿佛就是一朵荷花，穿着雪白的衣裳，站在阳光里。一阵微风吹来，我就翩翩起舞，雪白的衣裳随风飘动。不光是我一朵，一池的荷花都在舞蹈。风过了，我停止了舞蹈，静静地站在那儿。蜻蜓飞过来，告诉我清早飞行的快乐。小鱼在脚下游过，告诉我昨夜做的好梦……

在教学时，很多老师往往细致地给学生分析里面的修辞手法和句式运

用，而作者创造的安静美丽的氛围却被忽略了。如此，学生往往也很难体会到那种安静惬意而又美丽动人的感受。然而，如果教师尝试用入情入境的朗读引领学生进入情境，将学生的情感迁移到作者的情绪上，并进一步带动学生的朗读，在读中体会，可能会有意想不到的效果。

再者，表演课本剧也是再现文本激活学生情感的一种有效手段。教师要善于调动学生的情感体验，使学生成为创造氛围的主体。而通过一系列精心设计的课堂角色表演就能够最直接、最逼真地再现作品的情景，也最能激发学生产生与作品相一致的情感。在小学语文课本中，像《半截蜡烛》《金色的鱼钩》等故事情节性较强的文本都可采用这一方法进行学习。

追求小学语文阅读教学的情感氛围，创设相关情境，就是为了让学生在学习的时候获得更为丰富、更为深刻的情感体验，进一步促进情感的迁移并发挥其作用，在提高语言文字的理解能力的同时，提升阅读的迁移能力，从而使学生审美情感和语文素养得到培养。

三、结语

在当前新课程改革的背景下，语文教育研究也需紧跟时代要求不断深入和发展。将教育心理学中的迁移理论与小学语文阅读教学相结合是教育心理学与语文教学都颇为关注的一个领域。不仅能完善和丰富迁移理论系统，对提高语文教学质量和提升学生的语文素养也有着积极的意义。

因此，本文在立足于迁移理论研究的基础上，结合语文阅读教学的实际，提出了具有实践性的“四部曲”应用策略，分别是把握教学目标，明确迁移方向；研究教学内容，确定教学方法；关注学生经验，落实主体地位；创设课堂情境，激发情感体验。这四大点呈递进关系，缺一不可。只有把握了教学目标，才能对教材、教学方法以及学情进行斟酌；只有把握了语文教学的本质，才能有的放矢地对情感态度价值观的迁移教学进行设计，阅读中的迁移教学才有可能成功。

不可否认，本文的研究只是截取了迁移理论的一点半面进行了研究，所搜集到的案例数据都不够完善，在实际操作中难免会有些许不足。因此，在今后的工作和学习中，笔者也将继续探索、实践，以期有更大的收获！

参考文献

[1] 朱作仁.语文教学心理学[M].哈尔滨：黑龙江人民出版社，1984.

[2] 皮连生.教育心理学[M].上海：上海教育出版社，2004.

[3] 孙开仁.浅谈语文阅读教学中的“拓展迁移训练”[J].教学与管理，2004(6)：60—61.

[4] 徐琪.初中语文细节描写读写迁移研究[D].内蒙古：内蒙古师范大学，2007.

（作者单位：舟山市定海区小沙中心小学）

学导式教学理论在小学中高段阅读教学中的应用

王清荇

随着课改的不断深入，新的教学理念和思想冲击着一线教师的大脑，面对老套照搬的教学实际，被“灌输”“填鸭”的学生和如死水般沉寂的常态课堂仍是难以改变的教育现实。所以，改变“满堂灌”“一言堂”的教育现状，调动学生的学习主动性和培育学生的思维能力，成为广大教育工作者勇于探索的指向标。一线教师作为教改的中坚力量，更要把先进的理论付诸实践，深化课堂改革，不断探索新的课堂教学模式，践行自主、合作、探究的学习方式。我的“学导式教学理论”在中高段阅读教学中的应用研究正是在此认识和背景下进行的。

一、理论简介

“学导式”教学法是近几年来新兴的启发式教学方法之一，到目前为止，学导式教学已经在各级各类教育实践中广泛适用，并呈现出与其他教学模式融合共生的姿态。所谓学导式教学法，是指学生在教师的指导下进行自主学习的一种教学方法，倡导以自学为主并加上恰当的指导、学在导前、学中求导、学导结合、学以致用、优化智能、尝试创新、用以促学的课堂教学模式。该模式以学生的自主学习为主体，以教师的启发引导为主线，以学生优化学力（能力、智力、动力）结构为主要目标，提高课堂教学效率，大面积提高教学质量。其中“学”是重点，“导”是关键，“力”是目标，“效”是目的。其本质是将教学重心从“教”转移到“学”上，引导学生去观察、发现、分析、解决问题。彻底改变传统的以教师为中心的教学方式，让学生自觉、主动地参与课堂，鼓励学生用自己的智慧去获取知识，发掘潜能，真正成为学习的主人，成为课堂的主体。当然，学生的“学”离不开教师的“导”，学导式教学对教师的主导作用提出了更高的要求。不仅要制定合理的单元教学计划，设计教材练习的程序和学生自学、自练的内容，还要在学生的自学过程中善于引导，激疑设问。

学导式教学法的教学过程包括自学点拨、讨论探究（解疑、精讲、演练）、归纳综合、训练提升。各环节的程序应自然流畅，环环相扣。笔者主要从先学、精教、提升三方面入手，以“导学单”为载体，探究学导式教学理论如何应用于小学中高段阅读教学中。由于在语文教学中的“学导式”教学方法对教师的课堂驾驭能力、灵活应变能力、知识储备等要求较高，所以，在研究中我致力于探索一线教师易借鉴、易操作的教学方法。

二、学导式教学理论的运用

1. 巧设课前“导学单”，预学定教

课前“导学单”是践行学导式教学理论的主要方式，是学生自主学习的开始，也是“以学定教”的行动方针。一张目标明确、任务精准、简单有效的导学单能指导学生真实而高效地预习，也能帮助教师把握学情，制定务实的教学目标和重难点。课前导学单的实施，目的是落实学生的课前预习环节。平时教学中，学生完成预习任务，往往低效、无目的，甚至出现预习过头和不预习的现象。所谓预习过头，是有些学生在课前习惯于翻阅参考书，有意将文本内容的解读记下来，以便在课堂中应付教师的提问。而不预习的情况在学困生中经常发生，所以，预习现状不容乐观，预习环节形同虚设。教师在没有充分了解学生预习的情况下，就很难备好导学要点，顺导、精教也将成为空中楼阁。“凡事预则立”，预然后能导，也才能实现“以学定教”，所以，课前巧设导学单，作为学生自主学习的第一个重要环节，是不可忽视的。

一份完整的课前导学单应该具有很强的操作性，学生看到导学单就能清楚地知道自己该做什么，怎么做，做到怎样的标准。以人教版语文第八册《普罗米修斯》第一课时的课前导学单为例（见表 1）。

表 1 《普罗米修斯》导学单

《普罗米修斯》课前导学单：

①认真朗读课文，能从文中画出这些词语，并能正确读写：

领袖　　吩咐　　饶恕　　惩罚　　狠心　　鹫鹰

违抗　　锁链　　双膝　　肝脏　　动弹　　押

驱寒取暖　　气急败坏　　挽弓搭箭

难读词语＿＿＿＿＿＿＿＿　　难写词语＿＿＿＿＿＿＿＿

②搜集相关资料（了解希腊神话、普罗米修斯、宙斯等神）。

③文中都讲到了哪几个神，按先后顺序写下来，多读几遍。

④课文分为三个部分，用小标题概括每部分主要写了什么？

⑤课文讲了一件什么事？

⑥课前质疑：预习完课文，你还有什么问题想问？

（1）课前导学单的设计要点。

①目标明确。教师要把知识和能力的目标作为核心目标实现，课前导学单要达成的目标要有针对性、目的性和可行性，符合学生的认知水平，能扎扎实实地为发展学生的语言文字能力服务。《普罗米修斯》一课要达成的知识目标就是识字，能力目标有三个：搜集整理信息能力、概括能力以及学会质疑的能力。

②任务精准。课前导学单中的学习任务是课堂教学目标的具体落脚点，因此每一张导学单上的学习任务必须是明确和具体的。任务一般包括知识能力、情感态度、过程方法，主要以知识能力为主。《普罗米修斯》一课中要求学生自读课文，掌握生字词，通过查阅资料，对故事背景有大致的了解，并要求学生以概括小标题和主要内容的方式熟悉课文内容。

③简单有效。实践证明，课前布置一大堆的预习作业，会耗费学生大量的时间和精力，造成学业负担过重和预习的低效。所以，课前预习单不应该过多地向课前延伸，要适度、简约、高效。首先，设计的内容要精简，必须是少量的、基础的、必要的。学习时间要控制在 15 分钟以内，教师可以利用晨读时间进行，这样既可以进行预习方法的指导，也可以兼顾检查，使预习达到较好的效果。

（2）基于学情，务实教学目标。教育家布鲁姆说：“有效的教学始于知道希望达到的目标是什么。"教师根据学生的课前导学单，就可以了解学情，调整原先描述笼统、缺少标准和层次的三维目标为准确、细化、可操作的目标。例如：笔者在执教《普罗米修斯》一课时，确定了以下教学目标（见表2）。

表 2 《普罗米修斯》教学目标

《普罗米修斯》教学目标：
①会认7个生字，会写14个生字。指导难读难写字词：饶恕、鹫鹰、动弹、双膝、锁链。 ②正确、流利地朗读课文，学习概括小标题的方法，并掌握用小目标概括课文主要内容的方法。 ③有感情地朗读课文，能抓住关键词句体会普罗米修斯的勇敢和献身精神，重点学习普罗米修斯盗火部分，激发学生阅读《希腊神话故事》的兴趣。

根据导学单反馈，明确了在字词教学环节，重点要落实在学生认为难读难写的字词上。其次，课堂上通过比较的方法，呈现学生普遍存在的在小目标概括上的问题，指导学生概括小目标的方法要简洁。再通过最后一个问题，了解到大部分学生不太理解普罗米修斯为什么盗火，所以在第三个教学目标中重点学习盗火部分，感悟普罗米修斯为民造福、同情人类的精神。通过课前导学单，教师能明确这堂课上要让学生学什么，掌握什么，在哪些方面得到提高，这样的教学目标是符合学生的实际的，真正落实了学生学习的现实起点和可能起点，教师上课时才能紧紧围绕教学目标实现课堂的高效。

课中导学单领航，先学顺导。苏联教育家苏霍姆林斯基说过："在人的内心深处都有一个根深蒂固的需要就是希望自己是一个发现者、研究者、探索者，而在儿童的精神世界里，这种需求特别强烈。"在课堂上，我们可以借助导学单明确学习内容和方法，秉持以生为本的理念，在教师引导前，先让学生有目的地学习，给学生留出更多思考以及动笔的空间，发掘学生的内驱力，培养学生的自主学习能力，为学生提供更多的时间和空间感悟文本，使其有所得。课中导学单是学生自主学习、师生顺学而导的领航图，一张设计精良的课中导学单能有效地统领整堂课的教与学。以人教版语文第七册《牧场之国》第一课时为例（见表3、表4）。

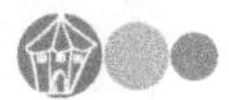

表 3 《牧场之国》导学单一

《牧场之国》课中导学单一(5 分钟):
①欣赏图文并茂的牧场景色词句,轻声读一读,感受草原的美。
②根据画面,结合下列词语,展开丰富的想象,写写你心中的荷兰草原。
(具体要求:按一定的顺序写 3~5 句通顺的话,至少用上一处比喻。)

表 4 《牧场之国》导学单二

《牧场之国》课中导学单二(3 分钟):
默读描写牲畜的句子,你从哪里感受到了它们的自由、快乐?把相关句子用"______"画出来,再用自己的话说说是怎么感受到的。

3. 课中导学单的设计要点

(1)重难点突出。教师在深入研读教材和教参,并从课前导学单中找准真实学情和知识的起点、发展点后,设计出本堂课中能紧扣重点、突破难点的一两个核心任务。《牧场之国》是一篇文质兼美的散文,优美的语言能自然而然地带人走进荷兰独特风情的画面之中。根据文本特点挖掘教学的重难点,导学单一让学生在语言的学习和积累中,学会运用,所以设计了让学生根据画面展开想象,重组语言,并按一定顺序介绍草原,进一步感受草原的大而美。导学单二让学生掌握抓关键词的方法阅读文本,感受草原上牲畜的自由快乐。借助课中两份导学单突破了本堂课的教学重难点,简约有效。

(2)内容明确。在导学单中要让学生明确具体学习哪部分内容,《牧场之国》导学单一要求学习描写草原的部分,导学单二要求学习描写牲畜部分,内容指向性很强,学生能有目的地开展先学活动。

(3)学习方法具体。针对导学单中的学习任务,教师要给予学生方法指导。比如"读一读""想象画面""抓关键词"等,把学习方法渗透到具体的学习任务之中,不仅可以引导学生重视学习方法的运用和积累,形成"方法"意识,还可以让每个学生都积极主动地投入学习活动中,形成自主学习的良好氛围。

(4)学习时间适宜。一堂课的时间是有限的,既不能留给学生过多时间造成课堂拖沓，也不能因为赶教学进度而挤占学生思考和实践的时间。因而在设计导学单时，就要有明确的时间设计，这样既能保证学生在课堂上进行充分的自主学习活动，又不浪费时间，从而保证教学任务的顺利完成。

因此，导学单需要教师精心设计，它贯穿整堂课的始终，也是教学设计的一条主线，更是学生先学的领航标。教师要深入解读文本，关注学生，把握学情，精心设计自主先学的内容，帮助学生逐渐积累语文学习的具体方法，激发学习潜能，提高自主学习能力，养成良好的自学习惯。

精教顺导的三大策略，所谓“精教顺导”，是教师在少讲、精讲的基础上，根据预设和生成，捕捉教学的最佳时机，引导学生自己解决不会的问题，在学与教的互动中，使知识得到明晰、强化、升华，使能力得到提升。在“学导式”教学理论的应用中，教师在课堂上的适时引导，智慧点拨是关键所在。

(1)紧扣疑难处。学而知困，学生在先学中，必然会遇到很多困惑，一方面，教师要善于从学生的导学单中抓住共性问题，在课堂上突破难点。例如，绍兴名师王铁青在执教五年级课外阅读《桥在水上》时，在导学单中了解到大部分学生认为文中的男孩、女孩最让人感动，说明学生对男孩、女孩这一部分的文本理解起来较为容易，只有个别学生认为母亲最让人感动，说明学生对母亲这一角色理解不透，那么这部分要作为教学难点在课堂中进行突破。于是，教师以先易后难的方式，课堂上先教学男孩、女孩部分，学生通过关注男孩、女孩的语言、动作等细节，进一步感知男孩、女孩令人感动的原因。然后再突破难点，呈现部分学生的导学单，让学生自己读出为母亲感动的原因，带全班学生深入文本领悟母亲对孩子的爱和教育，教师最后发问：有没有同学改变了自己的观点？于是，有一部分原来为男孩、女孩感动的学生也为母亲感动了。这样的精教顺导，紧抓学生在文本解读中存在的共性问题，突破难点，让学生对文本的解读更加深入、客观，让学生对文中人物形象的感知更加全面，理解也更为深刻。

另一方面，也要在课堂中设置质疑问难环节，鼓励学生主动发问，培养学生质疑问难的能力。教师从学生的困惑中找到教的切合点，教之精细，从而推动学生的学。遇到疑难处，教师要平心静气，引领学生去思考问题，叩问文本，释疑解难，深入感悟。“静能生慧”，学生只有经历了深度的思考后，才能

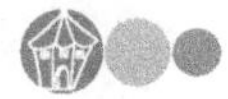

真正得到思维的锻炼，习得学习方法。

(2)把脉易错点。在精教顺导中，教师要直击学生容易产生错误的知识点，顺错而导，引导学生自己解决问题。把脉易错点可以从两方面入手，第一，在课前导学单中获取易错信息。比如在《普罗米修斯》的课前导学单，反映出学生在概括小标题时容易犯的两点错误：语言烦琐、对仗不工整。所以，在教学中，直接出示具有代表性的错误，让学生在比较中明确小标题该怎么概括(见表5)。

表5 《普罗米修斯》导学单

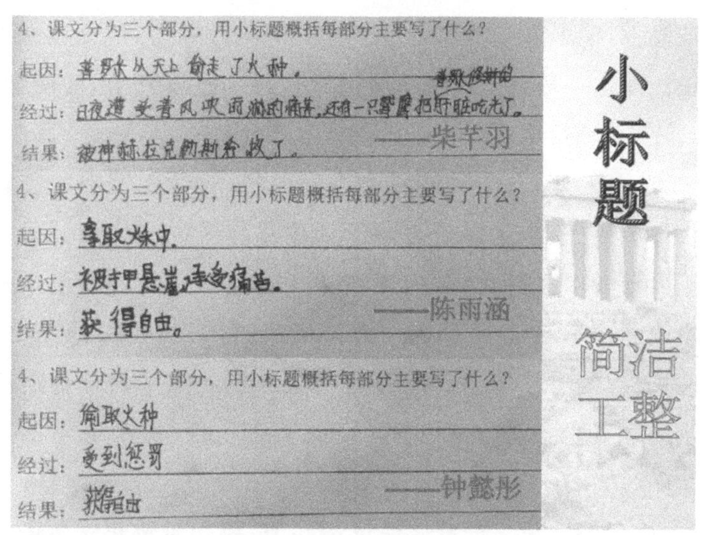

4、课文分为三个部分，用小标题概括每部分主要写了什么？

起因：普罗米从天上偷走了火种。

经过：（普罗米修斯的）日夜遭受着风吹雨淋的痛苦，还有一只鹫鹰把肝脏吃光了。

结果：被神赫拉克勒斯解救了。

——柴芊羽

4、课文分为三个部分，用小标题概括每部分主要写了什么？

起因：夺取火种。

经过：被锁悬崖，承受痛苦。

结果：获得自由。

——陈雨涵

4、课文分为三个部分，用小标题概括每部分主要写了什么？

起因：偷取火种

经过：受到惩罚

结果：获得自由

——钟懿彤

第二，课堂上，学生进行自学时，教师应该巡视检查，以便发现、汇总学生存在的典型错误，为接下来的精教顺导做好准备。

(3)捕捉生长点。在师生互动、生生互动的过程中，必定会有思维的碰撞，智慧的生成，教师要时刻把握和捕捉住学生已达到的新的生长点，根据学情不断地调整教学内容、环节、方法等，顺学而导，在学生新的生长点上进行巩固并延伸。教学《桥在水上》一课时，通过深入学习文本，学生感悟到了男孩、女孩及母亲令人感动的原因，于是教师在此基础上，让学生继续完成导学单：这个故事既然都发生在桥上，那么把想到的词语写到这座桥上，并说出原因。学生的答案五花八门：充满爱、希望、永不坍塌、人间代代相传的善良……学生的思维很发散，但对文本内核的理解是一致的，他们充分感知到了人与人之间的爱与温暖，情感得到升华。最后教师再一次升华主题：希望这座桥不仅仅在水上，更在我们的心上！可是，我们的桥在哪里呢？以疑问的形式让学生深思，反观自己，得到情感上的熏陶以及内心产生对爱与善良的追寻。

教师根据生成的学情顺学而导，通过充分发挥教师的积极主导作用，及时梳理、总结、发现、提炼新的教学出发点，让学生永远对学习充满求知欲和创造力，让其在每一个合理的时机得到适时地生长。

3.“导学单”评价反馈，矫正提升

现实课堂中，很多语文教师对“教”与“学”尽心尽力，但往往忽视了评价、反馈及矫正。而这一环节是确保达成课堂目标的重要环节，能使学生的知识和能力得到逐步提高，要落到实处。

(1)导学单多元评价。一方面，要当堂评价，让学生明确掌握标准，为课后评价提供评价依据，当堂评价也是学生改进提升的支撑点。另一方面，课后要对学生的导学单进行自评、生评和师评，制定评分标准(包括完成度，完成质量和修改情况)，三者评分相加为最终成绩，记录在每课一得的评分表中，作为平时表现的考核依据。通过落实这样扎扎实实的评价制度，不仅能让学生认真完成和修改导学单，还能促进学生积极、主动地学习，提高学习效率。

(2)课堂中反馈矫正。全班交流反馈环节，要当堂矫正学生的问题，改正错误，提升增值。如执教人教版语文六年级上册《示儿》一课时，出示课中导学单，让学生快速浏览资料，思考：如果用里面的三句诗来概括陆游的一生，你认为是哪三句？用波浪线画出来。在交流过程中，有的学生画错了，及时纠正，并要求诗句画错的用红笔进行调整。

(3)课后查漏补缺。课堂中让学生修改矫正的时间毕竟是有限的，尤其对于学困生而言，修改导学单的任务无法当堂完成。那么，课后要进行查漏补缺，学习小组内由组长负责批改，组员相互监督，教师时时检查，真正落实好矫正环节。

三、结语

在学导式教学理论下，以教师教学方式的改变促进学生学习方式的改变。在本课堂中，以导学单贯穿始终，让学生从自主先学到教师精教顺导，最后矫正提升，实现由“教完”到“学会”再到“会学”的本质转变。教师的“教”不再无效和多余，学生的“学”不再被牵着鼻子走，而是自主、高效地学有所得。这样的“教”与“学”才能激发学生的思考力，提升思维、智力等多方面能力，实现师生在课堂中真正的成长，这是学导式教学理念对传统的超越，更是吹响了语文课堂的新号角。

参考文献

[1] 施健斌.先学顺导·实练精教：我们的常态理想课堂[M].南京：南京师范大学出版社，2014.

[2] 王蕾.践行预学单，邂逅预约的精彩[J].小学教学参考，2018(1)：48.

[3] 元延花.语文教学中“学导式”教学方法实践研究[J].基础教育论坛，2018(5)：34—37.

[4] 张林波.学导式教学法，让学生学会学习[J].小学教学参考，2018(19)：31—32.

（作者单位：舟山市定海区沥港中心小学）

情境教学理论在小学语文寓言文体中的应用

戎双燕

义务教育阶段《语文课程标准》提出阅读教学的总目标是："具有独立阅读能力，注重情感体验，有较丰富的积累，形成良好的语感，学会运用多种阅读方法。在第二学段目标中提出要更加注重情感体验与思想领悟，使学生形成初步的阅读能力，养成良好的阅读习惯，提高和发展学生的阅读理解能力。"根据目标表述，在阅读教学中，教师应更加注重学生的情感体验，而情境教学则是唤起学生情感共鸣的良好方法，所以阅读教学中运用情境教学法十分必要。

一、情境教学理论简介

所谓情境教学是指教师运用多种方式还原教材所描绘的情境，人为创设与课文内容相符的场景，引导学生入情入境，对教材产生亲切感，获得丰富的情感体验，通过情感体验进一步激发学习兴趣，深入地理解所学内容，最大化地促使学生智力、情感、想象力及语言素养等多种能力获得发展。

情境教学理论符合新课程改革的目的和要求，顺应了发展的趋势，不失为当下一种极为有效的教学方法。随着新课改的推行，越来越多的学校积极响应改革的要求，不断推进教师教学观念与教学方法的改变，以期达到更为理想的教学效果。

新《课标》还认为语文课负有"继承和发扬中华优秀文化传统和革命传统"的重任，近年来很多专家提倡让经典阅读陪伴童年，寓言历史悠久，是经典阅读的代表之一，在人教版小学语文中段教材中也占有不少篇目。寓言这

么重要，如何让学生感受到寓言的独特魅力？如何让情境教学应用于寓言文体，笔者对此进行了探究。

二、情境教学在寓言文体中应用的有效途径

寓言是一种隐含着讽喻意义的简短的故事，有比较强烈的夸张性和讽刺性。其讽喻的意义，便是寓言给人的教训。寓言讽刺和夸张的对象，往往是社会生活中的人，因此寓言有较强的教育性。在表现形式上寓言常常采用夸张、拟人、比喻的手法，深受儿童的喜爱。处于小学中段的学生，其思维是以具体形象思维为主，很容易被生动形象的故事所吸引，教师可以利用寓言中有趣的故事、色彩斑斓的插图、多媒体视频等来创设情境，帮助学生了解生动的寓体形象，多种情境教学方法相互交替使用促使学生领悟寓意，激发学生兴趣，让学生乐于学习寓言。

为有效地开展寓言教学，首先要了解寓言文体的特点，寓言一般都有“寓体生动形象，寓意抽象概括，手法讽刺夸张，语言简明准确”这四大特点。在寓言文体中运用情境教学也应从寓言文体的特点出发，唤醒学生的情感意识，对寓言文体教学能收到事半功倍的效果。运用情境教学法教学寓言，可以采取以下步骤。

1. 依“境”知象

由于寓言本身就有一定的情境，寓体在寓言中占有很重要的位置，寓体不仅可以是人，也可以是动植物。为了让学生准确了解寓体的生动形象，可以采用以下情境教学：

(1)联系生活展现情境。联系生活展现情境是指选取教材中提供的学生熟悉的日常生活情境进行加工或自己创设学生感兴趣的现实生活素材作为课堂情境，让学生体会其中情感。《语文课程标准》指出：“语文课程应根植于现实，面向世界，面向未来。”因此，要赋予课堂更多的生命意义，唤醒学生的生活意识，帮助他们建构自己的精神世界。

在教学《纪昌学射》的过程中，纪昌根据飞卫的要求练基本功，妻子织布

的时候，他躺在织布机下面，睁大眼睛，注视着梭子来回穿梭。两年以后，纪昌的本领练得相当到家了——就是有人用针刺他的眼皮，他的眼睛也不会眨一下。文中用简单的两句话概述了纪昌练眼力的过程。孩子们在理解的时候也只是停留在文字的表面，根本无法深刻体会到这种基本功的训练的辛苦。于是笔者出示 PPT 梭子在织布机上面来回穿梭的情景，让学生也来做一做纪昌，睁大眼睛盯着梭子，学生坚持 1 分钟之后就感觉眼睛很疲惫了，之后再引导学生，纪昌当时是躺在织布机下面，这样坚持了两年，纪昌坚持到底、勤学苦练的形象就不言而喻了。

(2)图画、视频等再现情境。用图片、视频等再现情境的方法，以图片等为中心再现寓言中的主人公或背景等。教学中，教师可以运用图画、简笔画或者剪贴画再现寓言中的角色，略设必要背景，构成统一整体，以演示某一特定的情境，由于寓言运用了夸张讽刺的手法，所以寓言形象不必着力细描细画，而是用粗大的笔触勾勒，通过适当的变形，达到夸张的效果，渲染讽喻的情调，带学生进入寓言创设的情境中。

例如在教学《守株待兔》中刚开始教师可以这样描述：这则寓言故事，把我们带到一个树桩旁（出示树桩），树桩旁有一只撞死的肥肥的兔子（出示兔子），这时候来了一位农夫（出示农夫夸张的笑脸）笑眯眯地望着地上的兔子，顺手提起了它，然后眼珠子咕噜一转，最后补充一句，故事就发生在这里，故事的主人公就是农夫。寓体的形象展开了，进入了故事的情境以后，学生的思维就进入了积极状态，然后再继续追问：当时农夫可能会想些什么呢？这究竟是怎么回事？接下来又会发生什么？这就促使学生进入情境，在情境中阅读寓言，在情境中伴随着形象思考问题。

(3)以音乐渲染情境。音乐渲染情境的策略，是指阅读情境教学中利用与课文语言在基调、意境以及情节发展上有一定相似性的音乐，唤起学生的情感的共鸣，激起想象和联想，进入作者所描写的广远意境，并使他们受到情感的陶冶。这种情境方式操作较为简单，教师可以事先下载好音乐在需要时播放，也可以自己弹奏、清唱以及学生自己表演唱等。

在教学《纪昌学射》时，纪昌在练习眼力的过程中，他用一根长头发，绑住一只虱子，把它吊在窗口，然后每天站在虱子旁边，聚精会神地盯着它。在锻

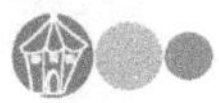

炼的过程中，可能有蚊虫来叮咬它，此时可以播放蚊虫叮咬的音频，触发学生内心的情感，当教师描述日复一日，不管是炎热的夏天还是寒冷的冬天，纪昌依旧站在虱子旁边，聚精会神地盯着它，此时可以播放一段舒缓的音乐作为背景，加深对人物形象的理解。

以上的这些情境都需要语言描绘，语言描绘情境可以单独存在也可以和其他情境相结合运用。当然情境教学的策略不止有这些，比如实物演示情境等，通常是在知识性文体中运用较多，在寓言文体中并不常用。

3. 因“境”悟道

法国寓言作家拉封丹曾说过：“一个寓言可以分为身体和灵魂两部分，所述的故事好比是身体，所给予人们的教训好比是灵魂。”寓言教学不仅是感受寓体形象，还要领悟寄托于其中的教训或道理。而教学寓言最忌急于揭示寓意，那样寓意幽默讽刺的色彩就顿觉暗淡了。要使学生能够概括出寓意，理解题意，在充分感受寓体形象的基础上，让学生在情境中顺理成章地揭示寓意。主要可以采用以下几种情境策略：

(1)以推理式语言再现情境。推理式语言再现情境是指教师用具有启发性、可知性以及带有真切情感的语言进行情境描绘，提示并指导，引导学生边听边想，促使学生观察活动与思维活动结合进行。此处的语言描绘可以分为师生对话描绘和教师独白描绘。由于寓言在手法上有讽刺夸张的特点，寓言都有完整的故事情节并且情节往往环环紧扣，所以用推理式语言来启发学生，促使学生进入推理的情境，寓意的理解就水到渠成。

在教学《惊弓之鸟》揭示寓意的过程中，学生对这个故事已经有了一定程度的了解。更羸回答魏王的一段话是因果倒置的句式，先说果后说因，难度也较大，因此可让学生来利用“因为……所以……”的句式进行说理。首先可以让学生通过这个句式先说因后说果的顺序来叙述课文的内容，走入这个情境。这就变成这样两句：“一是因为它受过箭伤，伤口没有愈合，还在作痛，所以它飞得慢。”“二是因为它离开同伴，孤单失群，得不偿失，所以它叫得惨。”这样让学生用向魏王陈述的语气，经过这样的训练，课文内容难度显然较小，在此基础上，再让学生说一说这个句式“……就像惊弓之鸟一样……”引导学生联系生活实际，让学生举例，引导学生从“惊弓之鸟”的本义，通过比喻很自然地理解了寓意。

(2)以表演体会情境。情境教学中的表演有两种：一是进入角色，二是扮演角色。所谓“进入角色”即是“假如我是课文中的某某”；而扮演角色，则是让学生担当课文中的某一种角色，进行表演。由于让学生自己进入角色，扮演角色，课文中的角色不再只存在于书本上，而就是自己或自己班级里的同学，这促使学生带着角色转换的真切感受理解课文，对课文中的角色必然产生亲切感，很自然地加深内心体验。

又如《刻舟求剑》带有哲学观点的寓意，要小学生概括，显然是有难度的。教学时，当学生已经走进了这个寓言故事以后，便以可移动的硬纸板制作的船进行演示，让学生来表演，创设情境。老师以“你们就是那个丢宝剑的人，现在正坐在船上”让学生担当寓言角色进入情境，指导学生用夸张的语气自言自语：“哎呀，我的宝剑掉到河里，好，赶快刻上记号（动作演示），我记好宝剑是从这儿落下去了，等船停下来，我再从这儿下去，一定能捞到宝剑！”创设的情境再现寓体形象的可笑，充满幽默、讽喻的意味。然后随着船的移动启发儿童思考：“现在船已经到了码头，这个人从刻着记号的地方跳下去，能捞到宝剑吗？”并提出了触及寓意的问题，利用角色效应让学生带着情绪色彩去思考：“假如你是同船人，你能不能帮助这个人一下，这样做为什么捞不到宝剑呢？”由于学生在思维的过程中伴随着形象，孩子们一本正经地进行帮助了：“老乡，你没看见船已经移动了吗？”“事物变化了，你脑筋没变，这怎么行呢？”然后找出这个人思想方法错就错在“用静止不变的方法解决问题”。生动的表演，精彩的对话，真切的感受，使儿童思维活动产生飞跃，从而理解了寓意。

3.据“境”拓展

由于寓言篇幅短小，语言十分简练，教学寓言不仅应该让学生感受寓体形象，领悟寄托于其中的道理，而且应该引导学生发掘寓言的独特之处，进行拓展训练，全面提高学生的综合素养。

(1)提高创造性复述的能力。

①改变人称的创造性复述。寓言通常是用第三人称来叙述,教学时可以尝试改变人称进行复述,把第三人称改为第一人称。第一人称是一种直接的表达方式,不论作者是否真的是作品中人物,所叙述的都像是作者亲身的经历或者亲眼看到、亲耳听到的事情,所以能使读者产生一种真实亲切之感。在转换过程中除了要注意人称的改变外,还要注意指示代词的转换,以及部分句式的变化。

《纪昌学射》用第三人称讲述了纪昌向飞卫学射箭的故事。复述时,引导学生把自己当成“纪昌”,改为以第一人称“我”的口吻来叙述。这样学生就能很快进入故事的情境,深入感知纪昌的心理活动,进一步提高学生的口头表达能力。

②增添内容或角色的创造性复述。寓言在内容和情节上存有“空白”,针对这一“空白”,可增设适当的情节,给学生广阔的想象空间,进一步充实课文内容,拓展情节,更具体生动地刻画人物形象,深刻领悟寓意。

如教学《南辕北辙》,可以续写那个去楚国的人,他的马跑得筋疲力尽,车夫累得再也赶不动车,盘缠也全部花完,这时,他再去打听楚国在哪里,才猛然醒悟,原来方向和目的应该是一致的。

寓言故事总是给读者以教训、启发,给学生留下很大的想象余地,是指导学生进行创造性复述的好材料。以上这些形式的创造性复述,极大地调动了学生的学习积极性,有效地提高了学生的创造能力和语言表达能力。

(2)课外知识拓展。教材中的寓言很多都是选自《中国古代寓言》《伊索寓言》,可以从一则生动富有哲理的寓言中引导学生去读一类寓言,加强了学生对课外寓言的学习,传承经典阅读。由于中国古代寓言一般都有古文原著,如《南辕北辙》《自相矛盾》《掩耳盗铃》《拔苗助长》《守株待兔》《亡羊补牢》等。这些寓言是一个故事一个成语,在学生理解了寓言的内容、寓意后,让学生再读古文原著,既亲切又有趣,而且大意即可明白。这样做的好处不仅可以加深对课文语言的理解,而且可以学到一点文言词语,为培养学生学习古文的兴趣做了有效的铺垫。

三、情境教学在寓言文体中应用的遵循原则

寓言教学中，不管用怎样的情境教学，除了要遵从寓言本身的文体特点、学生的实际情况以外，在应用情境教学手段的过程中还要注意以下几点原则：

1. 优化性原则

在具体的教学课堂中，每一个教学阶段创设情境的方法有很多，这还需要做很好的选择，可以根据耗费、效果等多种因素加以选择，然后综合运用。以教学《南辕北辙》设计依“境”入情的导入部分为例，可以有多种选择(见表 1)。

表 1　依“境”入情的导入举例

策略	耗费	效果
联系生活实际	没有花费	单纯说教，学生的注意力、兴趣感不大
图画、视频等	特意制作需要一定的时间	对视频兴趣较大，但看后还停留于之前的视频中，思考空间不足
音乐渲染	只需花些工夫找到合适的曲子	教学效果不明显
表演体会	没有花费	即兴演示，学生注意力集中，兴趣较浓

经过这样比较、优选，采用了表演体会情境的方式开始了《南辕北辙》的寓言导入教学，具体如：老师请一名学生向相反方向取一物品，学生们会立即发现老师所指方向有误，追问为什么取不到？在学生解答好之后，教师继续陈述在古时候也有这样的一个人，他要去的地方在南方，偏要往北走，现在我们就一起看看他。(板书：南辕北辙)

3. 整体性原则

创设情境的途径优选后，还需要考虑到情境的连续性，也就是随着教学过程的进展，创设一个连着一个的情境，使教学过程始终伴随着儿童的情感活动向前推进，并进一步得到深化。以《亡羊补牢》为例。

情境 1：用图片引导学生猜故事，导入寓言故事，了解寓言故事的特点。

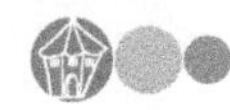

情境 2：进入课文的学习后，通过分角色朗读养羊者和邻居，再现当时的情境，感知养羊人内心世界的变化。

情境 3：养羊人由开始的不在乎，到后来的后悔，再到把羊圈修得结结实实的。如果你是养羊人，你现在的心情是怎样的呢？是不是有满腹话语想对大家说呢？然后顺理成章地引出寓意，再结合生活实际理解寓意。

情境 4：演一演，复述这个故事。

这样一个个连续的情境，不断地展示寓体形象，加深了学生的情感体验，很好地理解了课文，明白了寓意，可谓是水到渠成。

3.趣味性原则

特级教师于永正说过："语文教学应当充满情趣。只有情趣盎然的课堂才能激发学生的学习兴趣，只有情趣盎然的氛围才能引领学生进入语文的自由王国。"可见，兴趣在学习中有着不可忽视的重要性。小学中段的孩子处在形象思维为主的阶段，对严肃枯燥的形式往往兴致索然。在情境教学寓言的过程中，教师从导语的设计到形式的选择都要关注学生的兴趣。或虚拟生活，或再现场景，或开展竞赛，激发学生学习寓言的兴趣。

在教学《惊弓之鸟》的过程中，首先教师创设了情境：今天我们要来做一次福尔摩斯，来破"惊弓之鸟"这个案，破案首先要干什么呢？对，找线索。我们先去找第一条线索：更羸为什么只拉弓不用箭就能射下大雁？这条线索怎么理清，我们先去听听作者是怎么告诉我们的，自读后讨论。听到破案，学生兴趣盎然，对严肃的推理问题也学得十分开心，寓意的掌握也就水到渠成了。

除此以外，运用情境教学方法的最终目的是更好地服务于教学目标，实现教学目标，切忌只追求形式，营造热闹、活泼的课堂气氛而脱离教学目标；在对课文场景进行再现时，教师情感融入必不可少，学生情感的触动需要教师情感渗透，如果教师都没有情感，那么情境教学也就失去了灵魂，缺乏情感的情境只能成为"空架子"，所以教师真情实感的投入是情境教学的关键所在；情境创设当然也应结合学生生活经历与已有经验，如果创设情境忽视学生特点，脱离学生已有经验，就会导致学生无法融入。所以，创设的情境要源自生活，贴近学生，让学生真正能融入情境，发挥情境促进学生认知发展与情感发展的双重功效。

总体来说，情境教学已经相当广泛地应用于语文学科中，情境教学重在情境创设方式的选择和优化上，教师要结合多种因素合理选择，综合运用，最大化地激发学生的学习兴趣。

参考文献

[1] 中华人民共和国教育部.全日制义务教育语文课程标准[M].北京：北京师范大学出版社，2012.

[2] 韦志成.语文教学情境论[M].南宁：广西教育出版社，1996.

[3] 李吉林.李吉林文集（卷一）：情境教学实验与研究[M].北京：人民教育出版社，2006.

（作者单位：舟山市定海区沥港中心小学）

探究式学习在小学阅读教学中的应用

王意芬

在语文阅读课堂教学中，教学活动的主体是学生，教师应该充分发挥学生的主体作用，努力挖掘学生的阅读教学探究式学习的潜能，使他们的自主学习能力得到提升。它可以有效地培养学生的创造性思维能力，提升学生的阅读智慧，成就学生的成功喜悦。

一、“探究式学习”理论简介

探究式学习以培养学生的实践能力和创新精神为特征，旨在鼓励学生自己提出问题、研究问题，自己找出答案，使学生学会自主性、探索性、研究性学习。在阅读教学中进行探究式学习，要先从激活探究的兴趣入手，教给学生探究的方法，从而培养学生独立探究学习的能力。

二、探究式学习在小学语文阅读教学中的应用

1. 激活探究的兴趣

兴趣是读书的前提，也是激励学生阅读的最佳方式，兴趣是要学生有主动阅读的想法，激发学生阅读的兴趣就是要让学生面对课文时有主动阅读的想法。在实际的教学过程中教师可以根据所需教授的内容对学生进行激励。但是这个过程不应当花费太多时间，通常情况下文章中的一个细节是吸引学生的关键，只要能够恰当地选择，并加以生动地描述就能实现激励学生学习

兴趣的目的。

例如教学《美丽的小兴安岭》一文，预设的目标内容有三条：①了解内容，感受小兴安岭景色的美丽；②体会用词的准确，积累优美词句；③复述课文。教师就着重抓住前两点紧密结合进行教学。在目标实施过程中，教师重点指导学生理解写春天的这一部分，不但让学生理解内容，而且掌握学习方法，接着用小组探究式学习方法学习夏、秋、冬三个部分。这样的目标拟定较为科学，且具有操作性，更体现了三维目标的紧密结合。

教学时教师要运用多种方法激发学生主动探究的兴趣。通过引导学生质疑，引发学生探究学习的兴趣。更要通过训练使学生学会质疑，引导学生多想、多思、多疑、多问、多辩，从中让学生发现新问题、抓住新问题、抓住新观点、找出新答案、解决新问题。对于学生的质疑，教师要客观、灵活、全面地加以引导和评价，既要保护学生的积极性，又要给予适机的点拨和引导，确保学生质疑的有效性。

《去年的树》是日本作家新美南吉的作品。这篇童话主要通过对话展开故事的情节，推动故事的发展。全文一共有四次对话。课文的内涵也在这四次对话以及后来鸟儿的表现中逐步显现出来。学完四次对话后，教师设计了：假如，我是小鸟，我想对__________________说：“__________________。”让学生用这一句式，谈谈自己读后的感受。谁知，学生提出：假如，我是树木，我想对__________________说：“__________________。”假如，我是伐木人，我想对__________________说：“__________________。”假如，我是作者，我想对__________________说：“__________________。”……学生经过小组探究式学习、交流，以个性化的回答表达了自己对文本的理解。

激活学生探究兴趣的方法很多：如运用多媒体创设情景、开展社会调查、召开故事会、读书汇报会等，只要有利于学生产生独立探究学习兴趣的方法都可以灵活使用。

3. 学习探究的方法

探究即探索研究，就是教学每一个阅读材料时，先找准探究点，并由此深入下去，最终完成教学目标。在阅读教学中培养学生探究式学习，仅靠兴趣

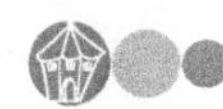

是不够的，教师必须在教学中引导学生学习探究的方法，把教学重点从“教”转移到“学”上来，通过自主探究使学生在学习过程中尽可能多地获得知识，增长技能，开发心智，陶冶情感。

(1)主题探究。主题探究就是阅读教学中，教师根据教学目标、教材及学生的实际，预先选准一个问题为探究点，这个问题一定要是牵一发而动全身的具有统领全篇作用的中心问题，教师组织学生围绕这个主题进行探究式学习。

探究式阅读教学过程是先提出一个探究点，然后师生互动(采用自主、合作方式)去探索解决问题的方法，并在这个过程中不断产生新的问题(探究点)，又不断地去解决它们，最后师生将这些探究点和探究结果进行整合，最终完成教学目标。

①确定探究学习的主题。教学时，教师要把握时机，创设好探究的情景，然后帮助学生明确探究的专题，引发学生深入思考，并主动地去探究学习。

如精读《爬天都峰》一课时，教师引导学生：“读了课文，现在大家想一想：课文中你印象最深的内容是什么？”有的说：“写天都峰的内容给我留下了深刻的印象。”有的说：“第二自然段也给我留下了深刻的印象。”教师紧接着提问：“其他同学也这样认为吗？看来，天都峰给大多数同学留下了深刻的印象。你还有什么不明白的？”在学生提出的问题中，有些可以解决的问题，教师指导学生随机解决。对学生提出的“汲取”的意思，教师随机板书，并梳理“你们这一老一小真有意思，都会从别人身上汲取力量！‘汲取’是什么意思？这一老一小是怎样从对方身上汲取力量的？”

这是一个高质量的探究阅读的主题，一是具有集中性，最大限度地涵盖了课文的内容；二是具有深广性，有相当的难度，足以让学生花一番精力去研究、探索。

又如《乌鸦喝水》一课。师：桌子上放了半瓶水，请小朋友们想一想，怎样才能把瓶里的水升高呢？(生积极讨论交流。做往瓶子里放小石子的实验，发现扔下一粒石子，水涨得不明显，而继续放进石子，水真的涨高了。)

生：这样，口渴的乌鸦也可以喝到水了。

生：瓶子里的水会随着石子的增多而变化。

生：如果向河里扔石块，河水也会升高。

师：所以每年汛期来临时，有关部门总会疏通河道，缓解水流。

教师真正成为探究活动中的促进者，始终给学生以层层推进、引人入胜之感，让学生不断探索，追求真知。从学生们富有个性的回答中，“我帮它把瓶子斜过来，让它能喝着水”“我请它到我们家来喝水”等，可见探究的预期目标得以实现，科学的探究方法得以培养，团结合作、勇于创新的探究精神得到延续。这些，必将促使学生在探究过程中形成乐学的良好心境，从而有助于自我探究能力的锻炼、培养、提高。

②指导探究学习的过程。探究式学习不仅重视学习的结果，更注重探究学习的过程及在这一过程中学生的情感体验和心智开发，因为学生的探究能力是在具体的探究学习的过程中逐步形成的。

如在引导学生学习《植物妈妈有办法》这一课时，探讨“其他植物还会有什么办法?”这个问题时，教师在方法上做指导，问：“我们可以从哪儿去得知?”学生开动脑筋纷纷出高招：有的说看《植物大百科》，有的说上网查资料……在教师的帮助下，每个小组的人员进行分工，课后组织探究式学习，然后由一人整理资料汇报，其他组员进行补充。最后，学生在教师的引导下自己创作编写的《新植物妈妈有办法》就产生了。

③整合探究学习的成果。这里的整合是整理、归纳、综合。运用主题探究的方法学习，学生在课堂上就能产生或多或少的新认识、新看法，对这些学习成果，教师要及时点拨，去粗取精，深化升华，把学生的学习活动引向深入，使学习成果得到升华。由于探究式学习的特点决定了其学习成果的多维性、开放性，因此，对这一学习成果的汇报交流，教师要巧引妙点，激励深化。

(2)选题探究。选题探究是学生掌握主题探究方法后的多层次综合运用。教学中教师在认真深入地研究教材之后，针对学生学习能力的实际情况，分多个层面设计探究学习的点，力求使每个学生至少能解决一个问题，而这些问题大多是从学生中间收集来，教师经过加工、整理而形成的。学生可以根据自己的求知需求、学习兴趣及特长选择本节课探究学习的探究点，有能力的同学也可以多选。选题探究学习的学习小组一般以探究点来确定，这样方便学生间的交流和教师的指导。

 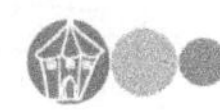

选题探究学习比较适合内容丰富、篇幅较长的课文。如教学《将相和》一文，教师首先让学生汇报自己发现的问题，浅显的、能当时解决的就当时解决，有一定难度和探究价值的，师生共同梳理若干个主题，如：①课文分别讲了完璧归赵、渑池之会、负荆请罪三个故事，可文章题目为什么却是“将相和”呢？②课文的前因后果是什么？③蔺相如、廉颇是怎样的人？④秦国既然很强大，秦王为什么还要编理由要和氏璧？……教师指导学生结合自己的学习兴趣选择探究点进行小组探究、合作学习。最后，学生汇报交流，互通信息，师生共同整合答案。与主题探究相比，选题研究内容更广泛，探究点是立体、多面的，每个探究点的难度不一，涉及范围广泛、操作更灵活，它不强调学生对每个问题都挖深挖透，但要求学生至少研究透一个问题，在汇报交流时再从他人学习成果中间接地获取知识。这样，既有探究的过程，又有超越的过程，从而最大限度地提高了阅读教学的效率。

(3)专题探究。专题探究类似于语文教学中的专题探究课，就是学生根据一定的题目，收集资料，整理分析，最后得出研究结果，写出研究报告的探究实践活动。

①确立专题。专题研究的题目非常广泛，可以结合语文课确立，也可以联系其他学科选定。

· 对名人、名作的研究。通过研究，进一步了解作家的生平、作品风格等等，提高学生的文学素养。

· 对不同作家的同一题材作品的比较研究。

· 对作品写作背景的研究等。

· 对诗歌的研究。如：在《轻叩诗歌的大门》专题学习中，学生不仅积累了许多的唐诗、宋词、元曲，了解了古代不同时代的文学特色，在老师的指导下，还学会了如何欣赏与朗诵，如何去分类整理，更重要的是在活动中，学会活动策划、方案的拟定，以及在过程中学会各种资料的收集与整理等。知识的积累，方法的掌握，能力的提高，对每个学生来说都是一笔宝贵的财富，终身受益。

②收集材料。专题探究仅凭课文是远远不够的，教师要引导学生收集相关的资料。获取材料的途径主要通过阅读书籍、报刊，上网查找，也可以通过

观察、访问等社会活动。

③整理材料。

④写研究报告。写研究报告其实就是训练学生的综合语言表达能力，使学生对所研究的问题有一个全面系统的认识，从而使学生学会知识归类、写提纲等阅读方法。

在阅读教学中开展探究式学习，创造了和谐的师生研讨氛围，激发了学生主动学习的意愿，促使学生在生动的学习实践活动中自主地获取知识，提高能力，形成和发展语文素养，较大程度地提高了课堂教学的效益，使教与学呈现出高度协调、和谐的特点，这是小学语文课堂教学改革的一种有益的尝试。

参考文献

[1] 郭增海.小学语文探究学习能力的培养[J].教育技巧，2012(20)：36.

[2] 罗艳平.小学语文问题式探究学习模式的建构[J].教研争鸣，2012(8)：120.

[3] 沈丽娟.巧用网络　互动探究——小学语文“互动探究性学习”初探[J].中国电化教育，2005(1)：47—50.

[4] 贾玲.研究性学习在小学语文阅读教学中的运用[J].中国科教创新导刊，2009(27)：54.

（作者单位：舟山市定海小学教育集团海滨校区）

第三编 习作教学

小学生作文构思图式指导实验研究

张春雅

作文是学生运用语言文字，反映客观现实，表达思想情感的过程。写作能力是学生语文素养的综合体现，而构思又是写作中的重要环节，是写作主体在写作过程中的定向思维过程，关系着能否将所思化为所写，能否顺利完成作文。调查发现，有 94.97％的学生在写作构思阶段都存在着不同程度的障碍或困难。他们觉得不知道写什么，该怎样写，甚至无话可写。故本研究从认知心理学的图式理论出发，在作文构思阶段，指导学生运用一定的图式辅导技术，通过建构图式，指导学生学会选材、谋篇布局，从而达到有话可写、写出符合主题与要求的文章的目的。同时通过比较研究，进一步了解不同图式指导方式对学生作文成绩的影响，为学生在写作构思中选择运用不同的图式建构方式提供依据和帮助。

一、实验设计

1. 被试确定及分配

本实验选取构思障碍或困难问题最突出的四年级学生作为研究对象，设计一组两因素混合实验。其中，因变量是学生的作文成绩，自变量是学生类型与图式指导方式。图式指导方式分为三类：Ⅰ类图式、Ⅱ类图式、Ⅲ类图式。学生类型根据上一学期的作文成绩，相对的分为三个水平：作文优秀生、作文良好生、作文困难生。

为验证不同图式指导方式对小学四年级学生的作文构思能力影响是否

具有一致性，并为学生在写作构思中选择运用不同的图式建构方式提供依据和帮助，本着不影响教学秩序，还原常态教学的需要，本实验从浙江省舟山市定海区海山小学四年级中选取一个班（班级人数为43人）作为被试对象，根据上一学期的作文成绩分成3组，每组14人（男女学生比例尽量相当），共42人参加本次实验。

3.“三类图式”指导方式说明

近年来，图式理论被广泛应用于文章写作及阅读教学研究。所谓图式，是指人脑中由知识经验建构起来的知识结构或知识组块，它涉及人对某一范畴的事物的典型特征的抽象，是一种包含了客观环境和事件的一般信息的知识结构[1]。认知心理学研究表明，教师不同的图式建构指导方式对学习效果具有重要影响[2]。为比较教学中不同图式对学生作文构思的影响，本文把图式建构教学指导方式分为如下三类。

Ⅰ类图式建构指导策略（简称“Ⅰ类图式”）：教师在学生作文前只引导学生学习范文，不做范文结构和叙述方法分析，学生直接构思作文。

Ⅱ类图式建构指导策略（简称“Ⅱ类图式”）：教师在学生作文前先引导学生学习范文，然后由教师对范文结构和叙述方法作图式表达，再由学生构思作文。

Ⅲ类图式建构指导策略（简称“Ⅲ类图式”）：教师在学生作文前先引导学生学习范文，然后由学生自己对范文结构和叙述方法作图式表达，再由教师对范文结构和叙述方法进行图式总结，最后由学生构思作文。

3.实验步骤

本实验共对学生进行三个不同作文主题的图式指导，其中两个作文主题为教材内的单元习作（选取的是人教版四年级上册较有代表性的写景类文章和写人记事类文章），另一个作文主题为课外活动类习作（《制作一道美食》）。每个主题的实施分为指导与写作两个阶段。即：第一个主题全部用“Ⅰ类图式”进行指导，第二个主题全部用“Ⅱ类图式”进行指导，第三个主题全部用“Ⅲ类图式”进行指导，三类都要求学生当堂写作。为确保评价的客观性和科学性，作文全部由非实验班教师进行批阅。

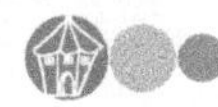

二、实验结果与分析

我们以学生的作文成绩为因变量，以学生类型、图式指导方式为自变量进行实验。按照实验步骤，将收集整理的数据用SPSS软件进行统计分析，结果如下。

1.“图式指导方式”主效应极其显著

我们先进行了被试内变量效应检验，即“图式指导方式”的效应检验。结果发现，被试内变量“图式指导方式”的主效应极其显著（$F=19.013$，$P=0.000<0.01$）。这说明不同图式指导方式之间存在极其显著的差异。也就是说，Ⅰ类图式、Ⅱ类图式、Ⅲ类图式对学生作文成绩的影响有极其显著的差异。但“学生类型”与“图式指导方式”的交互效应不显著（$F=2.353$，$P=0.081>0.05$），即不同学生类型与不同图式指导方式对学生的作文成绩没有显著的交互影响。

3. 三类图式指导效果差异显著

实验表明，不同图式指导方式所起的作用有显著差异，“Ⅰ类图式”“Ⅱ类图式”与“Ⅲ类图式”间的差异极其显著（$P=0.000<0.01$）；“Ⅰ类图式”与“Ⅱ类图式”的差异显著（$P=0.011<0.05$）。综合起来看，在学生作文构思前，是否对范文的结构和叙述方法进行分析是影响学生作文水平的关键。同时，与“由教师对范文结构和叙述方法作图式表达”相比，由“学生自己先对范文结构和叙述方法作图式表达，再由教师对范文结构和叙述方法进行图式总结”的指导策略更能发挥学生写作的主动性和积极性，便于学生将自己先前的分析与教师的分析进行比较，效果更好。

考虑到本组两因素混合实验中的各类图式指导是在不同作文主题下进行的，为增加说服力，我们还补充进行了一个同作文主题“Ⅰ类图式”与“Ⅱ类图式”指导下的学生当堂习作。即在写景类文章指导时，先用“Ⅰ类图式”方式进行指导——在学生作文前，所有学生只进行范文学习，不做范文结构和叙述方法分析，直接构思作文，当堂写作并进行批阅。接着用“Ⅱ类图式”方式进行指导——所有学生范文学习后，由教师先对范文结构和叙述方法作图式表达，再由学生构思作文。然后对原来用“Ⅰ类图式”指导方式后所写的文章进行当堂修改或重写，并进行批阅。实验结果显示三类学生的作文成绩差异均极其显著。其中，作文优秀生与困难生、作文良好生与困难生之间的差异显著性（$P=0.000<0.01$）更甚于作文优秀生与良好生之间的差异（$P=0.005<0.01$），而且作文优秀生与良好生之间的差异变小了些（不同主题下 $P=0.001$；同一主题下 $P=0.005$）。这说明教师针对性的图式指导对良好生的帮助较大，使其与优秀生的差距缩小了。

3.“Ⅲ类图式”指导效果最好，“Ⅱ类图式”使困难生提升幅度最大

“学生类型”与“图式指导方式”之间是什么关系？不同图式指导方式对不同类型学生的教学效果有何差异呢？我们以“学生类型”为 X 轴，以“作文成绩”为 Y 轴，进行了“学生类型”与“图式指导方式”的均值比较，结果如图 1、图 2 所示。

均值图 1 清晰地反映出三种图式指导下各类学生的作文成绩均呈接近直线下降的趋势，且没有交叉产生。其中，“Ⅰ类图式”指导下三类学生间的差异最大，两极分化现象尤为明显；“Ⅱ类图式”次之；“Ⅲ类图式”两极分化现象最小。这说明，无论哪类学生，“Ⅲ类图式”的作文教学效果最好，“Ⅱ类图式”次之，“Ⅰ类图式”最差。

就各类学生具体而言，作文优秀生接受“Ⅰ类图式”指导方式与接受“Ⅱ类图式”指导方式的作文成绩差异较小（“Ⅰ类图式”指导下平均分 89.1，“Ⅱ类图式”指导下平均分 90.1）；作文良好生接受“Ⅰ类图式”指导方式与接受“Ⅱ类图式”指导方式的作文成绩差异较大，作文平均成绩由 80 分左右提升至 84 分左右；作文困难生接受“Ⅰ类图式”指导方式与接受“Ⅱ类图式”指导方式的作文成绩差异最大（作文平均成绩分别约 70 分和 78 分）。经过“Ⅲ类图式”指导后，作文优秀生的平均成绩提升至 93 分左右；作文良好生的平均成绩提升至 89 分左右；作文困难生的平均成绩提升至 82 分左右。

由此可见，对于三类学生来说，都是“Ⅲ类图式”指导方式下作文成绩最好，且不同类型学生间的成绩差距缩小。对于作文优秀生来说，三类不同图

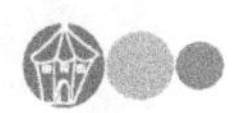

式指导下的成绩波动幅度较小;对于作文良好生来说,“Ⅱ类图式”与“Ⅲ类图式”指导下的成绩波动幅度均较大;对于作文困难生来说,“Ⅱ类图式”与“Ⅲ类图式”指导下的成绩波动幅度也均较大,其中“Ⅱ类图式”指导下的成绩提升最大(8分左右)。图2反映的波动情况与此类似,尤其是同一作文主题下的“Ⅱ类图式”指导方式对于作文优秀生和良好生的作文成绩提升非常明显,接近不同作文主题下“Ⅲ类图式”的指导成绩(分别为92.5分、87.5分)。这也说明习作讲评对作文优秀生与良好生的重要作用。

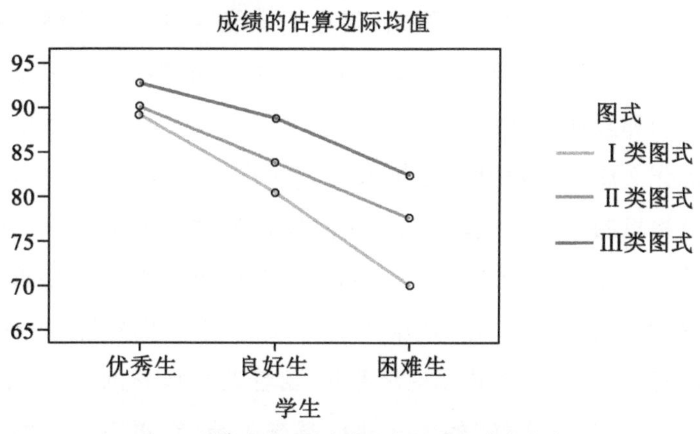

图1 “学生类型”与“图式指导方式”均值

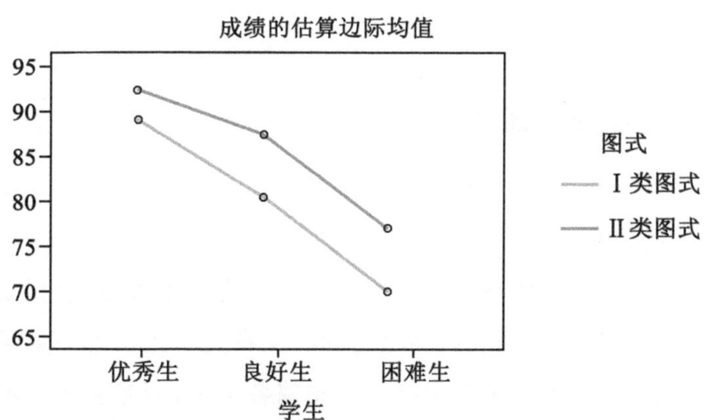

图2 “学生类型”与“图式指导方式”均值(补充实验)

综上,可以得出结论:教师在指导学生习作构思时,采用“Ⅲ类图式”的指导方式对所有学生帮助最大；“Ⅱ类图式”指导方式对作文困难生最有帮助，良好生次之，对优秀生的帮助最小；“Ⅰ类图式”指导方式对各类学生的帮助最小，且增大了三类学生之间的差异。同时，同一主题的作文讲评，对于提高作文优秀生与良好生的作文水平帮助最大。

究其原因，可能是因为作文优秀生调动生活经验及构思的能力比较强，他们在明确了作文题目和要求之后能迅速从自己的经历或以往作文经验中选择合适的内容来写作，有了范文的图式表达后关于要写什么、怎么写的思路就比较清晰了，因此在“Ⅰ类图式”指导下也能取得较好成绩。在“Ⅱ类图式”和“Ⅲ类图式”指导下，作文优秀生因自身的分析概括能力较强，再加上教师对范文结构和叙述方法的图式指导，因此作文构思与写作就更加顺畅了，所以他们的作文成绩有提升但幅度较小。而作文困难生与部分良好生调动生活经验及构思的能力比较弱，他们过多地依赖教师的指导，缺少如何构思相关主题作文的方法，结果出现“草草收笔无法展开”“与作文要求不符”等现象。即使提供了范文，也只是“照猫画虎”，致使“Ⅰ类图式”下的作文成绩较低。在“Ⅱ类图式”和“Ⅲ类图式”方式下，随着教师指导的深入，他们脑中关于相关主题作文“长什么样”的图式建构越来越清晰，再下笔就顺畅多了，能做到言之有物，故作文困难生与良好生在“Ⅱ类图式”和“Ⅲ类图式”指导下的作文成绩提高很快。

三、结论与教学建议

1. 构思能力直接影响学生的作文能力

构思是写文章的重要环节，它上接审题，下连写作表达，包括立意、选材、组材等内容，是习作能否成功的关键过程。文章是学生构思的成果。小学生典型的作文能力障碍不是表现为字、词、句储备不足，而是表现为不会谋篇构思。作文优秀生由于构思能力强，面对作文题目和要求能立刻产生思维顿悟，综合成一个有关本次写作的知识“出口”，源源不断地进行写作倾吐。而作文困难生，虽然也知道有许多值得写的事，但不知道从何处写起，先写什

 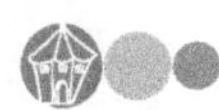

么，后写什么，写作倾吐困难，所以迟迟动不了笔，或是“草草收笔无法展开”“与作文要求不符”。可以说，构思能力直接影响学生的作文能力。宋代文学家欧阳修在《六一诗话》中强调“构思极限”，所以要提高学生的写作能力，非抓好构思能力培养不可。所谓“作文之道，构思为先”。

3. 运用图式指导策略能有效提高学生的构思能力

善于写作文、能写出好文章的人，在他们动笔前，头脑中就已经形成了文章的雏形或大致轮廓。这“雏形”或“大致轮廓”也就是关于文章的“图式”。正是这些图式，指导着他们一步步构思谋篇成文，文中哪怕呈现出的一个小小的写作技巧都有相应的图式支撑。所谓的“写作灵感”或“顿悟”不妨看成是各类图式的突变、丰富或者结构的重组。

金洪源等人的研究认为，如果学生面临作文任务一筹莫展，其大脑中的问题中心图式一定缺少某一类知识，或尚未形成某种必需的知识结构。对作文构思有障碍或困难的学生可以采用图式指导的方法帮助其构思。

因此，如果在学生写作前帮助他们建构起一些作文图式，运用合适的图式来提高学生的构思能力，学生就能比较顺利地完成每一次作文，不再视作文为难事，我们的作文教学也会更加高效。

3.中差生是构思能力培养和教学指导的主要对象，关键在于获得不同文章的图式知识

中差生(即作文良好生与困难生)不会写文章主要有两种表现：一是无从下笔，不知道写什么；二是表面上也在不停地写，但写作的方法、内容的组织等不合要求，比如“虎头蛇尾”“记流水账”，甚至“离题万里”等。出现这种问题，其主要原因在于他们的大脑中缺少关于作文写完后应该是“什么样子”的知识，即缺少关于某类主题或要求下的文章图式知识。而作文优秀生由于能迅速从以往作文经验中获得与当前作文主题、要求相符合的相关图式知识，产生“写作灵感”或“顿悟”，从而顺利进行写作。所以构思能力重点指导对象在于中差生，关键在于帮助他们获得不同文章的图式知识。

针对中差生不善于进行梳理和概括、对各类文章的图式知识掌握较少的现状，教师要加强运用“Ⅲ类图式”指导策略进行作文构思教学。实验表明，

“Ⅰ类图式”指导方式对学生作文产生的作用有限，“Ⅱ类图式”指导方式产生的作用较大，“Ⅲ类图式”指导方式产生的作用最大，效果最好。所以在进行作文构思指导时，教师要借助提供的范文，引导和帮助学生尝试对范文的结构和叙述方法作图式建构，进而提炼形成以图式表征为特点的概括化了的作文知识经验，提高学生的构思能力与作文水平。

4. 作文讲评与二次作文的必要性

从同一作文主题下的“Ⅰ类图式”与“Ⅱ类图式”补充实验结果看，因为有了教师对学生“Ⅰ类图式”指导后所写的文章的讲评，帮助学生修改和完善了原来的图式，使其图式建构更接近范文结构和叙述方法，所以此时的“Ⅱ类图式”指导更有针对性。对于作文优秀生和良好生来说，已经接近不同作文主题下“Ⅲ类图式”的指导效果，使作文优秀生与良好生的差距明显缩小。这也充分说明了作文讲评或二次作文对学生，尤其是良好生与优秀生的重要作用。

“作后讲评”评完即完，如果不给学生第二次写作和改进的机会，那么习作的作用是事倍而功半的。《小学语文学科建议 30 条》第 17 条也指出“讲评之后要安排修改和后续训练。”重视同题再写，用指导讲评所得到的知识去修正自己的图式、修改自己的文章，无疑给学生一次反馈矫正的机会。因为他们不光听、看了别人的文章，还从老师与同学间的交流点评中得到多方面的启发，使自己的该次作文图式在原有基础上表达更清晰，更完善，再修改作文也就水到渠成了。

参考文献

[1] 梁宁建.当代认知心理学[M].上海：上海教育出版社，2003.
[2] 彭聃龄，张必隐.认知心理学[M].杭州：浙江教育出版社，2010.
[3] 朱作仁.小学作文教学心理学[M].福州：福建教育出版社，1993.
[4] 金洪源.学科学习困难的诊断与辅导[M].上海：上海教育出版社，2004.

（作者单位：舟山市定海区海山小学）

诱思探究教学理论在小学语文习作教学中的应用

苏丹烨

习作教学是培养学生语言运用能力的一个重要手段。随着课改步伐的不断推进，小学习作教学工作也应进行相应的调整，以适应当前学生在习作中的需求，从而提高他们的语言运用能力和写作水平，促进他们的全面发展。

而在近几年的习作指导教学中，一线教师虽越来越重视习作指导，但是在教学中，笔者发现“作前指导”中教师对于习作预习作业的布置形式及策略缺少深入的研究，存在两头翘的倾向：一是作业布置简单化——负担过重。老师们认为学生只要根据单元习作要求打好草稿即可。但对于后进生来说绞尽脑汁却依然写不出能达到老师要求的文章，使得他们在作文课后又要大篇幅修改或者重写；第二类则是作业布置虚无化——形同虚设。有些老师口头布置作文预习作业，要求学生回家想想写什么，至于“怎么写”老师只字未提，以至于大部分学生不知道怎么准备习作题材，从哪些角度去寻找习作题材，课堂依旧是“无米之炊”。

本文，笔者应用“诱思探究教学理论”，把教师的“诱”设计在根据单元习作重难点而凝结的“作前指导单”中，从而促使学生完成“思”“探”“究”的过程——即让学生依据此“指导单”主动多方收集习作材料、主动储备语言、积极做好习作的心理准备，促使课堂充满了活力。

一、诱思探究教学理论简介

“诱思探究教学理论”是由陕西师范大学的张熊飞教授首先提出。张熊飞教授解释“诱思探究”时说：“诱，是指教师的循循善诱，耐心地引导，体现教师的引导作用；思，是指学生独立思考；探，即探索，以观察为主要方式；究，即研究，以启发学生积极思维为特征。后三者都体现学生的主体地位。”诱思探究教学的思想是：“变教为诱，变学为思”，它强调教师“教”的过程，应该是“诱导”的过程，学生学的过程应该是“思考、探索”的过程。

在语文习作教学过程中，“作前指导单”的设计与实践就是一个“诱”“思”“探”“究”的过程。

二、诱思探究教学理论在习作教学中的运用

1. 变静为动——指导单为课前实践单

传统的封闭式作文教学，只有上课才向学生公布教学内容。教学的起点从零开始，学生时时处于被动接受的地位。而“作前指导单”先向学生公布习作内容，给他们一至两周的准备时间，学生可通过观察、调查、访问等活动获取第一手资料和亲身体验，才会文思泉涌、下笔千言。具体如下：

六年级下册第一单元习作　民风民俗

同学们，泱泱华夏，盛开着五十六朵民族之花。不同的地区、不同的民族，都有着自己独具特色的民风民俗。让我们在习作课前开展一次调查访问活动吧（见图1）！

民风民俗——我来调查访问

调查访问指南：

①了解我国少数民族的相关知识，指导采访礼仪和注意事项。

②就近比如兰州拉面馆、河坊街等地寻访少数民族居民，了解民俗民风，可以是节日风俗，可以是富有地方特色的服饰、饮食、民居，还可以是新颖、别致的民间工艺品等。做好访问记录。

③或者调查身边的亲人在外地见到的不同的民俗民风。

图1　民风民俗调查

此案例中的“指导单”设计，从时间上由传统的提前一天习作预习延伸为至少提前一周的实践活动，指导学生去想，指导学生去听，指导学生去调查、记录。

在任务的驱动下，学生的感官最大限度地开放，积极主动摄取大量相关信息。此外，通过“指导单”的实施，让学生感受到了生活的乐趣，包括案例中的“民风民俗”原本是学生日常生活中忽视的，他们没有注意到“春节”时，每一个地方的习俗都不同，有的地方要守岁，有的地方要吃饺子，有的地方要放鞭炮……而在实施的过程中，学生主导活动已逐步变成人际联系，更加深入地认识周围世界，符合学生的学习需求，为培养语文核心素养提供了一条良好的途径。

3. 变少为多——指导单为“金矿挖掘”单

(1)关键词大搜索——原来我的材料很独特。“指导单”以关键词的面孔出现，从作业的形式上减轻了学生的心理负担。他们乐于去回忆，且没有课堂同伴的启发和思维的干扰，是一个原生态思维独立的过程，且能够通过一个个场面的呈现，用“关键词”速记下来。比如，学生在童年趣事的回忆中，罗列出了：捞月亮、“财迷”买菜、我是小新娘……在关键词的罗列中学生走进自我，张扬自我，找到了最本真的素材。

(2)三言两语我来说——原来我的材料很典型。在记叙文的“指导单”中，我还经常请学生用三言两语简要介绍一下自己印象最为深刻的事。不仅从心理上减轻了学生负担，更有助于学生在回忆比较、筛选，从而确定典型材料，为课堂习作做好了铺垫(见图2)。

五年级下册第五单元习作“童年趣事”作前指导单(之二)

这么多的趣事中，你再好好比一比，哪一件事会让你的同学捧腹大笑的？

呢?"妈妈说没有。"可是我还是不相信。

二、片段

小时候，我经常去我家旁边的小花那(周围)捉蝴蝶、追蜻蜓。有一次，我看见在树丛中有着一只[illegible]美丽的粉(红)色的大蝴蝶，我伸手就要去抓它，一下子展开了自己那美丽的"叶片"飞走了，我连忙一伸手快速的抓住了，我给妈妈、爸爸看，他(她)们说："把它放了吧！"我说："为什么呀？"爸爸说："如果你抓着它的话，它身上有毒的。"我想：这么漂亮的蝴蝶怎么会有毒呢？这是我好不容易才抓来的？可爸爸说有毒的？就这样我把它放走了。[illegible]

请你三言两语写一写。

图2 “童年趣事”作前指导

(3)抓细节演一演——原来我的材料很生动。托尔斯塔娅回忆父亲托尔斯泰写作，说父亲常把自己关在房间，模仿故事里的人物说话，做动作，还模仿小说里的狗，爬着、叫着。因此，在五年级下册第七单元“一个特点鲜明的人”中可以这样设计：“请再好好观察观察：你脑海中印象最深的这个人，他最有特点的动作、神态、语言你注意过吗？再好好去观察一下，然后你学一学，好好模仿一下吧！比如‘小劳模’认真拖地的动作，‘小拖拉’走神的样子等。”通过指导单的提示，指导学生有意识的观察，回忆再现当时的场面，用学一学、演一演的方法像放慢镜头一样回放曾经忽视的细节。这个过程是帮助学生扫除心理障碍，使他们的心理发展与写作活动提前相适应。这样学生才能写出个性张扬、独具特色的作文。

3.变枯为活，指导单为“语言储备单”

第三学段的学生在把文章写具体中，难点是如何自如运用语言文字来表达。在“作前指导单”中，根据习作特点，我布置学生有目的地使用“语言准备单”，比如专题拓展类、诗词歌赋类、名人名言类等，积极储备语言。

如六年级上册第二单元的主题是“祖国在我心中”，习作要求之一是以此为主题写一篇演讲稿或者读后感。笔者请学生先完成资料收集相关英雄儿女报效祖国、为国争光的事迹阅读，并摘抄相关的好词佳句，这样就为习作做好准备（见图3）。

六年级上册第二单元“祖国在我心中”资料收集单

你知道有哪些像季羡林一样热爱着自己的祖国的人物，他们为了祖国又做了些什么？

提示：先写人物的名字，再简单写写他的事迹（3-5条）

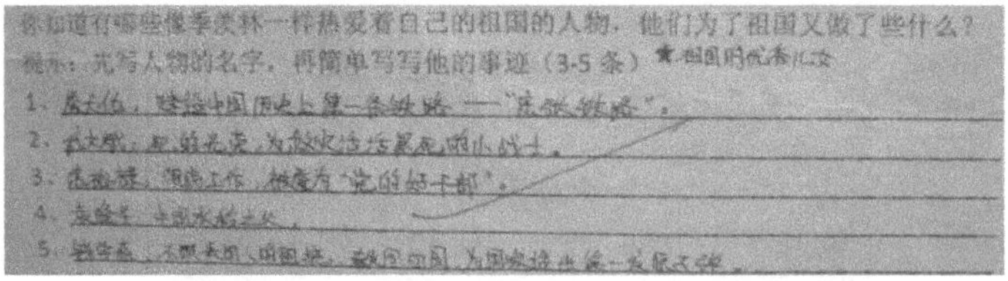

图3 “祖国在我心中”资料收集单

4. 突破难点，指导单为“课堂导写单”

①指导单在情境创设中使用——一个可知可感的场面。我们的指导单

在课中还起着帮助学生回顾一些活动细节，找到鲜活的内容的重要作用。具体案例如下：

五年级下册第七单元习作“一个特点鲜明的人”作前指导单交流

师：同学们课前都观察过自己印象最深的这个人最有特点的动作、神态、语言，并且也学过，模仿过了吧？谁愿意上台来表演一下？

两位学生上台表演，其他学生边看边笑。

师：看着同学的表演，你一定回想起了你打算要写的这个人的最大特点的一些细节，比如她说话的语调、神态，她的动作等。请你自己好好想一想，然后自己在脑海里学一学，过一过电影。

学生习作片段呈现——厨艺高手奶奶切萝卜

奶奶一丝不苟地切着，菜刀轻轻地碰着案板发出了“笃笃笃”的声音，如同伴着琴音，和着鼓点；她快速地切着，菜刀一上一下，快速地摆动着，让人看得应接不暇；她熟练地切着，每一根切出的萝卜丝都跟前面一根，几乎一模一样。她的切法，仿佛让我看到动画片中，宫廷里的厨师切萝卜丝的情景：只见厨师把新鲜的萝卜往天上一抛，再在天空中挥动菜刀，眨眼的工夫，萝卜飘落在了盘子中，就变成了一根根又长又细，大小完全一样的萝卜丝。

通过观看上台学生的模仿表演，很多孩子已经在脑海中出现了最有特点的这个人的一些画面。再加上“作前指导单”的二次观察、模仿、表演，脑海里回放电影，这样学生进入了习作状态，触摸到了可知可感的场面，下笔时就不会难了。此外，学生在“作前指导单”的指导下，通过仔细观察奶奶切萝卜丝的场面，特别注意了切的动作、声音，还联想了动画片中厨神切菜的镜头，这样的文章就有血有肉了。直击学生的情感领域，大大提升了学生的观察力、注意力、思考力。

②指导单在语言提升处使用——一个自如表达的激发点。“指导单”根据习作的体裁或单元主题布置相应的语言积累作业，但是课堂中如何指导学生将这些“收集来的语言”内化，在习作中流畅地表达也是一个指导的关键。以下是六年级上册习作指导《轻叩诗歌的大门》活动总结之“语言准备单”的

交流与使用：

第一步：教师准备的语言准备单出示。

诗歌是文学殿堂里璀璨的明珠。优秀的诗歌可以飞越时间的长河和不同的国度，拨动人们的心。她如绝美的天籁，拂去尘世的喧嚣；她似千年的佳酿蕴藏醉人的芳香；（　　　　　　　　），（　　　　　　　　），徜徉其间，我们的情感将在潜移默化中得到熏陶，我们的思想将在孜孜求索中变得深邃。

第二步：学生发现句式特点，仿说一个句子。

师：你发现诗歌在作者的眼中，成了什么？句式表达上有什么特点？你能仿说一个分句吗？（学生汇报）

师：作前指导单上你还收集了哪些描写诗歌魅力的语句？

学生交流自己描写诗歌魅力的收集语句。

第三步：鼓励学生运用有新鲜感的语句写下自己对于诗歌的认识和感受。

学生习作案例1：诗歌如同是一颗璀璨的明星，照亮了我们的生活；诗歌如同是一轮金黄的明月，让我有了新的光明之路；诗歌如同一扇闪着金光的大门，带我们进入了温暖的诗海之旅。

学生习作案例2：诗如小舟，带领我们穿过语言的海洋；诗如星斗，在天上不停地闪烁；诗如神笔，在我们心里留下美丽的图画。

“指导单”在课前提示学生阅读积累相关语言文字，在课中教师不断创设机会帮助学生转换、运用，积极迁移语言，不断促使其成为动态的知识，在新的语境运用中焕发活力。在优化语言的同时，也发展了学生语言组织的能力。

③指导单在突破难点处使用——一个“从说到写”的脚手架。教师在指导环节，引导学生“说”和“想”很充分，但具体落实到写上，没有行之有效的写作策略指导。根据学习支架理论，在学习过程中依据“支架问题”，从而有效突破重难点。在“指导单”的课堂使用中，我经常在习作的难点处安排一个情景交流和课堂速写。

六年级上册第一单元习作“难忘的第一次”习作支架指导过程。

第一步：呈现小雅同学的作前指导单。

最难忘的第一次，请你三言两语写一写：

我最难忘的第一次就是在军训的时候从上铺往下跳，结果磕破小腿，进医院缝了十几针，留下伤疤的事。

第二步：教师指导学生发现写作重点。

师：同学们，我们一起讨论一下小雅同学的第一次，你觉得最需要写具体的是哪一个细节？

生：应该是怎么跳的细节。

生：不对，应该是描写受伤的细节，因为题目是《第一次受伤》。

小雅同学：这一次受伤是刻骨铭心，因为当时我都看到伤口里面的脂肪了。

师：小雅同学已经事先写了当时受伤的场面，谁来帮她读一读。大家听一听，对你写好难忘的第一次有什么启示？

第三步：小雅同学的习作片段呈现。

《第一次受伤》片段

此时，我感觉有一种液体正从我的小腿流下。我撩开裤腿，吓呆了：血正从一个不规则的三角形伤口缓缓滑落，脂肪也看得见，表皮蜷缩在上角，一层层的。一股浓重的血腥味扑面而来，直往鼻子里灌，我躲不开，那伤口毕竟在自己身上啊！我不再躲避，而是试探着正面去面对，我一瘸一拐地到包前，把受伤的腿伸在前面，另外两只手不停地翻找着餐巾纸，用来擦流下来的血。那一滴滴红色液体仿佛一只只张牙舞爪的怪兽，我胃里立刻翻江倒海，四肢无力，眼睛里看到的，脑子里想到的只有那恐怖的红色液体。突然，脑袋晕沉沉的，似乎顶着一块千斤巨石，我只好换一种方法。“李媛媛！”我有气无力地叫着。

第四步：师生讨论确定习作支架。

师：“第一次受伤”多么独特的经历啊！小作者选材可谓是别出心裁，这正是她自己独一无二的第一次。受伤以后出血的镜头，作者采用了镜头聚焦描写法，把伤口的形状、颜色以及血腥味都进行了细腻的描写，再加上自己当时恐惧的心理描写，这刻骨铭心的第一次受伤生动立体起来了。

那么，我们大家在写的时候，要好好问自己几个问题：这件事情中印象最深的是什么，或者感受最深的是什么？是失败感，成功感，失落感，得意感？……这件事情的经过部分的细节要好好地像放电影一样回顾一番。

第五步：学生当场课堂速写。

学生选择一个最能表达自己“第一次独特感受的场面”进行课堂速写。

案例中通过以上五步指导，再一次在从说到写中充分发挥了“支架”功能，学生凭借手头的指导单，获得了思考的支架，可以追问当时的相关细节，可以扩充补写整一个场面，尤其是在突破习作重难点方面发挥了重要的作用。

在“诱思探究教学理论”的指导下，教师通过“作前指导单”的引导，使学生五官并用，全身心地参与教学过程，在体验中获得知识、提升能力，启迪学生的习作智慧，拓展思路，促使课堂充满了活力，实现提高学生语言运用能力，培养学生语文核心素养的愿望。

参考文献

[1] 付雁.“核心素养”背景下的小学语文习作教学之我见[J].教学研究，2017(10)：6—7.

[2] 韩志梅.浅析小学语文开放性习作教学[J].中国校外教育，2017(4)：90—91.

[3] 屈靖.探讨小学语文习作教学的有效性[J].河南教育(基教版)，2013(12)：48.

（作者单位：舟山市定海区双桥中心小学）

思维导图在小学作文教学中的应用

刘　瑶

当前，作文教学已经引起广大教师的高度重视，大家积极探索，尝试了很多方法加以改进。《语文课程标准（2011 版）》也在实施建议当中指出："要积极合理利用信息技术与网络的优势，丰富写作形式，激发写作兴趣，增加学生创造性表达、展示交流与互相评改的机会。"

中国语文情感教育派代表于漪也曾提道："写作教学的全过程应该是培养学生的思维品质、发展学生思维能力的全过程。正因如此，教学中须千方百计开启他们思维的门扉。"于漪老师认为，当前学生思维能力的不足主要体现在对事物的认识往往只停留在表层、现象，看问题容易机械、片面，以致写出来的文章立意肤浅、素材单一。思维导图，能够反映普遍思维过程，也必然能够反映作文这一特定的思维过程。

一、思维导图理论简介

"思维导图不仅仅是一个方法论，更是一种生活哲学。它将带领您走向你所选择的卓越。"墨西哥特克米兰尼奥大学校长如此评价思维导图。思维导图的创立者，被誉为"世界大脑先生"的英国著名学者东尼·博赞将思维导图定义为"以图解的形式和网状的结构，用于存储、组织、优化和输出信息的工具"，并称其为"大脑的瑞士军刀"。

思维导图起源于 20 世纪 70 年代，由英国著名学者东尼·博赞先生发明。"它是一种思维训练工具，也是一种改变学习方式的利器。"思维导图模拟大脑天生的思维方式，以发散性思维为基础，是一种网络状、形象化的思维工具。他创造全脑思维，调动左脑的逻辑、线性、文字、数字以及右脑的图像、纬度、色彩、空间意识、节奏等，使大脑功能得到最充分的运用，从而最大限度地激发人们的创造性。

二、思维导图理论的应用

写作是一种思维的过程与结果，作文训练的核心归根结底是思维训练。叶圣陶先生说过："作者思有路，遵路识斯真。"写文章必须遵循一定的思路，才能使文章结构严谨、主题彰显。基于以上分析，思维导图辅助作文教学具有最可靠的理论依据。

1. 利用思维导图选材

将这样的思维方式运用到小学作文教学中，能够帮助学生以全新的角度进行写作练习，可以将思维过程可视化和可操作化，在作文教学中让学生以创新的形式进行写作，提高学生的写作水平和综合能力。

小学生之所以对写作教学不太感兴趣甚至是产生畏惧的心理，主要是学生觉得写作没什么话可说，要是能够打开思路，写作也不是那么困难的事情，在教学的过程中教师要帮助学生解决这个困难，调动学生写作的积极性。

利用思维导图进行选材，这种发散性的图形思维工具，可以打开思维的大门，学生围绕中心主题大胆想象，将自己想到的内容罗列出来，学生在不断地思考由"中心点"辐射出去的内容时，充满个性的东西也在不断得以彰显。有了思维导图的清晰展现，学生在选择作文素材的时候，就能够一目了然，也更有目的性、科学性，效果自然更佳。比如：小学第九册单元作文中要求对景色进行描写，教师就可以利用思维导图的形式来开拓学生的思路。比如可以列举春天这个季节，根据这个中心词语联系生活实际进行想象，通过春天这个词，可以引导学生联想到相关的词语，想象一下春天的特点，春天的代表颜色，还有春天的象征意义等。春天是一个绿色的季节，代表着生命的复苏，春天是生机的象征，一切事物都从寒冷的冬天中苏醒过来，而且人们也是在春天进行播种，它是孕育生命的开始，代表着希望。运用思维导图的形式让学

生的眼前产生画面感，对于写作的内容有了更加明确的认识，有了具体的写作思路，再加上自身对于生活的观察和感悟，学生会产生很多的想法和体会，解决了学生写作思路匮乏的问题，有效地提高学生写作的积极性和主动性（见图1）。

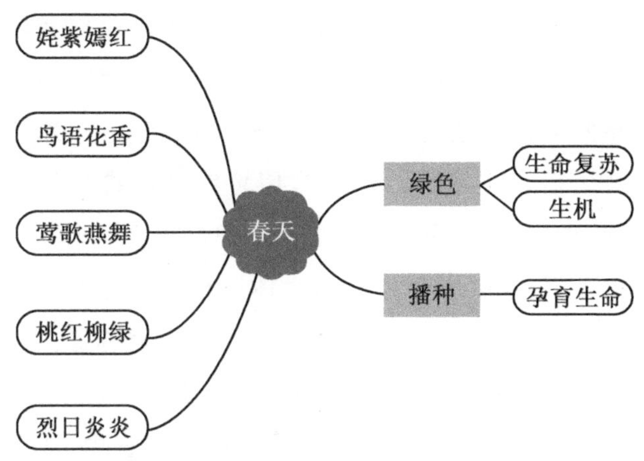

图1 《春天》思维导图

利用思维导图帮助作文立意选材可以形象比喻为：题目是太阳，思维是太阳散发的一束束光，作文的素材则像黑暗中一切被隐藏起来的东西。所以，有很多好的立意、素材是客观存在的，要通过思维的光束去发掘。对于学生而言，他们之所以对作文的构思不同，是因其知识积累、生活经历各不相同，加之个体也存在差异。所以，教师可以利用思维导图帮助学生找出自己的观点、想法，不再借鉴别人、套用框架，写出自己的风格，提高作文水平。

3. 利用思维导图谋篇布局

思维导图的选材确定之后，接下来就是精心构思、谋篇布局，建立作文的框架。小学生知识储备有限，对写作还谈不上轻车熟路。作文常常出现逻辑混乱的问题。作文各段内容间无任何联系，让读者抓不到重点。感觉不知所云，读起来就像喝白开水，索然无味。例如在记叙文的写作中，学生们常常把几件毫无关系又不能突出中心的事情罗列到作文中去以达到满足字数的要求，却不考虑作文谋篇布局是否合理，要是在考试时遇见这样的问题，那就麻烦大了。不光没有多余的空卷提供，也没有多余的时间修改。所以，这个环节对他们而言是最艰难的。思维导图所提供的信息恰恰给他们带来了帮助。思维导图这一大脑思维工具在帮助思维外化的过程中,不是将信息没有关系地展示在图示上,或者将信息简单地罗列,而是由于思维导图中各枝干间的层级关系使信息在外化的过程中突显了一定的逻辑关系,如递进关系、因果关系、辩证关系、比较关系等。这样的关系可以使学生在动笔行文前为自己的作文谋好篇、布好局。就能够避免作文写了一半却发现内容安排不合理而想要重新动笔这一情况的出现。如《记一个场景描写》中,在确定了作文材料之后,让学生小组合作,用思维导图将写作的顺序绘制出来。先将“按时间顺序写”作为中心主题绘制思维导图,画出活动前、活动中和活动后的三个主干,这就有了作文的主体结构了。再在三个主干之后补充支干内容,如活动前还可以交代时间、地点、活动名称等。活动中可以继续分成两支:整体氛围和个人表现。至此,一个相对完整的文章结构思维导图就呈现出来了。小组在合作中完成思维导图的过程中,在他们的大脑中对写作构思已经有了不经意的思考和梳理,小组成员的相互协助对确定写作框架更是助了一臂之力,这时学生的脑海里的写作思路自然就清晰起来,写作的开头、中间和结尾早已胸有成竹。写作的材料准备好了,框架建立了,思路也理顺了,这时候教师就应该趁热打铁,要求学生进入写作状态,一鼓作气地完成作文。教师在写作之前可以提醒学生,遇到不会写的字和词可以先行略过,以免中断写作的思路,等作文基本完成后再查字典或者咨询老师。这样,让学生养成良好的写作习惯,发现写作文原来是很有意思的事情。

3.利用思维导图作文讲评

作文修改是小学第二、三学段作文教学的重要内容。现在很多教师非常重视作文的指导和批阅。写作前精心备课,全面指导,写作后认真批阅,学生的作文本上圈圈点点,满满当当,学生的作文水平却没有明显的进步和提高。如何化解这一难题呢?思维导图可以起到很好的作用,利用思维导图采用四步评改法。

(1)教师典评。所谓“典评”就是针对典型问题的典型评价。学生在每一

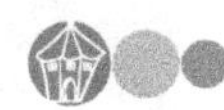

次的习作过程中，都会出现一些问题。这些问题，有的是普遍性的、常规的；有的则是比较典型的，由本次习作的内容、性质等决定的。教师课堂上的评价，应该“好钢用在刀刃上”，主要针对典型问题进行典型评价，以便引导学生的小组评价和自我评价指向正确的方向，并能够解决习作中的实际问题。典型评价每次解决的问题不宜太多，只抓住最重要的一两点即可，要评透改透。根据学生习作的情况，教师制作成思维导图，一般从三个方面讲评。作文常规点评，包括对作文的基本格式、书写情况、标点符号运用等一般性问题进行评价，提出意见建议。典型问题点评，分为问题和修改建议两部分，主要针对在本次训练重点中学生普遍存在的比较典型的问题进行详细分析，并提出解决的方法或建议。例如《一个场面描写》的作文中，典型问题就应该围绕文章是否按照时间顺序和是否写得具体、清楚来分析。佳作欣赏，要善于发现学生习作中的闪光点，除了优秀段篇以外，还要尽可能地挖掘每一位学生习作中的好词好句进行展示，力争让每个学生都能体验习作的快乐，在习作中找到自信(见图 2)。

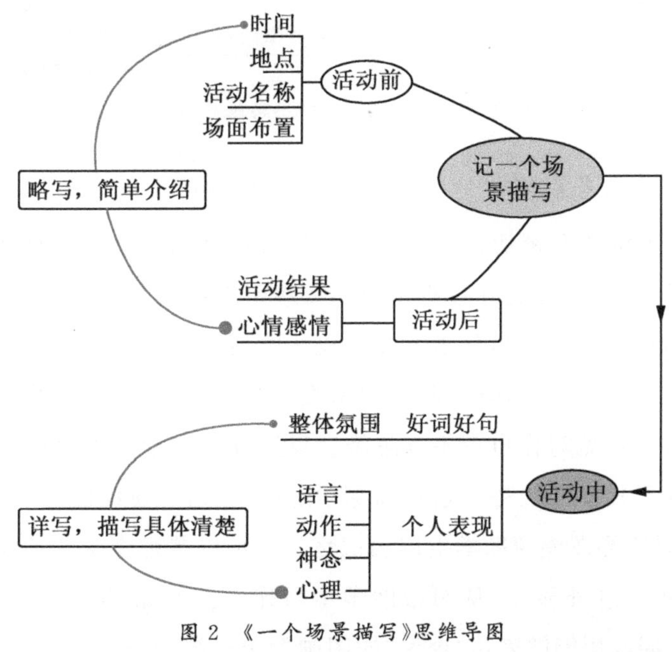

图 2 《一个场景描写》思维导图

(2)小组互评。教师典评既能指出学生习作中普遍存在的主要问题，也能为学生小组内的互评提供范例。根据教师的示范,小组成员之间互换作文,认真阅读,简单画出思维导图,提出存在问题以及修改建议。小组互评的优点,是学生在评价同伴作文的同时,既能学习对方的优点,也能反思自己作文的缺点,一举两得。

(3)个人根据同伴意见进行修改。

(4)修改之后的佳作展示。这一个环节非常重要。要让学生知道"文章不厌百回改",培养学生修改作文的习惯,学习作文修改的技巧。就一定要让学生尝到作文修改的甜头。这一环节就是要找出那些经过修改以后有了较大进步的作文进行展示,提高学生修改作文的积极性。教师典评之后。组织小组成员之间进行互评,在学习同伴优点的同时,也能找到自己的不足。达到一举两得,共同进步的效果(见图 3)。

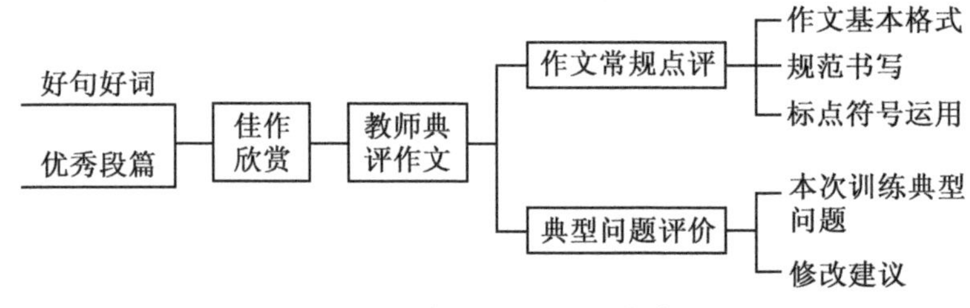

图 3 《一个场面描写》思维导图

4. 思维导图是训练学生思维,培养思维能力的有效工具

语言与思维关系密切,语言是思维的外在表现形式,语言的形成和发展都依赖于思维,语言的交际过程也同样依赖于思维。写作,不同于一般的语言活动,它是语言书面化,是语言文字表达的最高形式。美国著名学者唐纳德·奎恩说:"在整个写作中,写作和思维是同时产生的,写作的过程也就是思维的过程。"可见写作也离不开思维。思维导图在学生的习作思维能力培养方面有得天独厚的优势。它是训练学生思维、培养思维能力的有效工具。

首先,思维导图能帮助学生调动记忆。它可以帮助学生调动大脑中已储存的信息,将信息外显化,从而帮助学生写作文。例如,给出"今天"这一话题。把这个词或用能够表达"今天"的图画置于思维导图的中央,开始挖掘每个人大脑中有关"今天"的画面、情景、对话等,并以图画或者词语的形式展现

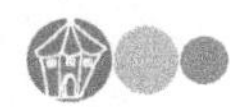

出来，就会发现“今天”这一话题会调动出很多的信息（见图 4）。

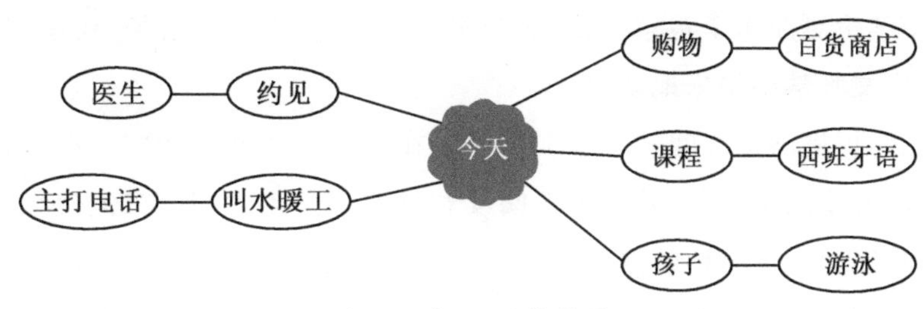

图 4　《今天》思维导图

其次，思维导图可以帮助学生发散思维。思维导图通过帮助学生发散思维，从而突破线性思维的约束，迸发出灵感，产生创新思维。语文老师在批作文时最头疼的就是学生作文内容乏味，写流水账千篇一律。思维导图则可以帮助学生思维从焦点的问题开始，然后再从焦点问题的分支上进行扩展和延伸，从而突破线性思维的约束，迸发出写作灵感。例如笔者曾以“回报”为话题训练学生写作，让学生发散思维。我问：同学们看到“回报”这个词，能想到什么？可以一边制图一边思考，让自己遨游在无边无际的思想中。制图中多运用色彩与图画来开拓你的思维。数分钟后，学生在自己的思维导图中找到了写作灵感。有的学生写“人类回报大自然”，有的学生“写树叶对根的情意”，有的学生写“冬麦回报春雪”。学生们并没有局限于“儿女回报父母”“个人要回报国家”这样的作文立意。

再次，思维导图可以拓展学生的想象空间。在写作过程中运用想象能力丰富写作内容，对文章的题目进行合理拓展。作文内容来源于生活，学生应该具备一定的独立思考能力，在自我探索学习的过程中激发学生的求知欲望。在写作练习中，学生的思维来源于生活实际，运用思维导图可以帮助学生拓展想象的空间。

例如，小学六年级下册作文题目为《难忘的……》，进行作文教学的过程中，教师可以先进行举例教学，通过《难忘的一件事》的导读，让学生先了解这类题目的写作形式和内容，对整个题目有更加具体的把握。然后学生就可以进行有效拓展，联系身边的实际经历，不一定将写作定位在难忘的一件事上，还可以进行难忘的一个人、难忘的景色等多角度描写，拓宽写作范围。学生在写作的过程中思维更加活跃，感受到生活中的任何经历都会对写作产生帮助，会使学生更加乐于观察生活，使写作成为体现生活的途径，运用想象，使学生在作文教学中快乐地学习。

最后，促进师生之间的交流和沟通。在传统的作文教学中一般都是学生将写好的文章交给老师，教师进行阅读和批改。师生之间的交流也仅限于对作文格式以及写作方向的修改交流。在写作的思路形成以及内容方面，教师和学生之间基本上没有过多交流，都是教师布置任务，然后学生进行自由发挥。思维导图需要师生之间进行交流讨论，然后激发更多的思路和想法。由于课堂教学时间的问题，造成学生之间互动交流的机会比较少，无法使学生和教师之间进行思维碰撞，学生在这样的教学形式下经常处于被动状态，受到标准答案和标准格式的规范和束缚，限制了学生创新思维的发展。思维导图的形式能够让学生成为课堂学习的主体，在课堂上增加师生之间的互动。进行思维方式的交流，活跃课堂氛围。

由此可见，思维导图确实对提高学生的写作是很有大帮助的。它不仅让学生学会写作之前去列提纲（其实就是画思维导图）理清思路，而且利用思维导图还可以知道用哪些词块和语块去写文章。最重要的是思维导图让学生学会了思考问题的方式，从没有写作思路到有思路，从不会谋篇构思到会构思。最后经过自助、同伴和教师的帮助，构建自己的知识体系，高效地完成写作任务，利于学生形成整体写作的语篇思维模式，从而提高语文写作水平。综上所述，将思维导图运用于写作教学中去，不仅可以帮助教师改进教学方式，还能锻炼学生写作时的思考清晰度与整体观、发散思维能力、材料选择能力、材料整合与迁移能力，可以高效地解决写作问题。

总而言之，在课堂上运用思维导图的方式优化小学作文教学，将思维方式和作文教学联系在一起，改变了传统的作文教学方式，开拓了小学生的写作思维，教给学生一种全新的思维方式，可以从根本上提高学生的写作能力。

参考文献

[1] 中华人民共和国教育部.义务教育语文课程标准（2011 年版）[M].北京:北京师范大学出版社，2012.

[2] 于漪.中学作文教学导论[M].山东:山东教育出版社,2001.

[3] 东尼·博赞.思维导图使用手册[M].张斌,译.北京:化学工业出版社,2011.

[4] 东尼·博赞.思维导图大脑使用说明书[M].徐克茹,译.外语教学与研究出版社,2005.

[5] 陈资璧,卢慈伟.思维导图操作书[M].长沙:湖南人民出版社,2012.

[6] 丹尼尔.平克. 全新思维[M].高芳,译.杭州:浙江人民出版社,2013.

[7] 吴其馥.外国语文教育研究[M].海口:海南出版社,2000.

(作者单位:舟山市定海小学教育集团昌东校区)

单元教学理论在中高段习作中的应用

——以人教版六年级上册第八单元“联想和想象”写法学习为例

陈　璐

《义务教育语文课程标准(2011年版)》指出:语文课程致力于培养学生的语言文字运用能力,提升学生的综合素养。当下的语文阅读教学,倡导从“内容分析”向“关注语用”的华丽转身。在小学语文教学过程中,阅读应该是作文的基础,而写作是提高阅读水平的途径,读与写相辅相成,相得益彰。随文练笔是一种有效的训练形式,很多老师都意识到了这一点,所以大都在阅读教学中设计了随文练笔这一环节。

如何在连续的课堂中强化学生运用并掌握一种写作方法呢?人教版语文教材以主题式框架编排文本,每一单元的课文都有着相同的表达重点。在随文练笔中,应该紧扣单元专题的训练目标,让每次练笔彼此联系、相辅相成,避免单篇课文割裂的言语表达体系,形成有机的练笔体系。因此,本文以人教版六年级上册第八单元“联想和想象”写法的学习为例,阐述单元教学理论在中高段习作中的运用。

一、单元教学理论的提出与概念

单元教学理论的提出与19世纪末欧美国家“新教育运动”的兴起有直接关系,其倡导者们认为学生的学习内容与学习活动应该是一个整体,教材认为分割使得学生学到的知识碎片化,难以建构完整的思维体系,也不利于发展学生的能力和培养合作精神。新教育运动倡导者主张,学习的内容应该是完整的,不应将教材割裂成一课一课的形式,而应把学习内容分割成较大的

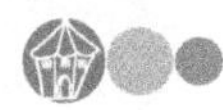

主题/单元,这样才比较符合学生心理,容易被学生掌握,有利于发展学生能力。随后由“新教育运动”的倡导人——比利时的德可乐利提出教学整体化和兴趣中心的原则,即先确定主题(单元题目),然后根据主题组织教学内容,安排教学方式,每个主题都是一个相对独立的整体,主题内容要求在一个相对连续的时间内完成。之后,杜威主张实用主义的主题/单元教学,其弟子克伯屈在此基础上形成设计主题/单元教学法的理论。

主题/单元教学设计时以教材为基础,用系统论的方法对教材中“具有某种内在关联性”的内容进行分析、重组、整合并形成相对完整的教学主题/单元,在教学整体观的指导下将教学诸要素有序规划,以优化教学效果的教学设计。它不仅包括教学要素分析、教学目标确定、教学流程设计,也包括教学流程的实施以及评价、反思与改进等。

单元教学设计理论要求我们在单元教学设计时要有整体性。整体性主要体现在教学目标的设定和教学内容的整合。此外,还要有相关性。相关性主要体现在课型的选择与教学目标和内容相关;教学方法与教学目标和内容相关;教学活动与教学活动之间和教学目标相关。不仅如此,单元教学设计还要有阶梯性。阶梯性主要体现在教学活动的设计与教学内容相结合,要从简单到复杂,从单一到综合,从基础到提高,活动的要求体现循序渐进的教学原则。最后,单元教学设计要有综合性。综合性主要体现在整个单元教学能培养学生综合运用语言的能力,包括单一目标与五维教学目标综合,语言知识和语言技能综合,单一技能与多项技能综合。

二、单元教学理论在中高段习作中的运用

富于联想和想象是小学生的天性,而小学语文教材所编排的文本充满了天真烂漫的联想和想象,联想和想象是学生打开语言表达的一把金钥匙,因此教学中引导学生学会展开联想显得尤为重要。人教版六年级上册第八单元共 4 篇课文:《伯牙绝弦》一文中,子期在听到伯牙的琴声时联想到了峨峨泰山和洋洋江河,体现了伯牙的琴艺之高超以及两人之间的知音之情。《月光曲》第九自然段,皮鞋匠由听到琴声而联想到了月光下波光粼粼的海面,让读

者沉浸在这段有画面感的音乐中。《蒙娜丽莎之约》和之前所学的状物文章不同，作者在描写名画《蒙娜丽莎的微笑》时，加入了很多自己的联想，尤其是作者对蒙娜丽莎的外貌描写，通过适当加入自己的联想，使得读者似乎真的和蒙娜丽莎面对面相见，也正因为这样的描写手法，让这幅名画更具生命力，神韵十足。

1. 说一说，感知艺术中的“联想和想象”

值得关注的是，在人教版六年级上册第一单元导语中编者就提出“体会作者是怎样展开联想和想象，表达这些独特感受的”，而在第八单元导语中又提出“要学习作者展开联想和想象进行表达的方法”，是平面重复，还是内含着要求的提升呢？我们细读，可以发现两个不同：前者是置身自然展开的想象，后者是感受艺术作品的过程中展开的想象，换言之，是对源于生活而高于生活的艺术表现形式的感受和传达；前者是体会，后者是学习。认识这一点非常重要，体会是“体验、领会”作者对某种境界或事物的感受，而学习是从阅读、听讲、研究、实践中获得知识或技能。从第一单元的“有所感受”到第八单元的“获得技能”，这一过程将让学生实现语文能力的提升。

《月光曲》是一篇意境优美的课文。在作者的描写中，我们仿佛进入了乐曲描述的如梦似幻的美妙境界，对乐曲产生了无限向往。对于《月光曲》的内容、意境及表达的情感，作者以生动的文字，借皮鞋匠的联想表达了出来。课文的第九自然段也是本课学习的重点。

皮鞋匠静静地听着。他好像面对着大海，月亮正从水天相接的地方升起来。微波粼粼的海面上，霎时间洒满了银光。月亮越升越高，穿过一缕一缕轻纱似的微云。忽然，海面上刮起了大风，卷起了巨浪。被月光照得雪亮的浪花，一个连一个朝着岸边涌过来……皮鞋匠看看妹妹，月光正照在她那恬静的脸上，照着她睁得大大的眼睛，她仿佛也看到了，看到了她从来没有看到过的景象，月光照耀下的波涛汹涌的大海。

教学时，引导学生：皮鞋匠静静地听着，想象皮鞋匠脑海里的画面，你能感受到琴声的起伏和贝多芬心情的变化吗？通过阅读，学生很快会找出皮鞋匠脑海中联想到的画面：月亮升起，洒遍银光；越升越高，出现微云；狂风巨

 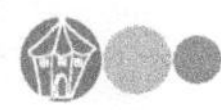

浪,波涛汹涌。此时,教师追问:这些画面是皮鞋匠真实看到的吗?在第一单元的学习基础上,学生能够知道,在这一处作者运用了联想和想象的写法,并非皮鞋匠真实所见。教师引导:根据皮鞋匠联想到的画面,你们感受到琴声发生了怎样的变化。学生经过思考,能发现琴声的变化:轻柔舒缓—明快悠扬—高昂激越。而琴声往往能够体现演奏者当时的心情,贝多芬的心情变化:平静悠闲—心潮澎湃—无比激动。

人总是触物起情的,在情感的激活下,产生形象思维活动,而联想和想象正是形象思维的方式。情感越浓形象思维便越活跃,由客观事物产生的意象也就越美妙。可见架起作者与客观事物的桥梁的联想和想象,是受情感因素影响的。作者通过运用联想和想象的手法,将无形的音乐用有形的月光和海面呈现在我们眼前,读起来更有画面感。

《蒙娜丽莎之约》中的第五、六自然段在描写蒙娜丽莎的外貌时,作者从静止的画面展开丰富的想象。画面上的人因进入了欣赏者的心灵,而神韵十足。

在课文学习中,学生明白写“艺术”的时候能把自己看到的、听到的写得很具体,又能恰当地加上自己的联想,文章的内容就会更充实生动,表达的感情就会更深刻,也会让读者读时有画面,读后有体悟。

3. 仿一仿,感悟艺术中的“联想和想象”

朱熹说:“古人作文作诗,多是模仿前人而作之。善学之既久,自然纯熟。”模仿是儿童的天性,而仿写是小学生习作的重要途径。教学的过程就是一种被引导的创造。仿写是从认识到创造的中间环节,没有仿写就很难将识记性知识转化为程序性能力。因此,教师要在阅读教学过程中及时捕捉读写结合点,有意识地进行指导与渗透,使学生掌握一定的语言规律和写作规范。

在《月光曲》第九自然段的教学中,学生明白写“艺术”的时候若能在真实看到的、听到的基础上,恰当地加上自己的联想,文章的内容就会更充实。接下来,播放一段较为轻柔舒缓的音乐,让学生闭上眼睛细细聆听。听完后,先请他们说说你们仿佛看到了什么?听到了什么?

生交流:

生1:我仿佛置身在郁郁的森林中,阳光透过树叶,洒下一片斑驳。林中一条小溪潺潺流淌，为这片宁静注入了活力。

生 2：闭上眼睛，我仿佛站在山坡上，微风轻抚我的脸庞。我不由得放松了自己，全身心地去感受大自然的抚摸。

生 3：我仿佛闻到了花的芬芳，泥土的气息。

交流后，让学生试着仿写第九自然段。有一学生这样写道：

我静静地听着，眼前出现一轮明月，我好像站在一片茂盛的樱花树林中，月光从树枝缝隙间穿梭进来。粉色娇嫩的花瓣上霎时间闪着银辉。月亮越升越高，透过夜间树林里似有似无的薄雾。忽然林间刮起一阵夜风，树叶像海面上的波浪一样，上下起伏，发出“沙沙”的轻响，犹如被风吹响的风铃一般。我闭上眼睛，踩着枯黄的落叶铺成的小径，深吸一口气，闻见樱花发出的淡淡的清香。一棵棵樱花树，一朵朵樱花，伴着皎洁迷人的月色，围绕在我的身旁。

通过学习和交流，学生能够仿照课文，适当运用联想和想象，将听到的音乐写具体、写生动，在写作中，还能够加入自己的感受。

在教学《蒙娜丽莎之约》这一课时，我将教学重点放在第五、六自然段上。

那幅画不大，大概三英尺[①]长、两英尺宽吧，整幅画几乎只是一种棕色。我随着队伍慢慢地走近她，心中涌起一种奇异的感觉。近了，更近了，蒙娜丽莎就像真人一样慢慢走近你。我终于跟她面对面了。她的脸颊泛着红光，一头黑发轻松地垂落双肩。她的眼神是那样柔和与明亮，嘴唇看来不像是涂抹的色彩，而是真的血肉。仔细看她的颈项，你会怀疑血液真的在里面流动。

蒙娜丽莎那微抿的双唇，微挑的嘴角，好像有话要跟你说。在那极富个性的嘴角和眼神里，悄然流露出恬静、淡雅的微笑。那微笑，有时让人觉得舒畅温柔，有时让人觉得略含哀伤，有时让人觉得十分亲切，有时又让人觉得有几分矜持。蒙娜丽莎那“神秘的微笑”是那样耐人寻味，难以捉摸。达·芬奇凭着他的天才想象力和他那神奇的画笔，使蒙娜丽莎转瞬即逝的面部表情，成了永恒的美的象征。

教学时，学生很快就找到上述的这两段话最能体现这幅名画的魅力。经

---

① 1 英尺=0.3048 米。

过讨论后,学生一一发言。

学生1:我从“脸颊泛着红光”“仔细看颈项,你会怀疑血液真的在里面流动”这些话中感受到画中的蒙娜丽莎就好像真人一样,十分逼真、栩栩如生,我觉得这是这幅画的魅力。

学生2:“好像有话要跟你说”“有时让人觉得舒畅温柔,有时让人觉得略含哀伤,有时让人觉得十分亲切,有时又让人觉得有几分矜持”这些描写让我觉得蒙娜丽莎很神秘,让人猜不透她到底在想什么。我觉得这份神秘也是魅力所在。

学生3:文中“沐浴在阳光里,富有生命活力,朦胧,蜿蜒隐去”这些描写,让我觉得这幅画充满了生命力,它不是静止的一幅画,似乎有阳光跳跃,又似乎不断地向远方绵延。

这些精彩的发言得益于学生自身的感悟,也离不开作者从静止的画面展开的丰富想象。画面上人因进入了欣赏者的心灵,而神韵十足。

之后,我设计了一个随文练笔的教学环节:(出示《清明上河图》)在艺术长河中,留下了许多熠熠生辉的艺术珍宝。我们中国也有这样一幅传世名画——《清明上河图》。图中生动地向我们展现了1000多年前,北宋都城汴京的繁华。请同学们细细欣赏,试着仿照本课的第五、六自然段写一段话。学生由观察后展开丰富的联想和想象:

生1:其中一位妇女,肩挎菜篮,穿着十分朴素,身旁正站着一位约五六岁的小男孩,眼睛正直勾勾地瞅着卖鱼大伯手里两条大肥鱼。拱形石桥上站着一位老婆婆,她的手里还抱着一个小孙孙,眼神正眺望远方,可能是在怀念身处异乡的子女吧!

生2:桥下有一只船,船头坐着两个娃娃,他们正把两只肉嘟嘟的小脚丫伸进水里,溅起一阵阵水花。船尾有一位船夫,他的手紧握船桨,口却张得大大的,嘴里好像在唱着什么。突然,我的目光停留在了一位少女身上,她倚在一株杨柳上,一头乌黑油亮的头发轻松地垂落双肩。她手中正捧着一本书,嘴角微微上翘,好像是被书里的情节逗笑了。一伙儿人围在一块儿,我奇怪发生了什么事,原来是艺人在表演马戏。一个人站在滚筒上,头顶一口陶瓷碗,我暗暗赞叹不已。

在感知艺术中的“联想与想象”后，教师有意识地引导学生去感悟这些“联想和想象”在文中的表达作用和效果。之后，教师作为平等课堂里的首席，为学生提供了语文实践的机会，让课堂成为学生言语思维生长的地方。也许他们的表达尚显稚嫩，但是，静下心来，仍然能够听到生命拔节的声音。

3.写一写，创作运用艺术中的“联想和想象”

法国学者阿尔贝雅卡尔在《睡莲方程式——科学的乐趣》中说：即使最微妙的概念也可以很早就介绍给青少年，不一定非要让他们完全理解这些概念的所有细节，目的是激发他们的兴趣，朝概念指引的方向进一步探索。

学习就是为了应用，没有生活指导意义的学习，必定失去教学价值。教完《我的舞台》，我请学生仿照课文的写法，写一段自己学习某种艺术过程中发生的故事感受。练笔指导时，我问：“在你学某种艺术的过程中，哪一幕给你留下深刻的印象？你当时有什么感受？”学生思索片刻，交流各自的想法，有的说：“第一次听到钢琴声时印象最深，完全被它吸引，产生了想要学习的念头。”有的说：“每次日复一日的练习小提琴，觉得很枯燥，想放弃。可那天和妈妈的一番对话让我记忆犹新。”有的说：“当我第一次站上舞台，赢得观众阵阵掌声，那一幕我最难忘。”学生掌握写法后，各自练笔。最后，在单元习作时引导学生恰当加入联想和想象的写法，效果显示，学生不但会写，而且写得生动（见图 1）。

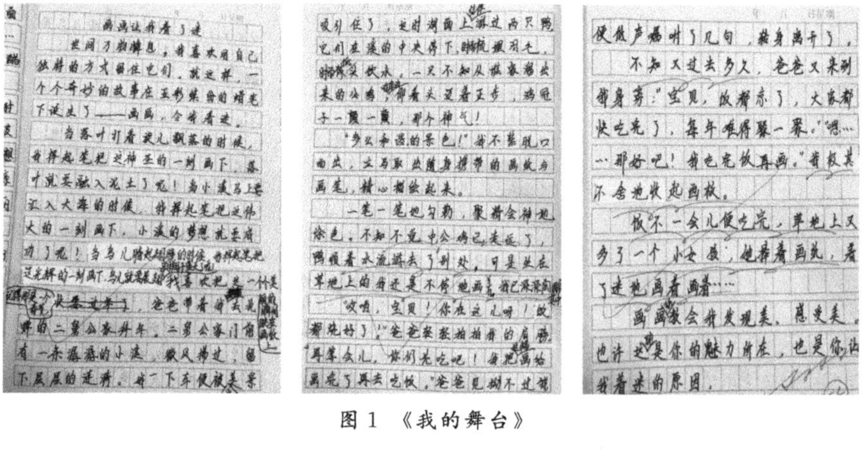

图 1 《我的舞台》

学习理论认为，学习是由于经验的反复练习而引起的行为比较持久的变化。以刺激—反应—强化的形式教学，学生经过反复练习就可获取知识。在单元教学设计理论下进行随文练笔，学生经历了从仿写到创作的过程，将吸纳与倾吐结合起来，借助于言语实践活动，使感知、感悟、运用有效建构到他们言语生命和精神成长的沃土中。这样，“联想和想象”的写法不再是抽象的概念，而是内化为学生驾驭语言文字的一种能力，并伴随他们一生。

参考文献

[1] 李凤英.论小学语文四年级单元主题教学与小练笔的结合[J].文学教育，2016(11)：99.

[2] 崔秀花.抓住读写训练点 随文练笔就“生花笔”[J].小学教学参考，2018(5)：18—19.

[3] 郑秀云.随文练笔，在语用视角下提升[J].教育艺术，2015(7)：68—69.

（作者单位：舟山市定海区双桥中心小学）

运用学习迁移理论　改进小学作文教学

沈碧君

何谓“学习迁移”？学习迁移就是举一反三。现代认知理论认为：“学习者利用认知结构的原有观念，通过思维对新课题内容进行分析、概括，在揭示新旧课题共同本质基础上发生学习转迁。”用通俗一点的话来说，迁移就是将先前学习任务中获得的知识、技能应用于新的任务情境中。学习迁移是个复杂的心理过程，在学习新知识时，由感知诱发产生联想，而回忆起旧知识；通过思维活动，再将与新知识相类似的旧知识转移到新知识中。学习迁移也是在学习知识、技能训练和情感态度中普遍存在的一种心理现象，是学习知识和技能训练的重要环节。因此，在作文教学中充分运用迁移规律与原理，从学生已有的生活经验和学习经验出发，创设迁移情境，加强新旧知识的联系；合理地形成知识、技能、态度有效迁移，培养迁移品质；有利于我们在作文教学中促进积极迁移，消除或减少消极迁移。教师应当充分利用学习迁移的规律，将学生在听话、说话、阅读、鉴赏中获得的知识和技能以及良好的情感态度成功地用于作文实践中。

一、学习迁移理论简介及其分类

早在我国古代社会就有了将迁移理论运用到学习的例子，比如著名的思想家、教育家、政治家孔子在向学生传授学习方法时就提到“由此以知彼”“举一反三”等蕴含迁移理念的方法，孔子的观点说明了已经习得的知识是学习新知识的基础，通过旧有的知识可以推测、判断事物的发展规律。虽然古人发现了学习中迁移的现象，但是并没有系统地提出迁移理论，也没有对迁移

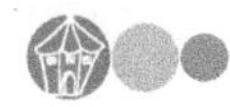

现象进行具体解释。

随着社会的发展,很多学者开始对迁移现象进行系统、全面的研究,目前世界上已经形成了很多关于迁移的概念。“形式训练说”是最早对迁移现象做出解释的。这种理论认为:某些学科的学习可以训练人的不同官能。学习是心理训练,教学最重要的目标就是训练和改进心理的各种官能。如古典语言的学习具有训练记忆、推理和判断的心理官能的作用。这种训练可以迁移到别的类似性质的问题的解决中。因此,他们认为学校应加强古典语言的学习。“共同要素说”是桑代克和吴伟士提出的学习迁移理论。他们认为一种心理功能和活动,能增进其他的功能或活动,是因为它们之间有部分相同的要素。相同要素越多,迁移作用越大,反之亦然。“概括化理论”的代表人物是贾德,他认为学习迁移就是由某种情境所得到的经验,能应用到另一情境。“关系理论”是格式塔心理学家提出来的。他们认为迁移的发生是由于学习者突然发现两个学习之间存在的关系的结果。“认知迁移理论”,是由美国学者罗耶提出的。这种理论认为,迁移的可能性取决于在记忆搜寻过程中遇到相关信息或技能的可能性。

所谓学习迁移,是指学习者在一种情境中获得的知识、技能、方法和态度对另一情境中的知识、技能、方法和态度的影响。简单地说,就是一种学习对另一种学习的影响。即已经掌握的知识对新知识和技能的掌握产生影响。这种影响可能是积极的,也可能是消极的,积极的影响叫作正迁移,消极的影响叫作负迁移,教学的主要任务之一就是促成学习之间的正迁移,避免或消除学习之间的负迁移。小学作文教学中要运用学习迁移理论,引导学生克服负迁移,促进正迁移,从而改进小学作文教学。

二、影响学习迁移的主要因素

著名语言学家张志公先生曾说过:“模仿是学习的必经之路。”由仿到创的教学方法适合小学生的思维发展特点。“以读促写,以写促读”的读写观注重读写双向互动迁移,这正符合中国写作学会副会长潘新和教授提出的“阅读,指向言语表现、指向写作”“写作是阅读的目的”“不能只讲阅读对写作的作用，不讲写作对阅读的作用”的写作本位观。我们这里所说的学习迁移受到阅读内容与写作内容的关联性、认知能力、写作者的心态与定式的影响。

1. 阅读内容与写作的关联性

迁移效果受到内容之间关联性的影响。关联性越高，则迁移的难度越低，迁移的效率越高。具体到阅读写作迁移中就是迁移的效果在一定程度上取决于阅读材料和写作内容的相似程度。

3. 认知能力

迁移是通过复杂的认知活动实现的，写作者原有认知能力影响其对阅读材料的归纳概括程度，及将输入的阅读材料转换为输出的书面语言的程度。良好的认知能力还可以促进写作者主动将新知识构建于原有知识体系中。因此，认知能力越强，迁移效果越好。

3.写作者的心向与定式

“心向与定式常常是指同一种现象，即先于一定的活动而又指向该活动的一种动力准备状态。定式的形成往往是由于先前的反复经验，它将支配个体以同样的方式去对待后继的同类问题。”指导者应善用心向与定式这一影响因素，积极引导或暗示学生进行迁移，如教师可针对阅读材料设计问题，并提示学生通过解答问题总结同类文章的写作方法及技巧。

三、学习迁移理论在“小学作文”教学中的应用

众所周知，作文教学在语文教学中一直是一个瓶颈，尤其对于对写作不感兴趣的学生。提高小学生语文写作能力的方法有很多，方法的有效程度和该方法是否结合学生的特点、是否选择了最优的教育方式等问题息息相关。那么，在小学的语文作文教学中，我认为运用学习迁移理论，让读写有机地结合在一起，是改进小学作文教学、提高小学生写作能力的很有效的方法之一。下面结合教学实际，从三大方面来谈谈运用迁移理论，改进小学作文教学。

1. 运用迁移理论，注重课内读写结合，提高学生习作水平

根据桑代克的共同要素说，两种材料或活动之间存在着某些相同点，是

实现迁移的必要条件。阅读教学中的读与写是“与生俱来”的依存关系，多读多写是我国传统的作文教学方法。“熟读唐诗三百首，不会作诗也会吟”“熟能生巧”等都说明读写要有一定量的要求。教育心理学中称之为“过度学习”或“超额学习”，即指达到标准后的继续学习。心理学的研究表明，通常超额50%的学习效率最高，所学知识遗忘较慢，保持量大，有利于迁移顺利进行。

(1)知识、技能的迁移。迁移要利用学习者原有的认知结构。一般来说，基础知识学得越扎实，其大脑认知结构观念的贮存越丰富，可供学生迁移的观念就越多。学生对知识意义的理解水平越高，其积累的认知结构观念层次越分明、概括性越强，迁移的速度就越快、范围也越广。我们要将作文指导和阅读教学有效地紧密结合，使学生在作文中灵活运用在阅读中学到的知识和技能。

教材，是语言的美丽海洋。教材所选的课文都是经典之作，深入研读教材可以发现，这些教材是我们教学的源泉，也是我们教学设计取之不尽用之不竭的宝藏。这些大咖的名句也要求我们要精心地、潜心地、耐心地研读欣赏，发现教材中精美的读写训练材料，善于发现适合学生练笔的契机，以用于读写结合式的课堂。我们要从“有趣，有用，有效”的角度去对课文进行发现，从而让读写活动的内容更加有趣、有用、有效。粗浅概括主要有以下几个方面的内容：加强片段练习，提高随文练习的有效性。

进行一些仿写类的小练笔可以感悟语言表达的丰富性，提高遣词造句的能力。可以写出感知感受。例如：《手捧空花盆的孩子》，你对文中的雄日或其他的小朋友有什么想说的话，写几句或一段话。

三年级上册《富饶的西沙群岛》，其中有一段：西沙群岛一带海水五光十色，瑰丽无比：有深蓝的，淡青的，绿的，淡绿的，杏黄的。一块块，一条条，相互交错着。三年级的孩子对于总分段落的构段方式已经有点概念，在这一段的教学当中，再次让学生明确“西沙群岛一带海水五光十色，瑰丽无比”是这段话的总写，而“有深蓝的，淡青的，绿的，淡绿的，杏黄的。一块块，一条条，相互交错着”是这段话的分述。接着通过让学生欣赏生动的画面，指导学生写总分结构的段落。比如：花园里，几乎所有的花儿都凋谢了，只有菊花傲霜挺立，竞相开放：淡黄的，雪白的，粉红的，浅绿的……它们在秋风中翩翩起舞,活像一个个小仙女在跳舞。

在三年级上册有一篇经典的课文《翠鸟》,这篇课文对翠鸟外形的描写非常有特点,且运用了贴切的比喻,总分段落非常清楚。而课文中对于翠鸟的捕食镜头让我们如闻其声,如临其境。“小鱼悄悄地把头露出水面,吹了个小泡泡。尽管它这样机灵,还是难以逃脱翠鸟锐利的眼睛。翠鸟蹬开苇秆,像箭一样飞过去,叼起小鱼,贴着水面往远处飞走了。只有苇秆还在摇晃,水波还在荡漾。”在学生们对这段文字进行精准的感悟之后,我再安排了一个捕食镜头的仿写,我对学生们说:如果我们要写状物的文章,在写它的生活习性的时候可以运用这一场面的描写。后来学生们的练笔也是各具特色,比如有一学生就写道:“老鼠偷偷地把头探出来一点儿,观察周围是否有自己的美食。尽管它那样机灵,还是难以逃脱猫儿锐利的眼睛。猫像离弦的箭一样猛扑过去,老鼠吓得吱吱乱叫,刚想钻进洞去,却被猫尖利的爪子抓住了,猫叼起老鼠跑了,只有尘土还在飞扬,老鼠凄惨的叫声还在回荡。”

(2)态度的迁移。学习的迁移不仅发生在知识和技能的学习中,同时也发生在态度的形成和发展方面。“亲其师才会信其道”,因此,作文教学中,语文老师对学生的态度,也是影响学生作文的因素之一。要激发学生对作文的兴趣,对学生作文应该多鼓励少挖苦,努力从学生的作文中寻找闪光点。对于学生作文中的不足,我们要用商量的语气指出。还要让学生在班级内分享自己文章写得好的地方。这样,学生就不会对作文产生害怕心理。爱作文,才会去写好作文。

①赏识,找回学生写作的信心。只要你善于发现,总能找到学生身上的闪光点,并根据他们的个性特点确定相应的表扬措施和方案:当堂表扬、课后谈心、微信交流中向家长指出其进步,让学生找回自信,愿意写作。在赏识之后还要把握时机,提合适的任务,恰到好处地提出一个小小的要求,使学生好不容易被点燃的学习热情不致熄灭。

②体验,激发学生写作的热情。迁移的定式又叫心向,是指先于一种活动而指向于这种活动的心理准备状态。在作文教学中,要增加学生的体验,鼓励学生寻求运用知识的机会,如为解决学生作文难的问题,我从一年级开始就加强对学生的写话练习,先是一个字,再组词,然后再造句。接着由一句

话写日记起步,进而两句话,一段话,直至一篇文章,这样由浅入深,不但使学生明白了作文是怎么回事,而且还培养了学生观察生活的能力,让学生有话可说,说自己内心真实的话。

③指导,开拓学生写作的思路。语文是每个人的一生中最重要的课程,学好语文才能更好地同别人进行沟通交流,才能在生活工作中良好的交际。小学生学习语文的目的之一就是认识、理解并运用祖国的语言文字,认识了汉字后才能阅读句子和文章,才能理解和运用,才能学会写作。语文课堂活动应着眼于能力的训练,着眼于方法的培养,着眼于知识的积累,运用各种方法,创造各种课堂组织形式,以学生为主体,充分地开展有效的课堂教学活动。

想象是每个学段的学生都要培养的一种能力,也是小学生提高写作水平应该具有的重要能力之一。教师就要在钻研教材的时候找到精准的练笔机会。二年级有一篇《假如我有一支马良的神笔》,学完以后,让孩子们张开想象的翅膀,根据自己平时的所见所闻,也来写一篇想象的文章。于是一篇篇佳作由此诞生:

假如我有一支马良的神笔,写作文就不用愁啦！上作文课的时候,老师在黑板上一写下题目,我就拿起神笔,在作文本上"唰唰唰"地写起来。不一会儿,一篇作文就写好了。我交到老师那里,老师看着看着,赞不绝口:"好文章！好文章!"老师读给大家听,大家都夸我写得好。我把文章寄到杂志社,文章发表了,我得到了一大笔稿费。啊！太爽啦！

假如我有一支马良的神笔,我再也不用做奥数题了,我参加奥数竞赛,一拿到试卷,我就拿起神笔答了起来,不一会儿,题目全被我做好了。我把试卷交给老师,老师拿起红笔批改起来,他惊讶地说:"这位同学,你可真聪明啊,考了100分!"我笑了笑便走了出去,再一看其他同学,都还在冥思苦想呢！

假如我有一支马良的神笔,我也要像马良一样画许多画,会在沙漠里画许多云,让它变成雨下到地上,再画许多树苗,把沙漠变成绿洲。

我一直在想为什么老爷爷要给马良神笔,是马良刻苦学习的精神感动了老爷爷。我也要努力学习,让老爷爷给我一支神笔。

(3)评价的迁移。当读写结合的训练成为一种常态时,教师要关注的是,及时对训练的效果做反馈,课堂上的集体交流,教师的点评是必不可少,教师要对学生的回答做出有具体意见的评价,从而督促和规范学生的书面表达。

3. 运用迁移理论,找准课外读物中读写结合的联结点

这里所说的课外书是指“最适合 6～12 岁儿童即小学生阅读或亲子共读的,具有较强的趣味性、科学性、创造性的,专为少年儿童创作的文学作品”。课外阅读是语文学习的重要组成部分,在学习好书本知识的同时,也要多多学习课外知识,语文教师可以找寻一些适合小学生的经典范文,定期开展课外阅读,从中欣赏学习它的表达方法和文章思路,在阅读文章的同时,也可以引导学生多多做积累笔记,将在阅读鉴赏中学到的知识点、美词佳句,或者阅读心得记录下来。

大量阅读童书,可以使学生获得丰富的语言积累,提高他们遣词造句的能力。语文新《课标》要求小学阶段课外阅读总量要达到 145 万字以上。儿童可以在丰富多样、异彩纷呈的作品中,尽情地吸取丰厚的养分,深化、美化他们的语言表达。但面对尴尬的阅读课外书的现状,就需要老师与学生的共读,并且进行引领,找到最有效的读写结合点,可以是内容联结,形式联结,也可以是感情联结。

(1)内容联结。沈石溪的《狼王梦》是一部以自然主义观点写的动物小说。当中有这样的片段:老雕向雕巢飞去。离雕巢越来越近了,老雕准备着陆。紫岚奋力地侧转身体,想抓住老雕的胸脯。老雕发现紫岚从晕死中苏醒了,它啸叫一声,俯下头来,用坚硬的嘴壳猛啄紫岚的眼睛。紫岚趁势将两条前腿勾住老雕的脖子,另一条后腿也勾住老雕的脊背。虽然它的一只眼珠被老雕啄出来了,鲜血直流,疼得它浑身抽搐,但它仍以超凡的毅力忍受着,依然用两腿紧紧地勾住老雕。读完后引导学生读写联结,安排写作练习:紫岚叼着冒着九死一生的危险猎到的鹿崽,和大白狗在广袤的草原上展开了一场马拉松式的长跑比赛。请你展开想象,运用动作描写,把赛跑经过写具体。

(2)形式联结。儿童诗是为儿童而创作的,表现的是孩子们的童情、童趣、童心。

例如谢武彰写的短诗《着急的锅子》:

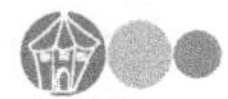

吃午饭的时候到了，
菜却还没煮好，
弟弟等得好急了，
妹妹等得好急了，
小猫等得好急了。
只有妈妈最辛苦了，
还不停地忙着，
急得脸上都是汗，
我赶快来帮忙。
打开锅子一看，
呀！锅子也急坏了，它也满头大汗呢！

这首诗的比喻太有情趣了，水蒸气竟然成了小作家眼中的——“满头大汗”。这时，老师可以让孩子想想还在什么地方见过水珠也是满头大汗的。孩子们写道：

清晨，花儿见太阳公公还没有起床，急得满头大汗。

我倒了开水，刚盖上盖子，盖子就被闷得满头大汗。

夏日，我们在松树下吃零食，馋得松树满头大汗。

这样的想象也只有孩子才想得出来。儿童的想法看起来是稚拙的，但这种天真才是儿童特有的真情实感。学生就是在用笔说话，在表达他们的真实情感。

《图说中国节》这本书是一本介绍社会科学的非连续性文本，按“春、夏、秋、冬”四个季节向我们介绍了中国节日的历史渊源，丰富寓意，展示了中国节日的各种民俗活动，结合一幅幅形式多样、精美有趣的插图，展现了一个个中国特色的节日。我们在读写联结中安排了：你还知道家乡过清明节的其他习俗吗？展开调查了解后，模仿书中的介绍写一段。写好之后，小组的几个人把不同的习俗放在一起，就成了一篇非连续性文本。

(3)感情联结。动物小说作家沈石溪写的《斑羚飞渡》描写的是一群被逼至绝境的斑羚，为了赢得种群的生存机会，用牺牲一半挽救另一半的方法摆脱困境的壮举。斑羚在危难中所表现出来的智慧、勇气和自我牺牲精神，会让每一个读过这篇文章的人受到精神的震撼，会启发人们重新认识这个万物共生的世界。

阅读后引导学生查阅有关父母之爱、长辈之爱的事例及这方面的名言警句，引导学生先来谈谈这篇文章带给自己的感动，再联系自己查阅的相关例子，运用这方面的名言警句来进一步谈谈带给自己的感动。有学生写道：每一只年轻斑羚的成功飞渡，都意味着有一只老年斑羚摔得粉身碎骨。这是一种为了种族的延续而甘愿牺牲自己的伟大精神！是一种用生命为下一代搭起一条生存道路的精神！我敬佩这些勇敢的斑羚，特别是镰刀头羊，他没有做人类的奴隶，没有做人类的囚徒。“只见它迈着坚定的步伐，走向那道绚丽的彩虹。”它维护了自己的尊严，也维护了种族的尊严。

经过一段时间的训练，教师要注意对阶段性训练的各方面做综合的反思。例如：分组讨论时，是不是每一个学生都动手写了；一段时间之后，学生在书面作业上能否明显反映出学生的训练效果；大量的读写训练，所占的课堂时间比例是否合理、科学；长期的训练，学生是否失去了最初的兴趣，在写的内容上是否敷衍了事……对阶段性的考试成绩做小题分析，分析读写训练的有效性。再根据反馈的内容，适时调整，不断反思更新训练的方法，充分提升读写训练的实效。

3.运用迁移理论，注重生活知识和语文知识的迁移，提高写作能力

“把教学放到生活中去，让写作到情境中去。摆脱教室、课堂、教师在讲台上讲，学生在台下听，让学生感到有压力的固有教学模式，让学生在没有压力的情况下写作。”例如：学习《火烧云》，我们可以学习描写火烧云第一次形态的变化。先可以让学生提炼作者的写作方法“出现—样子—变化—消失”。接着，则可以让学生自主学习下面两段形态的变化。然后根据这个方法写写其他的“火烧云”或者“礼花”。

比如为了提高学生的语言描写能力，正确地运用提示语，正确使用标点，提高描写场景的能力，同时也为了改变学生在课堂上讲空话的习惯，我要求我们的学生把自己讲话的经过写下来，一举两得，使班内的讲空话现象大有好转，并且学生能够灵活运用提示语的几种形式，场景描写的质量也得到了

提升。这是我们班的其中一则：上语文课的时候，我听见我同桌一直嘻嘻哈哈地在桌上涂画着什么，一边还叽叽地笑。我开始没有理他，可是他叽叽叽的笑声实在太烦人了，惹得我不能集中注意力记笔记，竟把“蜿蜒盘旋”写成了“蜿蜒盘蜒”。好吧，我只能去阻止他。我凑过去问：“嗨，你在干啥呢?”他瞟了我一眼，漫不经心地回答道：“我在画臭屁坦克哩!”我好奇地瞧了过去，同桌见状，高兴地说：“我还要画臭屁军舰，一定比臭屁坦克还臭!”我听了兴致勃勃，立马给他出起主意来，他也全部采纳了。我们玩得不亦乐乎。这时，老师的火眼金睛看到了我们，便说道：“你们俩站起来”。

利用迁移理论改进小学作文教学应该渗透在日常教学中，需要聚沙成塔，集腋成裘的耐心。小学作文作为作文教学的基础阶段，对孩子的影响巨大。就像盖楼一样，没有牢固的地基，就不可能有高耸、坚固的摩天大楼。希望我们在学习迁移理论的指导下，开辟一片提升学生写作水平的新天空。

参考文献

[1] 刘淼.作文心理学[M].北京：高等教育出版社，2001.

[2] 肖静芬.学习迁移规律在作文教学中的应用[J].新乡师范高等专科学校学报，2003(1)：127－129.

[3] 陈崎，刘儒得.当代教育心理学[M].北京：北京师范大学出版社，1997.

（作者单位：舟山市定海区廷佐小学）

基于模糊理论的小学生创新作文实践研究

夏　维

基于美国查德教授提出的模糊理论而形成的模糊教学法旨在激发学生的想象力和创造力,拓宽学生思维的空间,表达自由的、宽泛的、独特的体验和情感。而写作模糊教学理论的运用是由写作这门课的文学艺术特质和小学生写作思维特点所决定的。写作模糊教学对小学生写作兴趣、写作自信心和创新精神的培养起着不可估量的作用。本文从作文课程的模糊化、指导过程的模糊化、作文评价的模糊化三个方面浅谈其对小学生习作创新思维培养的重要意义。

一、模糊理论简介

"模糊理论"是为了解决现实世界中普遍存在的模糊现象而发展起来的一门学问,它最初在数学界诞生。为了清晰地认识,人们在对事物进行分析、综合和概括的过程中,把有共同联系的对象进行分门别类,进行"集合",从而产生相对的模糊性。模糊理论使人们认识到,事物本来就有模糊性和明确性、确定性和不确定性、近似性和精确性、偶然性和必然性等,两相对应,两相依存,矛盾统一,而又可以相互转化,这样才组成了充满生机的世界。

"模糊理论"自 1965 年由美国查德教授首先提出以来就引起普遍重视。近年来,模糊理论已被我国的伍铁平先生等一批学者介绍到汉语研究和语文教学研究中来,从而形成一种新的教学方法——"模糊教学法"。它是以模糊、不确定的表达来诱发学生的联想和想象,让学生充分发挥自己的主观能

动性，从而在进行再创造的过程中，提高赏析能力，获得审美价值的一种辅助性教学法。这一教学方法对于习作教学也有一定的启发和借鉴意义。因为从习作教学的特点来说，习作本身就是一种模糊集合，充满着大量反映事物的模糊性语言。如果教师利用模糊语言的功能去引导学生习作，不失为培养学生的创新思维，提高学生习作水平的一种卓有成效的途径。

二、当前小学生习作现状

小学生写作教学难似乎已经成了广大小学老师的共识。综观当前的写作教学传统模式：教师命题—作前指导—范文赏析—学生写作—教师批阅—教师评议。很多时候教师只是从教材或参考资料中找一些现成的题目让学生来写，并不说明写作的目的意义何在，结果导致学生或机械式地完成任务，或仅仅为了得到分数，作文意识淡薄，根本没有将其作为一种积极的创造性的活动，而是老师、父母“要我写”。长此以往，学生面对写作紧张、消极、压抑、厌烦等各种不良情绪油然而生，很多学生甚至达到了谈“作”色变的程度。与之相反，“我要写”这种主动表达和创造的兴趣也就无从谈起。之所以出现这样尴尬的局面，与我们当前习作教学过于精确化，即过高的目标设定、过度的指导、严肃的命题等不无关系。

所以，笔者倡导一种全新的习作教学模式，让作文教学从传统的精确化的作文教学模式中走出来。《语文课程标准》特别强调写作的情感态度目标的实现，教学的重点应放在写作的兴趣和自信的培养上，让学生愿意写作、热爱写作，将被动地“要我写”转变为主动地“我要写”。而非强调教会学生怎样写文章，新课程理念在作文教学中，模糊认定将取代精确认定。即反对对学生进行所谓的作文写法的教学与训练，反对教学生开头怎么写，结尾怎么写，中间需要进行怎样的动作、环境、语言等细节描写等，八股文式的作文教学应该被这个时代所摒弃。我们倡导“我手写我心”“有感而发”“应景而作”，重视作文形成过程的熏陶，而不是肢解作文。

三、模糊理论在创新作文教学中的具体应用

1. 生活即作文，作文课程模糊化

现在，许多学生有很好的文字功底，但面对作文课，却没了他们往常聊天和调侃时的潇洒，原因就是每当他们拿起笔来的时候，就意识到自己在“写作文”了，习惯性地按老师所指导的方法去布局谋篇、遣词造句，从而闭锁了自己的个性，用谎言去迎合一个个对应的乏味的“套路”。于是本来的语言系统萎缩了，创造性的思维和表达被扼杀了，流水线似的语言诞生了。

面对这一情况，笔者认为作文教学，尤其是起步作文教学要模糊“作文”这门课程，要在课堂上尽可能淡化“作文”这一概念。我们可以淡化命题，让学生在大范围内自由表达；我们可以淡化文体，激发学生想象创新思维；我们可以不求章法，使学生习作能强调自我；我们还可以有意识地把“作文”一词在课堂上消失，试着把作文课变成一个游戏，一次采访，一项观察实验，一场偶然事件、一次真心对话、一次内心表白……让学生在不知不觉、轻松愉快中调动所有的感官去注意、去观察、去研究、去发现、去想象、去感悟，想什么就说什么，说什么就写什么，没有字数、结构、文体、章法的限制，只要求观察仔细，发现要多。

而我们的生活就是最好的作文的课堂，只要我们善于从生活中捕捉作文的素材，有意识地创设作文的情境，就能将作文巧妙地融于生活当中。记得在一堂语文课上，突然，一场从未有过的瓢泼大雨倾盆而下，雨水噼里啪啦打在玻璃窗上的巨大的声响使得同学们再也无心上课。这不就是很好的写作的情境吗？当时正在教学第一单元，这一单元的习作就是写校园的一处景物或发生在校园的难忘的事。学生应该从没想过也从没驻足留心过雨中校园的景色吧？于是，我让学生透过玻璃窗，或站在走廊上观赏雨景。学生们兴奋极了，仔细地观察起来。有的欣赏着雨中朦胧一片的天地，有的观察雨中学校的花木，有的还发现小昆虫在雨中四处躲藏。本来我这次习作教学的计划是仅写校园的一处景物，但这被一场大雨中断的课堂对学生而言应该也颇

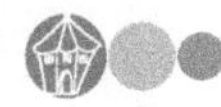

具新鲜感吧？于是我又重新选择了也可以写写发生在校园的事这一内容选项。然后我让学生将自己的观察发现和感受付诸文字。在这次的习作中，学生留下了《烟雨中的香樟树》《雨中景致独好》《“广玉兰”之歌》《被打断的课堂》《一场突如其来的暴雨》《顽强的生命》等一系列佳作。

类似这样的习作机会其实我们生活中无处不在：和学生一起在操场散步或游戏的时候，不知谁大喊了一声“火烧云耶”，停下来，一场关于火烧云的想象大会就席地开展起来了；在劳动的时候，发现一只奇怪的小甲虫，就可以带学生进行一次昆虫世界的奇妙之旅；在课上，突然一位不速之客——苍蝇飞了进来，我们就可以对它进行一次全方位的大观察、大描写……只要老师有心，做得别具匠心，你就会发现生活中到处都是我们需要的习作素材，生活就是我们创作的大舞台。

3. 我手即我心，指导过程模糊化

在作文教学过程中，很多老师会对学生习作进行细致的指导。如何开头、结尾，如何谋篇布局，如何过渡，甚至每个语段、每个语句如何去写都不肯放过，试图让学生从此掌握写作的方法，以达到一劳永逸的效果。

但事实上，这种“过细”的指导策略，老师更多的是在为学生搭架子、描框子、定调子，学生也只能依循着教师确定的思路依葫芦画瓢，导致写出来的文章千篇一律，毫无创造力可言。这个时候，老师不如转换一下角色，从指导者变成意见交换者，从指导学生如何表达变成和学生一起探讨表达什么，即激发学生的学习兴趣，开拓学生的习作思路，让学生的创作思维自由放飞。这个时候应该以学生交流为主，让他们自由地、开放地说说自己的切身感受和体验，老师充当一位交换意见的参加者，看似无意却有意的模糊式的引导、点拨，没有提纲，没有框框，解除各类写作知识的束缚，让学生在自由表达中尽情地抒发真情实感，展现个性化、有创造力的思想和认识。

记得笔者在指导人教版五年级下册第二单元习作《童年趣事》的时候，针对学生对于写事文章比较抽象混沌的现状，围绕着“趣”字大做文章。我先进行活泼有趣的氛围的营造。我精心选择了著名童话作家梅子涵的《男孩的童年》和学生一起朗读。“男孩的童年经常是拖着鼻涕和裤子没束牢……”座下有几个女生“咯咯咯”地笑出声来。“上学的路上跟人打架，放学被留下来；前一天的作业没做好，放学又被留下来……”“对啊，对啊，你就是这样的！”一片欢呼。继续往下读：“是‘恶毒’地说，那个女孩子和那个男孩子结婚，然后开心地哈哈大笑……”读着读着，教室里已经变成了一片欢乐的海洋。学生显然已经把文中的男孩女孩当成自己了。

正当学生们还沉浸在这一系列有趣的画面中时，我见缝插针，引导说：“文中的男孩与我们素不相识，但读着读着，我们仿佛觉得他就是我们自己，或者是我们身边的同学。你的身边或者你自己身上发生过这样的趣事吗？”学生的脸上洋溢着兴奋的表情。原来的那种潜意识里的换位本能立刻使他们把“自我”与文中的客观对象交融在一起，仿佛自己就是客观对象了。他们开始从记忆中搜寻与这段相仿的经历，接着便纷纷抢着述说各种童年趣事，也有学生为抢不到发言的机会而感到失望。于是我便顺水推舟，让他们拿起笔来述说。

这次习作的成果，学生们果然没有让我失望：“女孩的童年就是一个人躲在房间里偷穿妈妈的高跟鞋，照着镜子，想象自己就是美丽的白雪公主。”“男孩的童年就是没当上中队长，连小队长也没选上，还在那里“咯咯咯”地傻笑，一点也不在乎。”“女孩的童年就是抱着洋娃娃，给它们穿最美丽的衣服，梳各种造型的辫子。”“男孩的童年是满地打滚，早上‘小白马’，下午‘小脏猫’。”……我没有教给学生表达方法，更没有摘抄一些好词好句供学生选用，只是有意识地通过名家名作的导读，引起他们情感上的共鸣，模糊地暗示了一些遣词造句、表情达意的方法，却收到了如此好的效果。

写作是一种个性化十分明显的活动，我手写我心，它不是靠老师传授的写作技巧来完成的，它主要表现为一种大概的、整体的、混沌的感受，老师绝不能生硬地将所有人的感受统一起来。“熟读唐诗三百首，不会作诗也会吟。”文无定法，抽象的写作法则和技巧终究难以求全，万物更新，表现方法也不断发展，即使吃透背熟了所有的法则和技巧，但具体写作时并非依赖理性地选择用何种表现手法，经常是靠灵感的产生而信笔写去，这种“灵感”的基础就是模糊的“悟”的积累，而这灵感往往就是创新思维和创造力的来源。

3.我行即我秀,作文评价模糊化

当前小学生存在的习作畏难情绪或多或少也与老师在批改和评价过程中习惯性地充当“质量检验员”的角色有关。“语言流畅,文笔优美”等笼统的溢美之词根本无法进一步激发学生写作的欲望,而“语句不通顺,描写欠生动,错别字过多”等类似找碴似的评价更是挫伤了学生习作的积极性。心理学家分析,缺乏肯定与鼓励的批评,会使人的情绪低落,一个人的情绪越低落,投注到所要从事的事情上的注意力就越少,任务就会完成得越糟糕,进而陷入更为低落的情绪中。如果这时有一句鼓励的话,情绪状态就会提升,从而促进主体更好地完成任务,尤其是小学起始阶段的学生这一点更明显,他们有极强的好胜心,谁也不甘落后,为了激起他们的诉说欲望,满足他们强烈的好胜心,使他们明白“只要把心里怎么想的,说出来写下来,就是一篇佳作”这个道理,可采用以下几种模糊的评价方法,来努力张扬每篇习作的闪光点。

(1)倡导“粗略线条”的评价。对小学生尤其是起始阶段孩子的习作,不应要求过多过细,可“不求甚解”,倾诉出大概的、整体的、粗略的、模糊的情感,这符合文学的特质。因为情感这东西本来就是说不清、道不明的。所谓“粗略线条”评价,大体有三方面:一是指对习作中语言文字运用上的粗评价。由于小学生所积累的字词还很贫乏,他们对字词的选用,如同音字的区别,多义词的多重色彩等,还很模糊。对于他们习作中出现的别字、语病等现象,能纠则纠,要是学生一时不能接受的话,就暂时允许他们模糊着,因为这些知识需要随着学生自己知识的增长逐步认识。二是对于学生在写作过程中“出格”,讲了些错话,写了些离题的事的粗评价。这些出格的内容中,有的有创造思维的火花。对一些无意义的内容,只要老师加引导,学生通过几次作文,就可自我调整好。三是唱了反调,说了不合时宜的话,教师帮助矫正一下,把车轮拨到正轨上即可。一句话,“粗略线条”评价的实质即是让学生大胆真实地表达自我内心的情感,不使他们因为成天思索各种文字技巧的运用而害怕写作,而是让他们体会到写作即“诉说”,从而使他们慢慢靠近写作,乐于写作,同时呵护他们的个性化语言和独特表达。

(2)举行“百家争鸣”颁奖典礼。根据每一次学生的习作情况举行班级

“百家争鸣”作文颁奖典礼，评选出最佳进步奖，最佳书写奖，无错别字奖，最佳材料奖，最佳认识奖，最佳描写奖，最佳开头结尾奖，最佳题目奖，最具创新精神奖，综合大奖等，奖项可以根据实际进行调整，鼓励百花齐放，百家争鸣。这样一来，几乎所有的同学都能够在每一次的习作有榜上有名，获得肯定。当然在颁奖的过程中，还要说明得奖的理由。将学生优秀的描写，深刻的思想认识，极富创造力的语言通过课件进行展示。如进行“记校园（家庭）生活中的过失”的颁奖典礼过程中，在颁出“最佳材料奖”的同时指出其他同学材料雷同现象严重：考试隐瞒分数不让家长签名的，打破东西承认或撒谎的，通过这样的对比，让同学们一目了然，清楚地明确在作文选材过程中的视角问题。又如“最佳题目奖”空缺，理由是同学们大都以“我的过失”或“生活中过失”为题，没有新意。在老师的示范下，让学生重新给自己的作文取题目，培养学生命题的能力。当然在评改的过程中有时还可穿插选读学生的作文片段，让大家欣赏、借鉴，找出自己作文的差距，相互学习，取长补短。每次作文讲评之后，我们还留出时间让学生对进行再修改。再修改的过程，实际上是对批改和讲评的消化过程，也是在教师指导下对作文中反映出的不足的再认识的过程。这时候，一个新的奖项应运而生，那就是最佳修改奖，引导学生在改评的过程中不断发现自己作文存在的问题，乐于进行修改，不断完善。

这种以“颁奖典礼”为载体的作文改评体系受到了同学们的普遍欢迎，充分调动了学生学习的主动性和创造性。他们从获奖理由及与获奖者的对比中，靠自己的智慧总结着自己所写文章的优点和不足之处，有助于培养和提高学生的分析和表达能力，进一步孕育出了各种创造性表达。

(3)体验“出书成家”的愉悦。苏霍姆林斯基曾在《给老师的建议》中指出：“请记住成功的欢乐是一种巨大的精神力量，它可以促进儿童学习的欲望。”如果学生能品尝到作文成功的喜悦，他就能得到精神上的满足，也会产生对下一次成功的期待。为此，可以展开作文竞赛、办手抄报、发表学生习作、优秀习作巡回展等活动，给学生搭建展示自我的平台。一学期下来，学生都已写了好几十篇的作文，可以让学生把自己的习作打印成稿、装订成册，还可配上插图、封面，并冠以自己喜欢的书名，俨然一本正待公开发售的书籍。让他们打开封面，细细品读，竟也美滋美味。学生就在这种模模糊糊的出书

成家的感觉中得到了一种成功的喜悦感，从而激发了写作的兴趣，培养了写作的自信，也源源不断地涌现出新的创作灵感。

四、结束语

教师在习作模糊教学中，要有难得模糊的态度，不能绝对地批评学生体验的对错。这不是容易做到的，需要教师有宽容的心态和欣赏学生的能力，更要对文学作品有宽泛的把握。模糊教学一切随机应变、因材施教、即兴发挥，没有先入之见，没有僵硬的程式，这是模糊教学艺术的生命力之所在。在这一理论的引领下，我们将看到一种更为和谐、轻松的气氛和良好、融洽的师生关系，一种学生悦写乐写的自然状态。在这样的写作状态滋养下，学生将渐渐地学会如何在写作中审视这个世界以及我们的人生，他们会欣喜地发现：原来写作是那么简单，那么有意思。

综上所述，我们不难看到"模糊教学"对于小学生写作兴趣和自信心的激发，对于创新作文思维的培养有积极的意义。它不仅能解决"写作难"的问题，而且在非智力因素及情感世界的良好构建上都为学生提供了极佳的想象空间和创造思维。正是写作教学概念上的暂时模糊，才有可能造就一块属于学生自己一生的写作天地。

参考文献

[1] 李丽梅.模糊理论在创新作文教学中的运用[J].学苑教育，2011(16)：23.

[2] 陈向阳.模糊意识下的作文教学策略构建[J].现代语文(教学研究版)，2006(5)：98.

[3] 虞珍霞.小学起始阶段作文模糊教学刍议[J].现代中小学教育，2007(2)：20—22.

（作者单位：舟山市定海小学集团昌东校区）

情境教学理论在小学中段作文教学中的应用

陈　瑜

写作是语文教学的重要组成部分，是语文的“半壁江山”。小学作文教学，一直是困惑学生、家长和老师的一大难题。小学中年级学生语文功底薄，无意注意偏多，有意注意偏少。学生每天经历的事物虽说很多，但往往是一闪而过，并未去仔细观察和思考，这样，本来有限的人生经历能提供给他们写作的内容就更加贫乏。学生对写作的目标不大明确，总认为一定要是惊天动地的大事才能去写，才能写出价值和趣味等。他们又总认为家长和老师要求他们完成的作文肯定不是三言两语能说得清楚的，隐隐约约非常遥远，甚至难以完成。大多学生是谈“作”色变，望“文”生畏。学生学习都是重在一个“趣”字，他们自然觉得写作是一种无趣的事情，很不情愿去做，即使是东凑西拼，勉强完成，文章内容也是空洞，条理不清，或者词不达意，没有新颖的立意，更谈不上妙笔生花。

该如何让中年级学生不害怕写作文？如何提高他们的写作水平？笔者在教学实践中发现情境教学法特别适用于小学中段作文教学。它真正有效地把作文教学与智能训练、语言表达、性情陶冶、思想教育有机结合起来，从课内延伸到课外，变单一封闭式教学为多元开放式教学，引导学生认真观察，用心感受丰富多彩的写作情境。从而帮助学生兴趣盎然地，高质量地完成作文训练任务，提高作文教学的效率，写出富有真情实感的文章。

一、情境作文教学

瑞士心理学家皮亚杰认为：“人对外界的认识之初的中介就是活动。”“教

 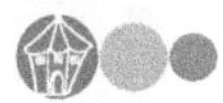

育的目的是造就能创造的而不是简单重复前人所做的事的人，这种人能有创造、发明和发现。”新《语文课程标准》中指出中段写作目标：“能不拘形式地写下自己的见闻、感受和想象，注意把自己觉得新奇有趣或印象最深、最受感动的内容写清楚”。怎么样才可以在有限的生活经历中“丰富”他们的见闻、感受和想象，把学生带入社会，带入大自然，把生活中的典型场景，鲜明地展现在学生眼前，让他们从生活的源泉中获取丰富的写作题材呢？我在这几年的三、四年级作文教学中，尝试情境教学法，让学生依情境作文，作文就成了有源之水，有本之木。

情境教学法是指在教学过程中，教师有目的地引入或创设具有一定情绪色彩的、以形象为主体的生动具体的场景，以引起学生一定的态度体验，触发学生探究、表达、实践的欲望，激发学生的学习激情。

教师在作文教学中应想方设法把学生带入情境，以情动情，让他们在一定的情境中产生情感的共鸣，以一种主动积极的状态去学习，开启心智，迸发出创造的火花，充分发挥写作促进学生个体发展的功能。情境教学法在写作教学中强调学生主体的能动性，这种能动性表现为学生要根据具体场合的情形或某种景象或某种境地，在某些时候运用联想和想象进行写作。情境作文与生活实践紧密相连，这就要求教师在作文教学过程中把学生带进具体的情景中进行语言训练，通过作文教学提高学生综合素质。情境作文教学不仅可以促进学生的语言和思维的发展，而且可以为情感、美感和良好思想品德的形成提供科学的教育模式。

二、情境作文教学途径

在情景作文教学中强调学生的直接参与，这样在参与中就能提供学生现场对情境的描述能力，学生也在表述中加深对情境的认识。情境教学方法在中段作文教学中途径也是多式多样。

1. 实物演示创设情境

实物情境教学是指以实物为中心，略设必要背景，构成一个整体，以演示某一特定情境。教师应让学生认真仔细地观察才会对事物有全面细致的了解。认识世界的主要途径是观察，只有以实物创设具体的观察情境才能写出具体真实的文章。袁微子先生指出："作文要有内容，内容的主要来源是平时所见所闻。所见所闻都有赖于观察。"因此，教师应该抓住时机，甚至说是创造时机，去引导学生通过观察来培养学生的习作兴趣。

人教版三年级上册第四单元的习作就是写一篇观察日记。要求学生近段时间内观察一样实物，并将自己的发现、最感兴趣的都写下来。作文课的前几天，我就有所准备。我决定给学生安排一次趣味观察的体验活动。我把自己买的一盆含羞草盆栽搬到了教室里，因为它很特别，半个西瓜形状的盆上面种着含羞草掌，叶子鲜绿，又细又密显得十分可爱。孩子们看到了一下子就兴奋起来。"你们觉得这个盆栽好看吗？特别吗？"我趁热打铁。学生异口同声地回答道："特别！"有些孩子认出了它，不由自主地讲起含羞草的知识，"含羞草受到外力触碰会立即闭合的！""是的，是的！"很多孩子都附和。趁着学生的注意力都集中到了盆栽上，我还请了几个学生上来和含羞草亲密接触。学生们兴趣盎然，争先恐后。紧接着提出了我本节课的目标和要求：说说你的发现和感受，哪些最有趣，最有意思。学生们不需要引导，就打开了话匣子，七嘴八舌地说起来。我把盆栽用投影仪放映出来，通过"看一看""摸一摸""闻一闻""说一说""总一总"等的引导，学生懂得了观察物品不仅要仔细看一看，还要调动多种感官进行观察，这样才能较全面地把握它们在外形、用途、颜色等方面的特点，写作自然而然就言之有序、言之有物了。写完后相互交流，再修改，就是一篇完整的观察日记。当然，课后我以点带面让同学们明白其他物品该从哪些方面着手去观察和描写，家里很有趣的动植物，都可以写入本单元的作文中。从之后学生上交的情况来看，学生不仅仅能按一定的顺序进行观察，还能使用一些修辞手法，描写生动形象了不少。这一次的意外收获，使我明白了只要激发了学生的观察兴趣，写出来的习作往往能带来意想不到的惊喜。有了这一次的成功尝试，我经常鼓励学生们在家自己多观察实物，把自己觉得有意思的发现，不拘一格地写下来。同学们也可以把实物带到教室里，和大家一起观察，给大家介绍自己的发现。学生们对实物的观察兴趣越来越浓厚，有的还会带着问题和疑惑去查资料，这样又丰富了

写作的内容。

到了人教版四年级上册第二单元的习作，要求写连续的观察日记。学生们提前了解了要求后，我把观察的目标抛给他们："你们觉得什么实物可以作为我们连续观察的对象？"学生们纷纷献计献策，向日葵、豆芽、刚出生的小狗等。最终我们一起决定在班里观察豆芽生长，学生们可以在家同步进行。每一天，大家到班里后的第一件事就是去看豆芽，"变胖了—破壳了—发芽了—长高了—长出叶脉了"，交流家中情况，随着豆芽的变化，学生们的连续观察日记也陆续完成了。

观察成为一种习惯后，学生们的观察能力也提高了，对作文的素材把握也有了一定的敏感度，在人教版四年级上册第四单元的习作——写一写自己喜欢的动物中，学生自然而然会观察生活中自己比较熟悉的小动物，抓住他们的特点，从外形、性格、如何进食、怎样休息等方面进行细致的描绘，成效不错。

3. 生活体验展现情境

教师把学生带入社会，带入大自然，从生活中选取某一典型场景，作为学生观察的客体，充分感知大自然、家园、校园、社会等。叶圣陶老先生曾经说："生活犹如源泉，文章犹如溪水。源泉丰盛而不枯竭，溪水自然活泼流个不息。"事实证明，我们的生活精彩丰富，教师应根据作文教学的目的来创造活动、展现情境，利用情境，调动他们的感官去含英咀华，捕捉写作素材，触发写作灵感。

翻阅人教版三、四年级的语文书本，单元作文中，要求写生活、大自然、校园等生活体验的也比较多。如三年级习作《课余生活》《秋天的快乐》《风景优美的地方》《介绍家乡景物》；四年级的习作《一处自然景观》《导游词》《大自然的启发》等。《语文课程标准》指出："在写作教学中，要求学生说真话、实话、心话，不说假话、空话、套话。"

(1)自然生活。大自然集中了无数神奇美好的精华。引导学生有意识地走入自然，观察波澜壮阔的大海，五彩缤纷的原野，静谧幽深的山谷；观赏生机勃勃的春天，热情洋溢的夏天，层林尽染的秋天，粉妆玉砌的冬天……触发他们的灵感，撩拨他们的诗情，培养他们的情趣。

为了指导学生写好有关《介绍家乡景物》的作文，在三、四月份，趁着金塘李花盛开之际，利用现有的资源，带领学生到金塘树弄李子苑，让学生去观察李花、体会李花，走近李花。学生们呼吸着新鲜的空气，徜徉在李花丛中，灵感被激发，并写出自己的真实感受。于是“李花的花瓣很小，相互簇拥着，沉甸甸地挂在枝头……”“一团团，簇簇，争先恐后地探出头来……”“远远望去，李子苑像穿上了一件洁白的婚纱，又像盖着一层雪……”“我完全沉浸在这花的世界、花的海洋中……”，这样的文字便从学生的笔下悄然而生。

身临其境，才能激发学生创作的潜力，三、四年级的孩子，对于偶尔去过的陌生景点的感知力，不如经常去的附近的小山、小公园。一节口语交际课上，当看到学生们吞吞吐吐介绍曾经游览过的一处风景优美的地方时，我马上喊停，并布置了一个作业：这周末和父母或同学结伴游览一次金塘的仙人山。（对于金塘海岛的中段学生来说，仙人山是他们最熟悉也最方便游览的地方）并要求，在游览时，也要发挥你各个感官的功能，捕捉仙人山上美丽的风景。周一回来后，学生们再也不是“口中羞涩”“笔下无语”了，他们小组内津津乐道着自己看到的美景，分享着自己独特的发现。小组汇报更是让我惊喜不断，“仙人山是金塘第一高峰，站在山顶可以同时看到五座跨海大桥呢！”“山上有小巧的野菊花，还有许多不知名的很小很小的小花，像星星一样点缀着……”“早晨去的时候，云雾缭绕呢，就像《日月潭》里说的那样，山上像笼着一层白纱，太阳出来，就慢慢散去。”每个代表都自豪地讲述着自己小组独特的发现。一些有心的学生，还把大家说的，记下来。通过智慧火花地碰撞，这一次的写作又是一次成功的体验。最后，我举一反三，提出下一次不论去哪个地方游玩，都要用同样的方法，用心去体验、观察。到了四年级上册第一单元习作《一处自然景观》，学生们马上就回忆起了上次印象深刻的仙人山，提问是否还可以写。我欣然答应，但也提高了要求，要以游记的方式来写，并有一定的顺序，突出奇特之处，但更鼓励用同样的方法写一写其他旅游景观。

(2)校园、家园生活。教师应该多鼓励学生参与家庭活动和学校的各项活动，这也是学生习作的一大资源。学校、班级也会经常举行小发明、小制

作、小考察等活动，参加田径运动会，进行书香节活动，设立小小故事会等。例如，在一周一次的小小故事会上，我让一位同学到前面讲故事，其他同学注意观察他的服饰、神态、语言和动作，为他“画像”，极大地激发了同学们的写作兴趣。写完后我让几位同学到前面读自己的作文，并让大家评一评，看谁“画”得最逼真。同学们都兴趣浓厚，争先恐后地来读。三年级上册第一单元的作文是《课余生活》，我在课上先给学生们列举了几项平时他们经常在玩的活动，比如“写王字”“抢凳子”“画鼻子”等，第一次，我把活动内容、地点、要求都做了说明。充满欢乐而又紧张的活动把学生的兴趣提到最高点，然后又把兴趣中心引导迁移：活动中开心吗？你有观察到周围同学的动作、神态、表情吗？你自己的心理又是怎么样的？问题一提出，同学们就你一言，我一语地把刚才的场面描述下来。第二次活动时，有的学生就学会有意识地去观察。这样，描述时就更加具体生动，写作时就有了根据。这样通过活动激发兴趣，利用兴趣迁移，淡化学生害怕写作的心理，学生学到了写作方法，提高了写作水平。

学生课余的大多时间是都是在家里度过的。我们学校一直在开展孝德实践作业，每一学年都有一本孝德作业册。我充分利用这一资源，和家长进行充分的沟通，让他们给予配合。开展“今天我当家”“假如我是妈妈”“我给爸爸过节”等活动，体验长辈的甘苦，领悟真实的生活，并真实地记录到册或写入日记中。传统文化的渗透也在日常的一点一滴中，结合单元的综合性学习活动，学生们搜集了不少资料，有文字，有图片，也有实物，把听到的、看到的、查到的理一理。例如习作《生活中的传统文化》，学生有写传统节日的，有写传统活动的，也有写传统习俗的。我鼓励用以文为本、图文并茂的形式呈现本次习作。这样可以提高学生对习作的热情，培养他们的习作兴趣。

(3)社会生活。学校和老师应多创造机会，组织学生走进社会，关注社会生活，捕捉社会热点，扩大信息量，让源头活水滋润他们的心田。例如“爱心送给敬老院”“我为大山添抹绿”“走进老艺人”“我是小导游”等活动。他们接触各行各业的劳动者，调查、访问、了解。例如习作《保护环境》，是写一写你所了解的家乡环境保护情况。学生们走进村坊街道，关注生活垃圾，打扫卫生，服务社会，了解劳动的含义，体会保护环境的重要意义。学生们在作文中写道“金塘因为有太多的螺杆厂，所以经常排放污水，村里的河道都被污染了”“我告诉妈妈垃圾分类的好处，很多垃圾都可以再次利用，不能随便丢掉”“原来，清扫街道是非常累的，平时我们都不能随便乱扔垃圾”，等等。孩子们在活动中眼观六路，耳听八方，金口常开，也使他们树立了正确的人生观和价值观。

3.角色表演体会情境

情境教学中的表演有两种：一是进入角色；二是扮演角色。表演是学生的本能使然，让学生进入游戏、课本剧等角色，激发情绪，增加亲切感，看演唱，细观察，增强趣味性。我在平时的作文教学中会创设角色体验情境，让作文素材直接作用于学生感官，激发学生的情感体验。

例如，习作课《谈谈爸爸、妈妈对我的爱》，学生非常熟悉自己的父母，但是很多孩子认为父母本身就该如此，没有打心底地感受父母对自己的付出与爱，有的甚至认为父母平时对于自己比较严厉或者偏心兄弟姐妹。①准备一个书包。②请几个同学轮流上台，把书包背在胸前，做蹲下起立的动作，然后去扫地，擦桌子。③台下的同学仔细观察他们的动作、表情等。④请同学采访刚才的“背书包的人”，请他们谈一谈刚才的感受和感想。⑤教师总结并告诉学生，妈妈怀孕时的辛苦，不只这些。学生们都陷入了沉默，思维被启发，心中便会涌起对妈妈的感激之情。爸爸妈妈如何关爱自己的生动场景就会闪现于眼前，流演于笔端，笔下的事件更加丰满、感人。

又如习作《童话故事新编》，学完了课文《小木偶的故事》，学生们印象深刻意犹未尽。到了一年一度学校书香节活动的时候，我就让他们自己选择其中的一个角色，进行了角色扮演，把这故事演一演，想想后面还会发生什么。同学们在体验和观察过程中感知，给予他们真实的情感体验，更好地理解人物。让扮演者亲自体验事件中的人和事，让观看者目睹事件的全过程，从而大家都能在写作中形象生动地反映出所见所闻所感，使学生特别兴奋，他们既可以听到、看到，又可以参与。

4. 应用多媒体创设情境

多媒体能将事物展现于学生面前，而且可将文字、声音、图像直接形象地

显示出来，在作文教学中有着极其重要的作用。在作文教学中，我充分利用多媒体将人、事、物、景等写作材料通过实物、图片、录音、投影、录像、电脑等进行再现，让声光色像充分刺激学生感官，唤起学生的记忆或再造想象，捕捉作文素材。

农村三、四年级的学生，去外面看世界的机会比较少，即使出去旅游选择的地方也是附近。我在指导人教版小学语文四年级上册习作五——写一写介绍“世界遗产”的导游词时，就利用网络媒体，给学生播放了许多相关的影像资料，气势恢宏的兵马俑，蜿蜒盘旋的长城，景色秀丽的颐和园……学生们不时发出感叹，对“世界遗产”有了一定的了解，才可以写特色的内容，景点风光，甚至相关传说。多媒体弥补了学生认识与实际的焦距，缩短了时空。又如前一个单元写1937年日本侵略上海火车南站的照片。对于学生来说太陌生和遥远。我找到那张电子照片，又用多媒体播放了一些反应当时惨象的图片，战争幸存者的采访等，让学生了解战争的残酷，民众的苦难。很多孩子眼圈都红了，他们想象着当时的画面，心里有了不少的触动，笔下的文章才动人起来：“小男孩边用小手挖着石头，边哭着喊道：‘妈妈，你快点醒来啊！爸爸，你在哪里啊？我要妈妈，我要爸爸啊！’”“他哇哇大哭，恐惧地看着周围，血染红了他的身体”“灰尘覆盖着小男孩的身体，他想大声呼喊来引起别人的注意，可是没有用”……

其实在平时生活中，写作素材无处不在，或看到的或听到的或亲身经历的，只是没及时记下而轻易地“放”走了。待到要“用”时，印象淡忘了，便觉得无话可说，无事可写。只要我们平时勤于利用多媒体捕捉作文素材：拍摄、整理、记录下来，并进行观察、交流、口述、评议等教学活动，抓住了生活这个“源”，学生写出的作文也就容易做到内容具体、感情真挚了。如《夸夸我的同学》《我学会了××》《我敬佩的一个人》等，写这些作文时，都需要平时对素材的积累。

5. 语言描述情境

以上所述创设情境的四种途径，都是运用了直观手段。情境教学十分讲究直观手段与语言描绘的结合。在创设情境时，我也会伴以语言描绘，这对学生的认知活动起着一定的导向性作用。语言描绘提高了感知的效应，情境会更加鲜明，并且带着感情色彩作用于学生的感官。学生因感官的兴奋，主观感受得到强化，从而激起情感，促进自己进入特定的情境之中。比如写1937年日本侵略上海火车南站的照片，我会讲述当时的背景，痛斥战争的残酷；指导写《热爱生命的故事》，我声情并茂地描述5・21大地震时，生命的脆弱，人们如何自救，如何敬畏生命，珍惜生命的故事；教学看图作文《胜似亲人》时，真实地描绘时代的背景……

这些立体式、多维式的情景体验活动，可以引导学生去寻找生活的源头，让它们在“生活空间”中激发各种感官参与，从而有效地培养观察、思维、想象等多种能力，并极大地丰富写作素材，解决“无米之炊”，拓展写作思维，真正做到“言为心声”。

三、情境作文教学的策略

情境作文教学能够陶冶学生的情感，净化学生的心灵，可以为学生提供良好的暗示或启迪，有利于锻炼学生的创造性思维，培养学生的适应能力。

1. 努力创设有效的教学情境

教学情境是教师为了达到作文教学目标而人为创设或利用的情境，情境是教学的工具，也是为达到目标的手段。情境作文的教学情境可以呈现大部分的教学内容，还能够诱发学生的写作兴趣和动机，激发他们的表达欲望与思想情感。

在创设教学情境中应尽可能真实，以兴趣为导向、以审美作为追求、以思考作为核心，努力地创设优秀的情境让学生能够融入其中。学生在收获写作能力的前提下提升自己的审美能力、认知能力、想象能力和思考能力。情境创设得再好，不能够引导学生融入其中也是徒劳无功。因此，加强对学生融入情境的引导非常关键。

3. 加强引导学生融入教学情境

(1)引导学生去观察。观察是写作的基础，会观察是学好写作的第一步。

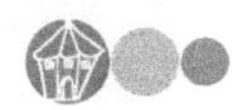

三、四年级的学生虽然天生具有强烈的好奇心，但观察能力弱，缺乏系统的观察方法，在观察事物时往往笼统、不精细、不注意事物的特点、不善于区别事物之间的差别。教师应先教会学生从不同角度去观察，有顺序地去观察，才能探究事物的本质，全面利用把握好写作素材。

(2)启发学生的想象。教师要启发学生的想象，引导学生融入情境。写作常会用到造性想象、再创造性想象。启发想象可以通过多种方式，头脑风暴法、运用联想三法则等都是比较实用的方法。

(3)激发学生的情感。学生的情感被激发了，才能深入地融入情境。激发情感是作文情境教学中的重要步骤，学生通过观察，已经对事物有一定的认识，而通过现象联想到自己以往的类似经验，再而激发起相应的情感体验，对事物的认识才会更加深刻。

3.其他写作教学方法的辅助

教师在进行作文教学时，肯定不是单一地使用一种教学方法。如何将情境作文教学的思维内容有条理地表达出来，成为一篇佳作，必须要借助于严谨的构思和丰富的表达形式。这也是写作中的重点和难点。例如，运用思维导图法激发学生的写作思路，帮助学生显化知识的逻辑层次，以及不同知识点彼此之间的关联，理顺思维，并刺激迸发新的意念和思想。又例如，当学生无从入口时，教师可以运用关键词进行启发，打开学生思路。充分利用每一单元的口语交际，增加学生口头表达的机会，培养学生口头表达能力，鼓励他们对体验到的一切进行口述。

国内外专家、学者及同仁对情境作文教学的研究，在理论上和实践上都取得了一定的成绩。但是，我在实际教学中也发现了一些问题。情境作文教学存在的问题是多方面的，既有认识上的问题，也有操作上的问题。有时候为了提高学生的应试能力，仍会教导学生写格式化的作文。对培养学生真正的观察生活、描述生活、提升想象的能力重视不够。教学工作中欠缺情境作文教学的经验，对于一些习作课题，不知如何更好地去创设和引导，创设情境过于简单或不科学，创设的相关情境对于习作的作用不甚理想，情境创设后的习作过于雷同，不能够很好地引起学生的认知冲突或唤醒情感及趣味……

如想象类的作文《我想变成××》《未来的××》、写人作文《我敬佩的一个人》《夸夸我的同学》等。

情境教学，是教师对社会和生活进一步提炼和加工后影响学生的一种教学方式。情境作文教学符合三、四年级学生的身心发展特点，适用于大多数的小学中段作文教学。寓教学内容于具体形象的情境之中，不仅能有效地激发学生创新的欲望和写作的兴趣，拓宽学生的写作思路，还必然存在着潜移默化的暗示作用，可促进学生主动探索、主动发展，为今后的习作打下扎实的基础。

参考文献

[1] 中华人民共和国教育部.义务教育语文课程标准(2011 年版)[M].北京：师范大学出版社，2012.

[2] 冯卫东.情境教学操作全手册[M].南京：江苏教育出版社，2015.

[3] 周燕.小学语文情景作文教学的探索[J].现代教学，2010(5)：49.

[4] 王红霞.小学作文教学现状及提高写作能力的途径[J].青海教育，2011(11)：25.

（作者单位：舟山市定海区山潭中心小学）

异步教学理论在中段学生修改作文过程中的应用

辛奕萱

写作过程包括作文的草稿、正文与修改三个阶段，这和写作的认知过程是相契合的。其中，作文修改在提高小学生作文能力、完善作文内容中起了很大的作用。但是在真正的教学实践中，许多教师并没有对修改作文这一环节给予足够的重视，甚至是写完一篇是一篇，从来不组织修改和重写。

另外，由于教师批改作文占的时间多，就造成指导学生作文用的时间少、写作教学效果就差，学生存在的问题就多。而学生写作知识少、理解差、方法缺，相应地就会挤掉学生的思考学习时间，慢慢地导致对写作失去兴趣，那就更谈不上提高写作能力了。这种教学方式长期下去，就会造成两方面的恶性循环。异步教学的创始人黎世法教授说："教学实践证明，教师背着学生批改作业，基本上是一种无效的教学劳动。""作业本发给学生，大多数学生并不知道老师是怎样批改自己的作业的，作业做错了，也不明白错在哪里，错的原因是什么，更谈不上及时改正错误了。"

基于写作在语文乃至其他基础学科上的重要作用，特此引进心理学中的异步教学理论，以期能够帮助教师们在写作教学上引发灵感，进而能够更有效地让学生修改作文，帮助学生更好地提高写作水平。

一、什么是异步教学理论

最原始的概念，异步教学法是一种能体现学生的学习过程、学生在教师指导下进行自主学习的现代教学模式。在这种教学结构中，"六步学习：自学—自发—复习—作业—改错—小结"体现了学生学习的自学过程；"举三归一，以一反类”体现了学生学习的科学思维过程，并进行创造学习；“八个基本”：“基本事实—基本理论—基本技术—基本技能—基本作业—基本实践成果—基本思维方法—基本生活态度”体现了学生创造性地解决学习问题的学习实践过程。

经过系统地分析比较，1985 年 1 月至 1989 年 6 月，黎世法提出了人类社会教学实践发展的三个阶段：以个别教学方式为主的古代社会的教学实践阶段、以班级授课制为主的近代社会的教学实践阶段和以个性化教学方式为主的现代社会的教学实践阶段。最优化教学方式和教学理论属于现代社会的个性化教学方式和教学理论。

黎世法认为，传统的班级授课制是“同步教学”，即一个班全体学生的学习速度与一个教师的讲课速度同步，教师讲到哪里，学生就学到哪里。为了区别于同步教学，并突出最优化教学方式和教学理论的特点，黎世法将其更名为“异步教学方式”和“异步教学理论”。

异步教学的具体特征有：具有明确教学目标，有计划、有组织；以学生为学习的主人，教师为学生学习指导者；能将教师的三种指导形式（个别指导、分类指导和全体指导）与学生的五种学习形式（独学、对学、群学、请教教师和全体学）有机地统一在教学过程中，使教师的“五步指导”与学生的“六步学习”紧密结合进行。以学生的个体独学为基础，充分运用一切教学条件，根据学生的具体学情组织课内外教学活动，通过培养学生的自主学习能力，达到高效率、大面积提高教学质量的目的。

异步教学理论认为：“每一位学生的学习都是学生通过自己的大脑，运用科学思维方法和学习方法，独立地掌握学习对象的，其他任何人和物都不能替代的认识过程。”异步教学理论的实质，就是要实现学生学习的个体化，使学生成为学习的主人；实现教师指导的异步化，充分发挥教师在学生学习过程中的主导作用。

二、异步教学理论在中段学生修改作文过程中的应用

在学习过程中，每个学生的差异很大，真正同步是不可能的，从弘扬学生

 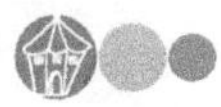

主体性来看，改同步教学为异步教学势在必行，这样，不同水平的学生都能掌握学习的主动权。所谓异步教学，就是指把同一个班级不同学习程度的同学大致上分为几个类，在教学上区别对待，分层次教学，分层次练习，使学生各尽所能地学习，不搞“齐步走”。让学生看到各自的闪光点，做到全面、均衡发展。

相比低段学生的写作程度，中段学生已经有一定的写话基础和词句积累。但是从教材的编排上看，低段语文教材以识字、阅读为主，语言表达以“听说活动”的形式呈现，注重培养听和说的能力。到了二年级下册，才在每单元的练习中编排了一点写话练习，如贺卡上的一句祝贺语、简单的留言条、三言两语的日记、看图写几句话等，这样的写话练习要求不高，学生易于达到。但是一升入中段，尤其是三年级，教材马上要求学生写“作文”，有看图作文、想象作文，有写人、写事、写物、写景作文，几乎包罗了小学作文的全部文体，即使是二年级时“写话的高手”也很难一下子适应教材这种跳跃式的写作训练。

所以，作为小学习过渡期的中段，运用异步教学的理论和方法培养学生修改作文的能力对作文的提高有很大的帮助。怎样运用异步教学的理论指导学生自改作文呢？

1. 明确修改的内容

修改的内容一般有：一改题材是否符合题意；二改中心是否明确；三改重点是否突出、详略是否得当；四改段落是否分明、层次是否清楚；五改前后是否连贯；六改开头、结尾是否恰当；七改遣词造句是否正确，有无语病；八改有无错别字、标点符号正确与否。

每次修改都要和单元重点训练项目紧密结合起来，每次修改既要有重点，又要重视综合运用，始终注意字、词、句、标点的基本功。

3. 掌握修改的方法

修改的方法主要是：增、删、调、换，使用各种常用的修改符号。现将修改的水平和程度分为三个等级。

第一等级：新手上路。

(1)有几个错别字。要将错别字在原处打上标记，并且写在批语处，再在后面写上正确的字。发现错别字，每两个扣 0.5 分，最多扣 5 分。

(2)有几处病句。凡病句都要在下面划上横线。写出病在何处,再在批语中,给予对方改正的空间,每处病句减1分,最多扣5分。

(3)标点符号有几处明显错误。强调句号、叹号、引号、问号的使用,明显错误的地方。每处扣0.5分,最多扣5分。

第二等级:初学乍练。

(1)看文章的结构。①层次段落是否清晰;②过渡是否自然;③开头和结尾是否照应。

(2)看表达方式。主要看是否符合作文指导要求,是否符合写作体裁。

(3)看优美词句。主要看有没有运用多种描写手法、修辞手法、运用好词好句、名人名言、诗词等。

第三等级:略有小成。

(1)看文章的中心是否鲜明、集中。这两点在作文指导时就与同学一起研讨。具体论述。批改指导时,再结合两三篇例文,加以指导,学生就能批得符合实际。

(2)看文章的选材。①是否围绕中心;②是否符合生活实际;③是否具有典型性。

(3)看语言是否简练、流畅、深刻,或充满趣味,或发人深省等。

3.丰富修改的形式

(1)教师示范修改。具体做法是由扶到放培养学生能力,先教学生修改作文。修改之前,教师找出典型作文(好、中、差)各一篇或是带有普遍性的问题的某一篇作文,用投影仪放大在屏幕上,教师联系单元训练重点,做对比分析,对照修改文的步骤和要求示范修改,然后指导模仿修改,这可为学生自改作文打下基础。

(2)师生共同修改。教师把典型文章印发给学生,学生在教师的指导下,找出文章需要修改的地方,在学生充分提出意见的基础上教师给予肯定。有时也可教师改一部分,学生改一部分;有时也可教师重点改一部分,目的是帮助进一步掌握评改步骤、要求和方法,掌握批改符号。

(3)同桌互相修改。可以一人读,另一人听,听后相互修改。这样做,一

方面可以学习别人作文的长处，取长补短；另一方面他们以小老师的身份衡量别人的作文，也知道如何要求自己。

(4)当面指导批改。对写作水平较高的学生可采取“少扶多放”的办法，从严要求精心修改。对个别后进生，教师要教给修改方法，实行面批面改，有针对性地指导。这样经过多次实践，差生自改作文的能力也就会逐步提高。

(5)学生自己修改。学生自己修改好比学生独立走路。根据要求引导学生自己思考，从题目内容上看文章要求写什么，文章怎样围绕中心组织材料，有无错别字和病句。接着可以自己品读文章，一读，看文章的段落、中心、过渡；二读，看有无病句，上下句联系得怎样，句子是否生动；三读，看字词是否用得准确，标点符号是否用得正确。

辩证地说，绝对的东西是不存在的，这里所说的异步教学不同于我们以往的复式教学，它具有一定的相对性。因为若干同学组成一组，若干个组组成一个班，各有差异，但毕竟还是同一个整体，如果教学绝对异步化，很可能会给教师的教学带来一定困难。所以在教学中，有时也需要把异步教学与同步教学相结合，在教学中做到“异”中有“同”，“同”中有“异”，各取所长，相机运用，使学习气氛更活跃，效果更佳。至于何时同步，何时异步，都必须从本班学生实际出发，事先全盘考虑，不打乱仗。

三、应用异步教学理论的优势与挑战

1. 应用异步教学理论的优势

(1)对教师来说。

①减轻了教师批改作文的负担，减少了教师的无效劳动。教师只看一部分同学的批改结果，可节省大量的时间，节省的时间用于研究教材和教法，用在研究提高学生作文水平的指导上，能进一步提高教学育人的效率。

②用异步教学法指导学生批改作文是一种思想观念和教学方法的改革。自古以来，老师改学生习作天经地义，在班级里由老师组织学生按照一定的理论方法互相批改作业，把教师的权力下放给学生，只有异步教学才能这样

做，它给师生减轻负担，给提高效率打开了绿灯。

(2)对学生来说。

①更明确写作的基本要求。学生不仅准确地记住了写作文的基本要求，而且对这些要求理解得越来越深刻。他们会修改自己、别人的作文，也会指导别人写作文，当然也就提高了自己的写作能力。

②对写作的兴趣和新鲜感增强。每次批改，都换不同人的作文，批的人有新鲜感，有兴趣。每次自己的作文又换人批，看不同同学对自己作文的批语，当然也有新鲜感，增强了同学发现错误的能力，还会增强同学之间研究学习的风气。在异步教学论的指导下，学生通过自批、同桌批、小组改、反复批改，掌握了写作技巧，激发了写作兴趣。大部分学生对同学写的批语的关注程度远远超过了以前关注老师的批语的程度。这样有助于修改文章，有助于提高学生写作和修改习作的能力。

③更能取长补短，优势互补。每个人都有机会看到多名同学的作文，这样容易发现、学习别人的长处。对别人的缺点、短处，自己引以为戒。可见，自改、互批的过程，也是给学生再学习的过程。

④提高分析问题、解决问题的能力。学生自批、互批作文也是对学生分析问题、判断问题、口头表达能力的锻炼和培养，即思辨能力得以培养、提高。学生能更好地用心思考和琢磨问题，口头表达能力显著提高了。

⑤拓宽了反馈渠道。由“同步教学”师生间封闭的有限双向交流拓展为师生之间、学生之间开放的多向交流，学生间、师生间可以广泛交流，互相学习，共同提高。从时间看，缩短了反馈周期。

3. 应用异步教学理论的挑战

学生能力和程度参差不齐。在修改作文的过程中，程度比较低的学生经常出现“发现不了问题”和“发现错了问题”这样的情况。他们在修改过程中，连第一等级都达不了标。这就造成了异步教学理论在作文修改实施过程中的难度，需要对典型学生进行有针对性的分层指导。

总的来讲，实行异步教学，就是要在教学中创造条件，让能力强、学习优的同学超前学，让那些基础薄弱，成绩一般的同学，学得有兴趣、有目标，提高自身学习水平。同时，在教学上让慢生学慢一点，学浅一点，目的也是让他们

学好点，好学点，使他们能按《课标》的要求发展自我，逐步提高自我。

综上，学生的写作水平不是没有提高的可能，关键在于教师的教学方法也应随着时代的变迁而有所更新和发展。在当代，掌握现代学生的心理特点，特别是对写作心理的把握对于教师教学写作有着举足轻重的作用。因而，教师必须发扬终身学习的精神，逐步利用异步教学理论完善课堂，融入写作教学，同时，学生们更应该发挥自己的主观能动性，培养自己写作的内部动机，真正有效提高自己的写作水平。总而言之，在以后的教学过程当中，我会充分发挥异步教学法在写作教学过程中所具有的优势，使每一个学生都能在修改作文中得到最大化的发展和提高。

参考文献

[1] 郭永阁.教师如何让小学生爱上写作[J].科技信息，2010(15)：265.

[2] 何江，徐友胜.中学生写作心理障碍成因与对策[J].宜宾学院学报，2005(7)：94—96.

[3] 李晓东.小学生心理学[M].北京：人民教育出版社，2003.

[4] 陈琦，刘儒德.教育心理学[M].北京：高等教育出版社，2005.

[5] 李秋荣.小学生写作难的原因分析及对策[J].语文教学研究，2006(1)：72—73.

[6] 王辉.提高学生作文能力的基本途径[J].延边教育学院学报，2006(6)：118—119.

[7] 包尊林，闫广芬.中学生学源性心理障碍与学习心理辅导[J].教育研究，2004(7)：24.

[8] 查有梁，傅先蓉.小学语文教学建模[M].南宁：广西教育出版社，2003.

[9] 钟永为.语文教育心理学[M].北京：警官教育出版社，1998.

[10] 刘淼.作文心理学[M].北京：高等教育出版社，2001.

[11] 黎世法.新课程异步教学方法论[M].北京：学苑出版社，2003.

[12] 黎世法.异步教学论[M].湖北：湖北教育出版社，1989.

（作者单位：舟山市定海区城西小学）

课堂改革和综合教学

建构主义学习理论在小学生语文思维能力培养中的应用

林　涛

在课堂教学中，我们往往会面临这样那样的困惑，使我们的课堂，无法如期展望学生的思维状态，语文课堂亦如此。我们的学生往往在表达中、交谈时或是空洞，或是乏味，或是重复，或是绕着圈子在原地，无发展无提升。怎样开启学生思维的“枷锁”，从而容纳更有颜色、更有味道、更有内涵的实实在在的内容？笔者在学习建构主义学习理论中，发现了这一理论对小学语文教学有着重要的借鉴作用，对于培养小学生语文思维能力有重要的指导意义。教学中，我们如何运用建构主义学习理论，使小学生展思维，提思维，从而发挥学生的学习主动性，提升课堂效率，我们思考着，实践着。

一、建构主义学习理论简介

由瑞士心理学家皮亚杰提出的建构主义学习理论，因符合人们的认知规律，能适应时代的需要，已成为国内外深化教学改革的指导思想。皮亚杰关于建构主义的基本观点是：儿童的认知结构就是通过同化与顺应过程逐步建构起来，并在“平衡—不平衡—新的平衡”的循环中得到不断的丰富、提高和发展。斯腾伯格和卡茨等人强调个体的主动性在建构认知结构过程中的关键作用，并对认知过程中如何发挥个体的主动性做了认真的探索；维果斯基强调认知过程中学习者所处社会文化历史背景的作用，并提出了“最近发展区”的理论。

建构主义理论的内容很丰富，在知识观、学生观和学习观等三个方面提出了一些基本主张。知识观:知识不是先于或者独立于学习者而存在,而是学习者主动建构的结果,是一种意义的建构,具有人性、情境性。学习观:学习者的学习或知识建构是一个积极、主动参与的过程,其基本模式或流程就是:面对外界的各种刺激——学习者产生困惑、问题或兴趣——学习者调用自己的身心器官和已有的身心器官和已有知识结构——学习者强化与他人、社会、整个世界的相互作用——学习者建构起有意义的知识和经验。学生观:学习者之所以积极主动地面临各种刺激产生反应,是因为学习者本身就有建构知识的潜能、动机和可能性。所以,认知或学习不是发现已经客观存在的知识、接受知识的活动,而是探究、发明、建构知识的作用或过程,学生是学习的主体,强调学生的自主性。

综合以上,建构主义学习理论其核心就是一句话:以学生为中心,强调学生对知识的主动探索、主动发现和对所学意义的主动建构,而不是像传统教学那样,只是把知识从教师头脑中传送到学生的笔记本上。以学生为中心,强调的是"学";以教师为中心,强调的是"教"。

二、浅析课堂思维不前的困惑

过去甚至现在许多老师仍偏重于知识的传授,而不在乎传授的方法和被传授对象的接受能力和接受效果。纵观我们的课堂,这样的现象仍存在。

1. 老师,请不要只寻找您要的答案

在语文课堂中,当学生的回答不能满足教师的需要时,老师是怎么做的呢?可能我们的老师一开始试图去引导,但两三个学生回答后,学生的回答还不是自己需要的答案时,老师的回复往往是"还有吗?"或是不予任何评价……为了完成课堂的教学任务,为了呈现课堂效果,孩子思维的经历过程被老师忽略了,思维展现过程被弱化。久而久之,学生的思维不能得到一点打开和提升。

3. 老师,您的解答没有引导学生思维的发展与深入

面对学生的回答,教师有的以重复学生答案的方式呈现,有的则以引出

另一个问题的方式呈现，甚至还有的是教师直接代替回答，这些现象在课堂中屡见不鲜。可见，教师的解答没有能充分发挥引导学生思维发展、理解深入的作用，故学生无法更好地展现课堂表达，文本理解、体悟不能得体、得法，故打不开学生的“思维枷锁”。

3. 孩子，你们的回答怎么一直都在原地打转

在我们的课堂中，我们会看到我们的孩子的表达要么空洞，要么重复，要么拖沓，要么原地盘旋，不落地……如人教版语文三年级下册《妈妈的账单》一文教学中，教师在引导学生抓关键词理解“砰砰直跳”“蹑手蹑脚”的理解时，孩子们回答是这样的“小彼得很后悔”“小彼得心里想我不应该”“他觉得很难为情”“他知道自己错了”，四个孩子的回答，看似不同的答案，但其实质是没有落到文字内涵中，一个一个的回答，更没有引起共鸣，达到补充与提升，他们的思维是单立的。而这样的课堂例子，比比皆是，我们无法看到学生在交流分享中，他们之间思维的补充、纠错、汲取、归纳、互助、争辩……

以上困惑，三项之间是相互的、交叉的，我们感慨孩子更多的是思维被老师、被优秀生、被教科书、学辅书所代替，课堂中一大半孩子的思维是停滞的，等别人成了一种习惯，自管自答成了一种习惯，或是有想法也不说。如何真正打开学生的思维，让其思维充分显露、交互、碰撞，产生新的思维火花呢？

三、建构主义学习理论指导下寻求课堂思维前行的措施

建构主义提倡在教师指导下的、以学习者为中心的学习，也就是说，既强调学习者的认知主体作用，又不忽视教师的指导作用，教师是意义建构的帮助者、促进者，而不只是知识的传授者与灌输者。学生是信息加工的主体，是意义的主动建构者，而不只是外部刺激的被动接受者和被灌输的对象。那么在课堂中，教师就要强调学生——意义的主动建构者的经历，教师要带领学生经历由不知到知、由不会到会的过程，让学生的思维经历“山重水复”“柳暗花明”，再体验“豁然开朗”的快乐。

1. 营造思维经历的氛围

学习环境中的情境、氛围必须有利于学生对所学内容的意义建构。在教

学过程中，学生是一个积极的探究者，教师的作用是要提供一种学生能够独立探究的情境，让每个孩子都能投入到思维分享、思维交流、思维碰撞中。

让每个孩子都经历思维过程。课堂中，教师应创设与当前学习主题相关的、尽可能真实的情境，有效地激发学生联想，唤醒其记忆中有关的知识、经验或表象，构建与新知识的联系，同化新知识。

让每个孩子都经历思维过程。课堂中，教师应俯身教孩子，接纳孩子，读懂孩子的各种表现。教师要使自己成为学生的一位代表走近学生的身边，站在发言学生的斜侧面，倾听学生的发言。对需要帮助的孩子，站在他触手可及的地方，而和那些已经习惯发言的孩子则可稍微拉开一点距离，更要关注那些学习能力差的孩子，在一定程度上激发每一个孩子潜在的可能性。

让每个孩子都经历思维过程。课堂中，教师就要真真切切地保证学生思考的时间，给予学生思考的空间，提供学生思考与合作的通道，指导学生思考与合作的策略。

3. 静候学生的思维展现

作为意义建构的帮助者和促进者的教师，当学生在课堂中不能很好地进入角色时或是无法用语言更好地表达他/她的体会时，此时能静候学生的思维，不论对于教师的教学还是对于学生的学习，都具有积极的促进作用。美国的罗威和托宾在训练教师增加等待时间的研究中发现，教师等待时间的增加会使课堂的提问状况发生显著的变化。他们提出当教师把 1 秒的等待时间增加到 2～4 秒时，学生会给出更加具体的答案；学生在分析和综合问题答案的水平上会更高；学生会显示出更强的自信心和成就感。如在“第五届华东六省一市小学语文教学观摩研讨活动”活动中所听到的金蓓玲老师的教学片段让我印象深刻：

片段一：沪教版语文三年级上册《梅兰芳练功》

师：现在我就是吴先生，你们就是在冰场上练跷功的梅兰芳，我问：“孩子，你摔得这么重，疼吗？”

生 1：不疼。

师：摔得青一块紫一块，还不疼呀？是不怕疼吧？

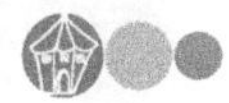

(生1未语)

师:(等了3秒)反正就是不疼吧!为什么不怕疼?

生1:反正就是不怕疼。

(其他学生笑)

生2:让自己练好。

师:为了练好,所以不怕疼,对吗?来,你的跷功已经大有长进了,不用这么拼命了?

(生2未语)

(其他学生笑)

师:不要笑,让他想……(加上学生笑,共等了12秒)

生2:你不是经常说,练功练功,一日不练三日空吗?

师:既然说到了这句话,谁知道这句话的意思呀?

……

从这个片段中可以看出,金老师为了让学生体悟梅兰芳的用功,采用了让学生融入梅兰芳的角色,教师采访的形式,促使学生进入文本中,进入梅兰芳练功场所中,帮助学生建构当前所学知识的意义,来深刻感悟梅兰芳的顽强。当学生不能很好地进入角色或是无法用语言更好地表达他/她的体会时,老师采用了"静候学生"的方法,第一位学生未语时,老师等了3秒,当这位学生回答"反正就是不怕疼",其他学生笑,教师仍然是等待。第2位学生,教师足足等了12秒,而且亲切地跟其他学生说"不要笑,让他想",正是这种"静候",才有了两位学生联系文本的精彩回答,才促进了学生思维的广阔性和深刻性。可见,教师提问后,不要急于要求学生做出回答;教师面对学生的回答,不要急于进行反馈,这种"静候",是对学生的尊重,相信精彩将在其后。

3.捕捉学生的思维起点

教师要成为学生建构意义的帮助者,就要在教学过程中启发诱导学生自己去发现规律、自己去纠正和补充错误的或片面的认识。课堂上,教师一定要善于倾听学生的发言,要从学生的发言中敏锐地捕捉他们现有的思维,并能在此基础上进行引领和点拨,以期达到老师预设的目的,而不仅仅是对学生的回答置之不理，或是没有点拨，一直要等到回答正确者，或是另起炉灶，重新打造环节引导。

如一教师在上人教版二年级下册《三个儿子》，最后质疑中，教师："读读，还有什么问题？"一孩子："一桶水，妈妈拎不动，孩子怎么会拎得动呢？"老师："这个问题下次再谈。"教室里安静了下来。教师转而解答起前面孩子提出的问题。

遇到问题绕一绕是个解决问题的办法，但面对这个孩子的提问，能绕吗？这其实是一个非常有"质感"的问题。细想，学生的任何一个回答和提问都出于他们思维的起点。那么，面对学生的思维起点，老师应该采用什么态度呢？如果这位老师这样理答："这个问题提得很好，他可能拎得满头大汗，咬牙前进；可能只走了两步或是三步，就停歇一下，再前进。这么吃力，为什么要拎下去呢？让我们再深入文本中。"这样，课堂教学肯定会更深入一层。细想，老师后面的理答站在孩子的角度去思考，他没有忘记我们面对的是 6～12 岁的儿童，他们有自己认识世界的方式，老师不能把成人的认识强加给孩子，或牵引着他们向前，或是打击他们的积极性。细想，课堂上，寻找到正确的答案或要老师想要的提问并不是最终目的。让孩子的思维一点点打开，让孩子在原有思维的基础上一点点提升，这才是课堂上最大的收获。语文课堂教学需要一定的深度和厚度，但不能超越儿童的认知水平，要捕捉学生的思维起点并加以引领。

4. 架构学生的思维链接

（1）创设情境——架构学生与生活、与作者、与文本共鸣的桥梁。很多时候，由于时空差异，人生经验、社会阅历的局限，学生对文本情境比较生疏，一下子难以进入文本情境中，更难以深刻体会文本所蕴含的内涵。建构主义学习理论的教学观认为：教学不能无视学生已有的知识经验和认知能力，应把学生现有的知识经验作为新知识的生长点，引导学生从原有的知识经验中"生长"出新的知识经验。所以教师要帮助学生架构学生已有经验与作者经验的连接，架构作者情思和学生心灵的桥梁，引导学生联系上下文，联系生活，创造情境，让学生驻足于语言文字中，品味、体会、挖掘。

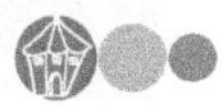

如张云峰老师执教的《天窗》在品读理解“为什么小小的天窗是孩子们唯一的慰藉”中，其中的一个片段是这样：

（片段二：语文S版五年级上册《天窗》）

师：你能不能联系句子中的词语来说说看哪些词语让你感受到天窗带给孩子们快乐？

……

生1：读“从那小小的玻璃，你会看见雨脚在那里卜落卜落跳，你会看见带子似的闪电一划。”

师：哪里看出孩子们非常快乐？

生2：卜落卜落跳，感受到了孩子们的真实感情。

师：所以给孩子们带来了快乐的感觉，你把快乐写在“慰藉”一词的后面。

师：这位同学说，他能从天窗里看到雨，像长了脚一样，卜落卜落跳，多么快乐呀！这种感受谁来读一读。

（分别请了两生读，并及时进行了评价，最后齐读。）

师：多么快乐呀！请你联系课文的其他句子来看看，为什么天窗是孩子们唯一的慰藉？

……

师：孩子们，刚刚这位同学说，她从“猛烈地扫荡”仿佛感受到了这个真实的世界，咱们也来感受一下，“猛烈地扫荡”是一种怎样的感受？来，闭上眼睛，“你想象到这雨，这风，这雷，这电，怎样猛烈地扫荡着这世界，你想象它们的威力比你在露天真实感觉的要大十倍百倍”。

（学生听音乐）

师：睁开眼睛，来，你好像看到了怎样的情景？

生6：天阴沉沉的，刮着大风，还下着大雨。

师：谁想接着说，你看到了怎样的情景？

生7：我看到了很恐怖的情景。

师：能具体点吗？

生8：风很大很大，雨也是倾盆大雨，很恐怖。

生9：我看到了雨下下来，好像打翻了什么东西；雷打下来，好像是爆炸。

……

张老师在这个片段教学中，关注了学生的思维状态，带领孩子们联系上下文，联系自己的生活经验，听音乐进行想象、推断，引领孩子们驻足于语言文字中，品味、体会、浸润，使孩子们进入作者独特的经验和情思当中，感受天窗带来的快乐、想象。张老师通过创设符合教学内容要求的情境和提示新旧知识之间联系的线索，帮助学生建构知识，真正地使外部知识内化为学生的内部知识，沟通师生间、生生间的思维路线，形成“师与生”“生与生”“生与文本”的回路，有助于优化学生的思维品质，发展学生的思维能力。

(2)立足定式——角色融入、评价激发，拓宽学生思维的时空。当教师在引领学生对于文本的不同体会，个性化的解读时，学生出现片面性、无序性、定式性的思维障碍，无法进行多元表达，教师又该如何应对呢？陆常波的《三顾茅庐》教学片段带来的思考：

(片段三：苏教版语文四年级下册《三顾茅庐》)

师：又等了一个时辰，刘备依旧恭恭敬敬地等候着，此时的他心里会想些什么？带着这个问题同桌之间讨论讨论？

生1：我觉得刘备会想这次我一定要请诸葛亮出山助我实现统一大业。

师：你觉得他有一颗怎样的心？

生1：一颗坚定的心。

师：“坚定”这个词多好呀！把它写到黑板上。

生2：这次我一定要请到诸葛亮，让他出山来辅助我完成统一大业，就算再长时间我也要请到他。

师：你有一颗怎样的心？

生2：坚持不懈的心。

师：很好，我相信你坚持不懈地等下去，诸葛亮一定会被你打动。你也去写。还有，你们觉得呢？这位女同学，你说。

生3：我觉得刘备会想，我一定要等下去，等三天三夜，我也要等下去，我觉得刘备有一颗坚持的心。

师：跟他一样有颗坚持的心，这颗心一定能打动诸葛亮。如果你是刘备，老师想问，刘备呀，你跟诸葛亮素未谋面，你在这里等这么长时间，你心里到

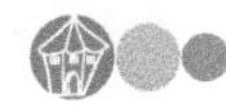

底怎么想的?

生4:我会想,就算我站不住了,马走不动了也要等到诸葛亮,让他帮我出谋划策。

师:就算我再忙,我也要?我也要等到他醒来。还有吗?你不是有张飞、关羽两位大将,何必去请诸葛亮呀?你怎么想的?

生5:我现在只有武将,谋臣还没有。所以我一定要请到诸葛亮,这样我文武双全了。

师:说得多棒呀!孩子们,我一定要请到这样一位谋略家,"得其一者,得天下",这样才能成就霸业。你觉得刘备有一颗怎样的心?

生:一颗雄心。

教学片段中的陆老师在学生碰到思维定式(学生围绕着"坚定、坚持不懈、坚持"解读),无法拓展开去,无法引起思维共鸣与串联时,教师通过角色植入设身处地去点拨、调整,打开了学生的话匣子,引导学生开发创造性思维,实现表达多元化。

这样的教学困境还有很多,当课堂中进行说话训练时,学生往往只局限在一个点或几个点,思维空间无法从一个点发散到一个面,教师如果及时用有效地激励评价语帮助学生打开思维,思维的火花将会迸发、碰撞。学生在课堂收获到的将是五彩缤纷的内容,学习过程也是积极的、快乐的。

(3)取长补短——串联孩子们的阅读心得。把每个学习者的思维成果串联起来,为整个学习群体所共享,是达到学习意义建构的重要手段之一。教师是学生建构知识的忠实支持者,应鼓励学生积极地参与讨论,表述自己的观点,并注意倾听和尊重别人的发言,学会补充,从中吸取对自己有利的东西。教师是学生建构知识的引导者,应串联学生与学生的发言,串联学生的先前、现在与之后的发言,把每一次发言都编织起来。就像前面所举例的《妈妈的账单》的教学片段,如果这位教师老师能根据学生当时的表现于无形中串联、归因,引导学生与学生、学生与文本、学生与教师间的思维交互,如老师可运用"刚才同学说得很好,请你再回到文本,或联系生活,想象一下,你对刚才同学的说法有什么补充吗?"等类似的评价语言,引发学生与语言文字、作者、已有生活经验产生共鸣及学生与学生的交集,学生的思路会打开,体悟会更有血有肉。在这样的串联中，学生不断地产生“我同意你的看法，但是我还有补充”“对你的看法，我有不同的看法”“我还是不懂，想听听同学的意见”等的交织。这种思维的串联与交集，使一个人的发现唤起其他人的发现，从而产生新发现的连锁效应。只有这样的基于分享、互助、欣赏、交互的合作交流，才是有内在吸引力的合作交流，是充分展现学生思维过程的合作交流。

理想的学习环境应当包括情境、协作、交流和意义建构四个部分。课堂教学出发点应以发展学生的思维为主，联结起情境、协作、交流和意义建构，以学生为中心，引导孩子更好地体验思维历程，从教师的引导学生思维行为，既增强师生、生生、学生自我的思维交互，增强学生与文本、作者、生活的思维交互，走向学生自主思维行为，使他们懂得努力寻找这样的方法多角度、多侧面、多层次、多结构地去思考，去表现自己思考的内容，在思考、分析和合作交流中锻炼表达能力和操作能力。这样学生的思维才会打开思维的“枷琐”，才能充分发挥学生的主动性、积极性和首创精神，呈现出多元化、个性化、创造性的解读。

参考文献

[1] 李英杰.小学语文课堂提问与解答的现状及反思[J].小学语文，2016(1)：37—41.

[2] 佐藤学.教师的挑战[M].上海：华东师范大学出版社，2012.

[3] 建构主义学习理论的基本观点[EB/OL].(更新或修改日期)[引用日期].https://wenku.baidu.com/view/526842e2a1c7aa00b52acb41.html.

[4] 莱斯利·斯特弗，杰里·盖尔.教育中的建构主义[M].高文，等，译.上海：华东师范大学出版社，2012.

（作者单位：舟山市定海小学教育集团海滨校区）

陶行知"教学做合一"理论在课堂教学中的应用

马丽萍

课堂教学中，课堂是师生教与学的主阵地，催生新的课堂教学方式，全面关注和研究师生课堂教学行为已然成为课堂改革的一大趋势。我国著名教育思想家和实践家陶行知先生的"教学做合一"理论强调了学生的动手能力，他指出"最好的教育，要想它有效，须是教学做合一"。此理论为如今的课堂改革提供了很好的理论依据，教育工作者可以此为依据，推进教学方式和学习方式的转变，努力秉承陶行知的教育思想，实践"教学做合一"，积极围绕课堂教学主阵地，全面关注教师、学生的课堂行为，进行课堂教学实践研究，从而变革教与学。

一、陶行知"教学做合一"理论

"教学做合一"理论是我国著名教育思想家和实践家陶行知先生"生活教育理论"的教学方法论，是为批判传统单一的教授法，反对教师"教死书、死教书、教书死"和学生"读死书、死读书、读书死"的传统教学模式而提出的教学方法论，是陶先生教育理论的核心。

在《教学做合一》一文中陶行知说："教学做合一是生活法，也就是教育法。它的含义是：教的方法根据学的方法；学的方法根据做的方法。事怎样做便怎样学，怎样学便怎样教。教与学都是以做为中心。在做上教的是先生，在做上学的是学生。"先生认为，无论教师还是学生，在"教学做合一"中，"做"是关键，"做"即实践。

教与学都要以"做"为中心。陶行知说："要想教得好，学得好，就须做得好。""'做'成了学的中心即成了教的中心"，教与学在"做"中统一起来，这样的教才是真教,这样的学才是真学,正如陶行知所说的:“先生拿做来教,乃是真教;学生拿做来学,乃是真学。”

所谓“做”,强调注重实践。学生要“做”,可以看书、观察、操作、实践,动眼、动脑、动口、动手。学生要“做”,当小先生,在教中学,即“教也是一种做”。教师也要“做”,做教具、制课件、写下水文、设计板书,坚持在“做”上教。教师既讲又做,学生的学就有了根据,做起来也就不会感到太困难。

可以看出,陶行知“教学做合一”理论把“做”放在教学的中心环节,“做”是教学过程中的重点,教和学都必须体现在学生的“做”上。这对改变传统课堂教学方式,引导学生主动学习产生了积极的指导意义。

二、“教学做合一”理论在课堂教学中的运用

1. 让“做”有法——建构“六步三查”课堂模式

课堂的改革以陶行知“教学做合一”思想为依据,建构以“做”为中心的“六步三查”课堂模式,通过自主学习、小组对学群学、小组分工合作、小展示、大展示、当堂检测六个环节,让“做”有法,同时六步实施中进行三查:查课前预习情况,查小组合作学习,查学习效果,真正使教师“做”有依据,学生“做”有模式,真正把课堂还给学生。

(1)自主学习。这是指学生在教师编制的学案的指导下进行独学,这一步安排在课前,要求学生一方面阅读课本并用圈点在书上做出预习标记,另一方面则要求他们依据学案辅助独学,完成学案上的预习题目。这份学案要求学生早上到校就交给小组长,各小组组长检查批阅后把小组成员的疑难问题交给教师,教师根据批改情况调整教学重难点。要说明的一点是:这不是课外作业,按照陶行知的观点,教学做合一的学校辞典里没有课外作业,它只是教学做在课外的延伸。

(2)小组对学群学。全体学生,以小组为单位进行面对面地互问互答方式对学,核对答案,交流解题方法。对学中无法解决的做上记号,在组长带领下小组群学讨论。群学后,还是无法陈述清楚时,组长把本组疑难问题记录

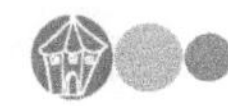

下来，可请老师帮助。这一环节充分体现了“小先生制”，体现了以“做”为中心的理论，学生既当学生，也当先生，学中有教，教中有学，教也是做，互相促进，共同提高。

(3)小组分工，准备展示。无论对学结束，还是群学完毕，学生通过拍手示意，教师接收到小组完成群学信息后，根据学案及预习情况给各小组分派好发言任务，并让他们小组做好发言或展示的准备。小组在分配中，组长充分发挥角色作用，不仅要确立发言人，还要分派发言任务，并进行发言培训。

(4)组内小展示。各小组根据组内讨论情况，把要展示讲解的内容写到小黑板上，并派专人讲解展示，若展示的内容较多，可将任务进行分配，人人上台，集体展示。

(5)班内大展示。此环节是各小组面向全班与教师就分工的任务依次进行陈述或上黑板进行展示，其间其他组可对此进行质疑、补充、拓展和评价。

(6)当堂检测。这是教师第三次学情调查。检测的原则：难度分层、形式多样。

在践行陶行知以“做”为中心的课堂教学中，教师不再是课堂的主宰者，转变为了课堂的参与者、合作者、组织者和引导者。学生是课堂的主人、主体，教育工作者要大胆地将课堂还给学生，坚持解放学生：学生能会的，教师坚决不要教；学生能做的，教师没必要越俎代庖；学生能动的，就要想方设法让学生动起来。

3. 让“做”有据——设计与使用导学案

在陶行知“教学做合一”的思想指导下，在课堂教学实施过程中，教师的“教”和学生的“学”都必须有依据，“教学做合一”强调必须以“做事”作为出发点。教师应该为教学生会做事、肯做事而教；所以课堂教学中“做”的依据——导学案的设计和使用成为关键。

(1)导学案分工设计。由年级段教师分工合作完成，以年级组为单位，每个语文教师按课文目录依次设计导学案。先自我设计，然后把设计好的导学案进行共享，最终确定下的导学案统一印发使用。其实，分工设计的过程就是教师课前的“做”，在“做”中进行思维的碰撞，体现教的思想。

(2)导学案基本格式。包括：课题、学习目标、学习重难点、学法指导、学习过程、达标检测。其中学习过程是导学案的主体内容,分三大板块:自主学习、合作探究、拓展延伸。(以人教版小学语文四年级下册《自然之道》为例)

《自然之道》导学预案

学习目标:略

学习重点:略

学习难点:略

学法指导:

①学生合作前充分自学,完成自主练习。

②根据学案设计的问题展开学习,遇到自己解决不了的问题打问号,在小组内讨论。

③抓关键词体会文章的思想。能运用质疑探究、前后联系和情感体验等多种方法理解内容。

学习过程(见表1)

表1 《自然之道》导学

<table>
<tr><td rowspan="2">以学生对学为主</td><td>自主学习:
通读课文一遍,标上自然段序号,不认识的字查字典。
根据课后生字表画出文章中出现的生词,仔细认真写一遍。</td></tr>
<tr><td>朗读课文一遍,用多种方法理解的词语的意思(可以查资料或工具书),并写下来。
踌躇不前:　　　　　　　　嘲鸫:
企图:　　　　　　　　　　若无其事:
愚不可及:　　　　　　　　争先恐后:
气喘吁吁:　　　　　　　　响彻云霄:
鱼贯而出:
自己还不理解的词语写下来,并解决。
给多音字注音组词写下来。
吁
朗读课文一遍,了解文章的主要内容。
本文的写作顺序是(　　　　　　　　)。
认真读文章每一段,了解每一段的主要意思。
试着填写下面的表格。
主要内容:我和同伴及一个生物学家向导,结队来到一个小岛上旅游,目的是(　　　　　　　　)。看到(　　　　　　　　　　)。成群的幼龟以为外面很安全,(　　　　　　　　)。“我们”(　　　　　　　　　　)。告诉我们:(　　　　　　　　　　)。</td></tr>
</table>

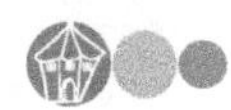

（续表）

抓主要内容的方法	这种抓主要内容的方法为：连段意法。 我的疑问： ________________________________
以小组合作为主 研究“救”的原因，体会我们救幼龟的“一片好心”，感受自然的神奇。 第二学段的特点：在理解词句的基础上，指导有感情地朗读，体会情感。 抓住重点词句深层探究自然之道，引发思考。 研究“害”的惨烈，突出对幼龟的“伤害”，体会愚不可及等。	合作探究： 品读三、四自然段：（小组合作前，组长安排组员进行轮读三遍。） 用______画出“我们”救幼龟的原因，用～～～～画出导游救幼龟的原因。 “我们”和导游的想法一样吗？你从那些词语中体会到的？把这样的词语画出来并在一边写下你的体会。 “叼就叼去吧，自然之道，就是这样的。”中“自然之道”指的是__________________。“道”是______________的意思。 有感情地朗读第三、四自然段，在读中再次理解、感悟和体验。 品读 5～8 自然段：（小组合作前，组长安排组员进行轮读三遍。） 默读课文 5～8 自然段，“我们干了一件愚不可及的蠢事”，“愚不可及”和“蠢事”是不是重复了？去掉一个行吗？为什么？ 是什么事让“我们”意识到自己做了蠢事？请用______画出来 看到幼龟受到伤害，“我们”和导游是怎样做的？用～～～～画出。 想象当时的情景，用自己的语言描绘一下幼龟受到伤害时，“我们”和导游的语言、动作、神态。 ________________________________ 为什么这样一片好心救了一只幼龟，却害了更多的幼龟呢？ ________________________________ 向导一边走，一边发出悲叹：“如果不是我们，这些海龟就不会受到那样的伤害。”向导为何而悲、为何而叹？ 我的疑问： ________________________________ ________________________________ 写作方法： ________________________________ ________________________________ 拓展延伸： 大自然气象万千，美丽无比，充满生机，也充满神秘。现在我们回过头来看，这“自然之道”你是怎么理解的呢？ 谈谈人们在生活中违背自然规律的例子。 你认为怎样才会不违背“自然之道”？

（3）导学案随时调整。导学案的使用需要不断地调整，年级组教师每月集中交流一次，以便及时分享导学案使用过程中的所思、所想、所得。以便随时调整导学案的编写，使得导学案在课堂中发挥更大的功效。

3.让“做”有序——建设合作小组

在陶行知“教学做合一”思想指导下,若要成功实施课堂教学,合作小组的建设也是必不可少的。所谓合作小组的“做”,强调注重实践。学生要“做”:合作、交流、观察、操作、实践,动眼、动脑、动口、动手。甚至当小先生,在合作中学,在当小老师中学。此“做”法可以让课堂的实施环节更有序,课堂呈现更完整、更有效。

(1)成立学习小组。

①小组分层。将班级中的学生根据知识基础、智力水平和学习态度等,分成ABC三个层次,然后分配到各个小组,每个小组由6人组成,6人中分别有2名优等生(A类)、2名中等生(B类)、2名学困生(C类),这样的小组组内异质,组间同质。6名学生座位安排如下:2名优等生居中面对面坐,2名中等生、2名学困生分两侧面对面坐,便于优等生在其中发挥组织、帮扶作用。

②合作对学。在平时的课堂中,教师一般安排2名中等生进行对学,优等生和学困生进行对学。当然,为了让优等生的思维进行碰撞,遇到感悟、拓展类的题目需要思考时,我们也会安排优等生和优等生对学。

(2)对小组合作进行培训。

①小组长培训。教给小组长的主要职责是对本组成员进行分工,组织全组人员有序地开展讨论交流、动手操作、探究活动,保证每个组员都有参与机会。每一次组织群学,都是教师培训小组长的时机,或是逐句逐句教,或是选择优秀组长进行群学示范,互相学习。除了小组与小组之间进行取长补短,我们带领小组长走进平行班的课堂,进行观摩学习、经验交流,尽可能为他们提供成长的平台。

②小组全员培训。完成组长培训后,“合作小组”的建设仅仅成功了一半,合作学习也不是组长一人的独角戏,组员的共同参与至关重要,这才是“做”的宗旨,“做”的目标。对组员进行培训时,围绕四点展开:一是独立思考的习惯;二是积极参与、踊跃发言的习惯;三是认真倾听的习惯;四是遵守课堂纪律和合作规则的习惯,避免不必要的争论和争吵。有序的合作在课堂教学环节中起着举足轻重的作用。

4. 让"做"有果——建立评价制度

课堂改革中,课堂教学评价是必不可少的一环,以"教学做合一"思想为指导,建立评价制度,让"做"更扎实,更有效。教师坚持在评价这一"做"上教,教有依据;学生践行在"做"上评价,课堂的参与面更广,参与度更高。

(1)课堂教学评价。这是根据学校发展现状,学生实际,以及"六步三查"课堂模式要求,制定的课堂教学评价标准。也是针对教师"教"这一行为制定的评价制度,使教师"教"有依据,"做"有效果,如表 2 所示。

表 2　课堂教学评价

<table>
<tr><td rowspan="3">是否重视学生主动参与课堂学习</td><td>学生参与的方式:个别学习与小组合作学习相结合,不是形式上的大合唱,而是实质性的思考、表达、讨论与交流</td></tr>
<tr><td>学生参与的广度与深度:包括学生自主活动和学习的时间,学生回答问题和动手操作的人次等</td></tr>
<tr><td>参与的效果:教学目标的达成情况、思维能力的开发程度及情感态度的提升效果</td></tr>
<tr><td rowspan="5">是否注意培养学生的创新能力</td><td>在一节课中,教师提出了多少个开放性问题</td></tr>
<tr><td>教师是否尊重学生不同的观点和意见</td></tr>
<tr><td>教师对学生的独特见解是否有意识地加以表扬和激励</td></tr>
<tr><td>学生自主探究和解决问题的时间有多少</td></tr>
<tr><td>学生主动提问的次数有多少?学生创造性地解决问题有多少人次?学生回答问题是否有新意和灵活性</td></tr>
<tr><td rowspan="4">是否使课堂教学保持有效的互动</td><td>是教师拥有"言语霸权"还是"民主协商"</td></tr>
<tr><td>是"先教后学"还是"先学后教"</td></tr>
<tr><td>是"示范模仿、讲解接受"还是"自主探究、参与体验"</td></tr>
<tr><td>是仅重视"知识结果"还是"过程与结果"并重</td></tr>
<tr><td rowspan="2">是否关注学生的情感体验</td><td>教师创设宽松和谐课堂情景的程度</td></tr>
<tr><td>学生情感投入的程度</td></tr>
</table>

(2)小组建设评价。这是针对合作小组制定的评价标准。学生在“做”中评价，在评价中“做”得更好，同时促使小组内更团结，使合作更有效。为此，合作小组评价细则具体从作业、课堂展示、评价、常规等方面进行评价，做到组内一天一小评，组际一周一大评，并记录在《合作小组》登记册及学习小组评价板上。针对小组的评价，每周评选出最优秀小组一个，进步小组一个，上挂到班级展示平台。以校内五年级某班级为例，小组评价表如表3所示。

表3　小组评价表

小组	参与	展示	评价
海星小组			
鲨鱼小组			
海龟小组			
珊瑚小组			
海豚小组			
蓝鲸小组			

表3是校内五年级某班黑板一侧的小组评价表，表格中的参与、展示、评价，三个板块的分值都为6分，每小组6个成员，人均1分。参与分包括两个方面，一是导学单的完成情况，分优秀、良好、及格三个等级，一般情况下是课前各组长将教师写于学生导学单上的等级进行汇总，公示；二是课堂上对学、群学过程中学生的参与情况。“展示分”指的是小组进行班级大展示的得分，评价一栏给分的是除展示的小组以外的其他小组的组长，他们会从小组展示的参与情况、任务的分配、展示的形式、语言的组织、答案的准确度等方面进行评价与给分。在这里，凡是班级大展示中，进行补充、评价的都能得1分，累积而成，没有上限。每一节课结束，组长将评价表的得分记录至《合作小组》登记册，一天一小评，一周一大评。

总之，陶行知“教学做合一”理论与当前新课程改革中所提倡的教育理念

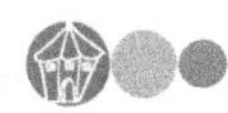

是相通的，即推进教学方式和学习方式的转变。"六步三查"课堂模式的建构、导学案的设计与使用、合作小组的建设、评价制度的建立，这一系列的课堂改革，努力践行着陶行知先生的"教学做合一"理论，改变了教师的教育观念，改变了教学方式和教学行为，改变了学生的学习方式，学生成为学习和教育的主人。在课堂中强调以"做事"为出发点，教与学以"做"为中心，在"做"中统一起来，做到教师真教，学生真学，把课堂还给学生，以期提高课堂教学的有效性，把教与学真正融入"做"中，使"教学做合一"和谐统一。

参考文献

[1] 陶行知.陶行知全集(第1卷).教学做合一[M].成都：四川教育出版社，2009.

[2] 张华.课程与教学论[M].上海：上海教育出版社，2000.

[3] 盛群力.小组互助合作学习革新评述(上)[J].外国教育资料，1992(2)：1—7.

(作者单位：舟山市定海区城西小学)

情境教学理论在小学语文教学中的应用

张 洁

随着新一轮课程改革的不断深入,“以学生发展为本”的教育理念,“全面提高学生语文素养”的课程理念,已深入每位教师心中。但是单一的教学模式,单调乏味的课堂仍然是改革中难以攻克的瓶颈。孩子们需要新知识,更需要好方法,需要在更加丰富多彩的教育教学情境中学习体验成长。

情境教学在20世纪末由我国教育家李吉林老师倡导研究,在实践中摸索出了情境教学理论,对小学语文教学水平的促进和提高有着积极的作用。小学语文教学中的情境教学通过创设与教学内容和目标相关的情境,调动学生原有的知识和经验来学习语文知识,培养语文素养,让孩子在快乐的体验中学习,实现小学语文的多维教学目标。笔者对情境教学理论在小学语文教学中的应用进行实践与探索,寻找情境教学的良策,真正发挥情境教学的优势,从而提升课堂教学的有效性。

一、情境教学理论

情境学习理论在西方出现于20世纪80年代以后。这种理论认为:知识是具有情境性的,知识是活动背景和文化产品的一部分,并在活动中,在其丰富的情境中,不断被运用发展的。情境教学对小学语文课堂教学来说不是一个新的课题,很早以前,人们就在研究、探索、实践,其中李吉林老师的情境教学早已在全国产生影响。

所谓情境教学,是指教师在教学过程中,为了达到预先的教学目标,教师根据教学需要创设具有一定情绪色彩的、以生动形象为主体的具体的情境,

让学生亲身去感受体验，去调动学生思维积极性，从而帮助学生理解教学内容，促进学生各方面和谐发展，进而提高课堂的教学效率，达到最佳的教学效果。

二、情境教学理论在小学语文教学中的应用

语文学科是工具性与人文性的统一，它不仅具有知识教育的功能，还具有智能教育、思想教育、文学教育和审美教育等功能，因此语文学科的课程目标与任务也都紧紧地围绕这些功能而产生，既丰富又复杂。一节语文课涉及的内容广、目标多，学习过程中学生的学习方法更是多种多样，千变万化，想要上好一节语文课确实不容易。但将情境教学的模式和方法渗透到小学语文的课堂中，并依据小学语文的学科特点进行整合，那么这些多维目标和教育功能就能够轻松实现，从根本上提高语文课堂的效率。下面我将从小学语文教学主要的三个领域，即识字写字教学、阅读教学、写作教学来谈谈情境教学理论的具体应用。

1. 小学语文情境教学在识字写字教学中的运用

识字与写字是小学阶段最重要、最基础的教学内容。《语文课程标准》中对于小学的各个学段识字写字的教学目标非常明确，同时也强调要让学生喜欢学习汉字，有学习的主动性。那么在实际教学中，教师如何达成以上目标呢？我认为可以从以下四方面入手：

(1)在语境中识字。识字教学一直都是小学语文教学中的重点，是低年级语文学习中的难点，如果老师无法调动学生的学习兴趣，识字将变成一件枯燥的事，因此教师在识字教学中要根据学生的年龄和心理特点创设合适的语境，调动学生的积极性。

我曾经观摩过一次“同课异构”的教研活动，由两位老师执教《在家里》。第一位老师在学生齐读课题后，就直接把单个的生字出示在大屏幕上，让学生认读。这样的教学呆板、乏味，效果大打折扣。

第二位老师则是这样操作的：

师：亲爱的小朋友们，请你翻到《识字二》，请看看这幅图，图上画了什么？是在哪儿？看谁的小眼睛最会观察？

生：（饶有兴致地看图举手说）图上画的是在家里，有电视、冰箱、茶几、书柜……（在孩子说的同时，教师将对应的词语贴在黑板上）

师：小朋友们能不能用“小红家有……，有……，还有……”的句式来说一说？

在第二位老师的教学中，教师把识字设计成了看图选词填空的练习，难度降低的同时，既能够认识生字，又能够练习说话，还可以锻炼观察图画的能力。识字教学被渗透在了家庭这样一个环境中，渗透在了词语中，渗透在了句子里。这就是一种在语境中识字的方法的体现。孩子们兴趣极高，教师也讲得兴致勃勃，这样的课堂才是孩子们自主学习的课堂。

(2)联系生活识字。课堂的时间毕竟有限，想要从零开始，在课堂中学习到应该掌握的汉字是不可能的，这就需要将识字与生活相联系，让孩子们养成在生活中识字的习惯。我鼓励孩子们在生活中识字，并让他们在课堂上分享自己的识字故事。

记得一个孩子曾讲过这个故事：

星期天，我和姐姐去理发店。我看到门玻璃上贴着“汤发”两个字，于是我问姐姐：“头发还能做汤喝吗?”理发店的阿姨笑呵呵地说：“那个字念‘烫发’，‘烫’字下面的火字底不知被哪个调皮的小朋友撕了，所以才闹出了这个笑话。小朋友，谢谢你的提醒，我们这就把它改过来。”这样，我认识了“烫发”的“烫”字，而且我还有一个记住它的好方法，“汤”加“火”就是“烫”。

这样的故事孩子们还有很多很多，它们启发了我，生活是学生识字的源泉。我们的识字教学应当更加重视儿童自身的能力和他们熟悉的这些方法，同时还可以利用生活情境和创设模拟情境来帮助儿童识字。因此，在课堂上我们应给孩子更多的机会，让他们说自己已经认识了哪些字，鼓励学生当小老师教大家认字，并介绍自己是从哪里学到的，是怎么记住的。通过相互交流，可以使学生发现不同的课外识字途径，学到不同的记字方法。

(3)通过象形文识字。中国的传统文化博大精深，孩子们应该对我国的传统文化有所了解，象形字就是一个切入点。作为一名小学语文教师，我们

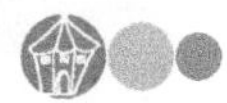

应研究汉字的字源,造字的规律,将汉字的奇妙让更多的孩子知晓。

在一节公开课上,一位老师将“疾病”的“病”字拿出来,又出示了一张写有小篆的“病”字的卡片,让孩子们观察象形字中体现的意思。孩子们看到这么形象的图片,自然有很多想法。有的孩子说,这个图片上的字就像是一个身体不好的人,病入膏肓地躺在床上。其他孩子立刻明白了,这个字就是“病”字。教师这个时候又加以指导:

师:“病”的偏旁就叫“病字框”,就好像一张病床一样,里面的“丙”就好像一个病恹恹的人,这个字就是“病”。带有“病字框”的字,都与生病、身体有恙有关系。你们还见过哪些带有“病字头”的字?

生:还有“疯子”的“疯”,“疾病”的“疾”……

这样生动的教学,加深了印象,又能拓展识字,孩子们学得比想象的要多很多,快很多。

(4)生字呈现形式多样化。识字教学的一个核心就是在有限的课堂40分钟内,尽可能多地让孩子们见到生字,让生字变成熟字,会读,会认,能理解意思。因此,生字的呈现形式很大程度上决定了识字的效率。

在一堂课中,我常常会尝试不同的生字呈现形式,有大屏幕中的生字,有贴在黑板上的苹果,也有我手中的词卡。我还会把生字藏在一句话中,甚至藏在一首小诗中。孩子们在不知不觉中多次看到复现的生字,从而加深印象,牢牢地将生字的音、形、义记在心里。

在教学《从现在开始》一课时,我充分调动孩子们对动物的喜爱和兴趣,通过一列小火车,将孩子们带入了森林王国。由于孩子们预习很充分,我在导入之后,就在课件中出示了一段自己概括的文章主要内容。我将本课中出现的难字编入其中,让孩子们反复朗读,一方面理解课文的主要内容,另一方面也是复现生字,再次巩固记忆。在不经意间,孩子们就理解了课文和文中生字的意思,一举两得。

可以看得出,当我们在识字教学中运用情境教学法时,孩子们的学习兴趣高涨,学习效率高,难点就会变成兴趣点,重点就会被慢慢消化。

3. 情境教学理论在阅读教学中的运用

阅读教学是语文教学的核心和基础。李吉林老师的情境教学中,研究最多的也是阅读教学。在我看来,阅读教学中有三条线:一条是内容线,即文章的主要内容,故事发展的过程,需要学生了解并且明白;一条是感情线,即在课文的每个部分所表达的感情有何变化,让孩子们学会从字里行间体会作者和文中人物的感情,并有所思考;第三条就是方法线,在读文的基础上,向文章的作者学习一些用词方法和写作手法、思维方式等。一节成功的阅读课就是将这三条线有机地结合在一起。李吉林老师的情境教学恰好能达到这样的目的,她主张利用孩子们熟悉的媒介带领孩子走进课文之中,通过朗读,体会情感,加以想象,从而有所顿悟。教师在课堂教学中可从以下五方面入手:

(1)情境导入,激发学习兴趣。成功地导入一节语文课,这节课就成功了一半。在刚上课的前几秒钟把学生的注意力和兴趣点抓住,学生就会投入地对待即将开始的语文旅程。

我在执教《风娃娃》一课时,就运用恰当的导入牢牢吸引孩子的注意力。

师:孩子们,你们看看他是谁?(在黑板上画出风娃娃的样子,胖乎乎,很可爱)

生:是风娃娃!

师:谁能来描述一下风娃娃的样子?

生:他长着胖嘟嘟的脸蛋,圆圆的,眼睛黑黑的,小小的,非常可爱!

师:同学们喜欢风娃娃的样子吗?

生:喜欢。

师:让我们和风娃娃打个招呼吧!

生:你好,风娃娃!

师:请用你们的朗读告诉风娃娃你们喜欢他。请同桌互相读第一自然段。

导入时,我直接在黑板上画出风娃娃的样子,孩子们都非常喜欢,兴趣一下子被调动了起来。在学习课文之前,孩子们就被美好的情境包围着,产生了无限的联想,也产生了好奇心和兴趣,这是主动学习的前提。

(2)初读课文,感知内容与情境间的联系。在阅读教学中,导入之后,就开始了对课文的整体了解,如果教师在导入中创设了适应学生和课文内容的情境,那么初读课文时,孩子们会显得更加兴致勃勃。这就是将课文内容与自己熟知的情境相联系的过程,也是学生主动学习的过程。只要将一开始创

设的情境一直延续下去，情境的作用就会发挥出来。

例如，一次语文优质课上，一位教师执教《荷叶圆圆》，这是一首充满童趣，又非常优美的儿童诗歌。上课伊始，教师用古诗《小池》导入课题：

师：小荷才露尖尖角，早有蜻蜓立上头。那么当荷叶慢慢长大后（出示荷叶的图片，并出示“荷叶”词条），它变成了什么样子？（让学生描述荷叶的样子，想让孩子们说出“圆圆的，绿绿的”）

教师顺势指导“荷叶”两个字的写法，随文写字，并将写得好的孩子的字投影到了大屏幕上，让同学们来评价哪里写得好。这就是一种角色转化的情境设置。

接着，教师非常自然地将导入部分与初读课文的目标联系了起来：

师：（出示图片）孩子们，说说有哪些小伙伴都来看望长大的荷叶？

生：水珠、青蛙、蜻蜓……

师：他们还带来了些好朋友，希望你们也能认识他们。（出示课文中需要会认的生字）

这里教师运用的情境与前面《小池》一诗的衔接非常得当，并且极大地激发了学生的积极性，将枯燥的识字变成了一场“交朋友”的比赛。接着，这位教师指名学生轮流读课文，因为课文的结构非常清晰，每个小节都是一个小伙伴与荷叶的故事，所以轮读的方式比较适合在初读的环节进行使用。读完之后，教师板书小伙伴的名字，并把相应的图片贴在黑板上，利用黑板上呈现的线索，让孩子们进行填空，这同样是一种情境的创设。

(3)精读课文，借助情境展开联想。在学生对课文内容有了初步了解之后，教学转入到了攻克难点和重点的阶段。在教师的指导下，学生需要从文中的重点段落、重点句子、关键字词中去思考文章的感情线，这也是在阅读教学中运用情境教学最多的环节。

一节语文课中，一位教师执教《赠刘景文》一诗，在导入时就用了生活中的例子来引导学生。

师：孩子们，通过这首诗的题目，你知道了什么？

生：是苏轼送给刘景文的一首诗。

师：同学们说得对。那在你的印象中，我们送别人礼物一般都会送什么

呢？（联系生活让孩子们更好地理解“赠”的意思，并为后面理解全诗做铺垫）

生1：我会送一些旅游的纪念品。

生2：我会送一些比较贵重的物品，很少见到的东西。

生3：我会送我比较喜欢的东西给我的朋友。

师：恩，大家送别人的礼物可真丰富，他们都有一个共同的特点就是比较珍贵，对不对？那么苏轼，一个堂堂的大诗人，送给朋友的礼物不过就是这28个字，会不会有点……

生：小气！

师：是不是呢？我们来理解这首古诗。

导入的部分之所以也列举出来，是因为这节课的最后升华与之密切相关。在理解了整首诗之后，孩子们明白了诗人想要告诉刘景文的是人虽然老了，但这个时候正是一生之中最好的时候，就像一年中最好的季节——深秋一样，因为我们能够像菊花那样，虽然残败，但仍然“傲霜枝”。孩子们终于明白，原来诗人送给好朋友刘景文的短短28个字，其实就是诗人对刘景文最美好的祝愿。再结合德育的目标，教师又引导孩子们明白，有时候精神上的一种鼓励和支持，也是非常珍贵的礼物。

在这节课中，学生借助教师的问题——“我们送别人礼物一般都会送什么呢?”展开联想，联想自己的生活经验，自己听别人说的，看过的，或者自己亲身经历的，都是孩子们学习这首诗的一个基调，从送礼物这件生活中平平常常的小事，总结出了一个诗中的大道理，这节课收获的不仅仅是读懂一首诗那么简单。

(4)学习写法，在情境中训练语言技能。方法线，其实就是在阅读教学过程中学习作者的写作手法和构思方式，并加以运用，使之成为自己的本领，这也是三维教学目标中过程与方法目标的具体体现。运用情境教学法，更容易激发学生的表达愿望和创作激情，让每个孩子成为文字的主人，增强学生运用语言的信心。

就在前不久，我的课堂中，孩子们的创造性让我颇感惊奇。《泉水》一课，以诗一般的语言描绘了泉水流到哪里就都会奉献到哪里，每个自然段的句式基本相同，于是我希望孩子们能够模仿作者的语言，创作出自己的泉水。

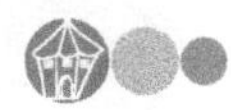

师:孩子们,泉水是多么的无私啊!她流到哪儿,就奉献在哪儿。她流过山间给人们带来甘甜,流过平地给杜鹃花当镜子,流到果园里滋养果树,流到山谷中为画眉鸟的歌声伴奏……请大家想一想,她还会去哪儿呢?还会帮助谁?

这一环节的情境设置完全利用文本语言,同样也结合了课文中的图片,将课文的内容简单地进行了梳理,但是就能让孩子们想象泉水的足迹,想象泉水无私的奉献。

生1:泉水流到草坪中,小草大口大口地喝着水,泉水说:"喝吧,喝吧,我的水很甜很甜,喝饱了,你们能够长得更漂亮,就可以把我们的城市装点得更美丽!"

生2:泉水流到麦田里,麦苗高兴得笑了,泉水说:"喝吧,喝吧,我的水营养丰富,喝饱了,你们就能结出沉甸甸的麦穗!"

最令我不可思议的是,一个孩子这样说道:泉水流啊流,流到了小溪里,流进了江河里,汇聚在大海里。泉水说:"流吧,流吧,我的水很多很多,让我们流进海洋,来帮人们寻找那失踪的MH370飞机!"

孩子的想象是无穷的。课堂立刻成了孩子们创作的天地,各种各样的"泉水"从孩子们那里脱口而出,不得不令老师折服。潜移默化的创作中,孩子们明白了这样的句式,也明白了作者的写作意图,一举多得。

(5)多管齐下,全面运用情境教学的方式。在阅读教学的过程中,情境教学的各种手段常常需要综合运用,音乐、语言、生活、图片、角色互换等,这样才能形成一个丰富的课堂。

很多教师喜欢在指导朗读时加入音乐作为背景。在音乐的映衬下,配合教师的声情并茂,文章的感情被表现得淋漓尽致,或温婉,或澎湃,或激昂,或幽怨……孩子们在这样的氛围中体会文字带来的各种感受,进入文章的情境之中,更容易理解课文的内容和作者的写作意图。

图片的形式更是平常不过,绝大部分的教师都在使用图片让学生感受情境,走进课文,产生无尽的想象。特别是一些说明性的文章,生僻的科学词汇学生很难理解,配以图片,学生就能够明白陌生名词的意思。例如《太空生活趣事多》一课,教师将太空中的宇航员生活的照片和视频资料在课堂上播放,孩子们就一目了然，而且兴趣盎然，太空生活真是太有趣了！

语言的引导无处不在，这是最灵活、最自由的一种呈现方式。一些巧妙生动的指导语、过渡语，能够带给孩子们无限的遐想，带着孩子们去任何教师创造的世界。这种方法更考验一位教师的语言功底和课堂语言的感染力。

实物的展示运用也比较多。在《我要的是葫芦》一课中，教师可以把可爱的小葫芦拿出来展示，从而引出课题，导入课文。《画杨桃》是一篇经典课文，讲的是观察角度不同，看到的东西也就不一样，这篇课文配合着实物来展示再合适不过了。

表演的运用常常成为课堂中的亮点。它能够将孩子们对课文内容、人物性格的理解与语言表达结合起来，甚至连一些词语和生字也可以通过表演进行理解。例如，《我不是最弱小的》一课中，出现了一些动词，为了让孩子们更好地理解，我就运用了表演的方式。“簇拥”一词不好理解，我找了几个孩子扮演铃兰花，又找了一个孩子扮演野蔷薇、在铃兰花的簇拥下盛开了第一朵野蔷薇，孩子们一下子就明白了“簇拥”的意思。

一节成功的阅读课需要综合运用情境教学的各种方法，才能产生最好的效果，激发孩子们的学习积极性和求知欲望。

3.情境教学理论在写话（习作）教学中的运用

新《课标》中第一学段的习作称为“写话”，低年级学生主要以写话来训练语言的表达，重在培养学生对于创作的兴趣，培养学生的观察能力；到了二、三学段，“写话”就改成了“习作”，重在语言的运用和思维的训练。

写话训练针对的是一、二年级的学生，因此，形象、生动的情境更适合于刚刚开始接触写作的孩子，情境教学的运用更能够体现出效果。低年级一般从看图写话开始，图片就是一种情境的设置，从图片的观察中能够知道故事可能发生的时间、地点、人物、事情的大概经过，从而通过想象把故事的细节变得生动具体。

中高年级的学生已经有了一定的语言积累，可以通过生活经验的积累、平时的观察以及想象来写作，所以作文的难度增大，要求也相应提高。

五年级的一节作文课上，老师在大屏幕上出示一幅日军轰炸上海火车站

的图片，一个婴儿坐在一片废墟之中放声痛哭，眼睛里充满了恐惧和不安。教师指导学生仔细观察图画中的场景，描述环境，再观察孩子的神情和动作，并展开联想，到底发生了什么，并结合故事的背景介绍了当时的历史事实。孩子们通过观察、讨论，甚至辩论，最终将整个故事串联了起来，描写的重点不同，故事的结局也各不相同，孩子们真正在主动学习、主动思考的过程中学会了如何写一篇看图作文，也感受到了战争给人们带来的痛苦。

综上所述，在小学语文教学中充分、灵活、合理地运用各种情境，能够大大提高课堂教学效率。教师应熟悉各种情境教学的类型，熟练而恰当地运用各种情境创设方法，激发学生的学习兴趣，使学生的学习生活空间富有教育内涵的，富有美感的，充满智慧和儿童情趣的生活空间。“情境—教师—学生”三者之间形成良性推进的多向折射的心理场，促使学生在小学语文课堂中情不自禁地“眼到、口到、心到”去学习，让小学语文课堂教学充满乐趣、具有实效、达到高效。

参考文献

[1] 李吉林.情境教学情境教育[M].济南：山东教育出版社，2001.

[2] 李吉林.情境教学实验与研究[M].成都：四川教育出版社，1990.

[3] 李吉林.小学语文情境教学[M].南京：江苏教育出版社，1996.

（作者单位：舟山市定海区东海小学）

异步教学理论在小学语文高段教学中的应用

唐　媛

随着新课程教育改革工作的稳步推进，探索更加优质、高效的教学方法已成为教育工作者共同关心的问题。面对个性迥异、水平参差不齐的广大学生群体，如何实现其学习能力与综合素质的提高，成为课堂教学中亟待探寻的内容。据此，异步教学理论则为解决这一难题贡献出有效策略。本文从异步教学的内涵入手，着重对其在小学语文教学中的应用，谈谈自己的看法。

一、异步教学理论的概述

为克服“满堂灌、注入式、一刀切”脱离学生学习实际的教学弊端，湖北大学黎世法教授开展了以“现代教育理论和教学方式的实验研究”为课题的现代教育科学研究。历经 30 年，创立了能实现“学生学习个体化、教师指导异步化、教学活动过程化”的异步教学法，强调学生学习的主动性与教师指导的异步性。这种教学方法，能在较短时间内有效地培养学生的自主学习能力，使学生能分批次完成学习任务，使老师能最大限度地进行因材施教，从而达到大面积提高教学质量的目的。

异步教学具体指的是一种有明确教学目标的，有计划、有组织的，以学生为学习的主人、教师为学生学习的主导者的教学法，能将教师的 3 种指导形式与学生的 5 种学习形式有机地统一在一个教学过程中，使教师的“5 步”指导与学生的“6 步”学习紧密结合进行，以学生的个体学习为基础，充分运用一切教学条件，根据学生的学情，组织课内外全部教学活动，通过培养学生的自主学习能力（核心是思维能力），达到高效率、大面积提高教学质量的目的，教学

效果可以及时反馈。这种教学体现了学生学习的个体性的本质特点，反映了教为学服务，教学一定要适合学情的教学活动的总规律。这就要求我们教师对每一层次的学生，根据其实际情况进行分层异步教学。

所谓分层异步教学，就是根据学生的理解程度和水平，划分层次进行教学，完成学习计划和学习目的。而在具体实施教学过程中，教学者应了解每个学生的学习特点和学习习惯，对学生进行层次划分，帮助学生培养学习兴趣，并根据学生对语文的学习能力和接受程度深化学习方法，让学生更好地吸收其精华，从根本上理解其所学习的内容。在小学语文教学中，实施分层异步教学的最终目的是通过对不同学习能力的学生采取针对性的教学，最终实现整体学习的一致性，保证每位学生都能掌握知识点，提高整体的学习素质和学习水平。

二、异步教学理论在小学语文教学中的实践

异步课堂教学的操作过程，是教师用“5 步指导法”，根据学生的具体学情，指导学生进行自主“6 步”学习的过程。

在一般的情况下，异步教学过程是按照下列顺序进行的。一上课，教师首先向全班学生提出本节课要解决的学习问题——自学参考提纲和作业题。接着教师针对本节课要解决的学习问题进行方法指导。然后学生根据教师的指导，按照“6 步学习法”进行独立自学，逐个地解决本节课教师在自学参考提纲和作业题中提出的学习问题。与此同时，教师走下讲台，来到学生中间调研学情，按照“5 步指导法”对学生的自学进行宏观和微观的异步指导。学生一边自学(独学或对学、群学、或请教老师)，教师一边指导。

1. 异步教学中教师的指导

教师的异步指导包括两种情况：一种情况是，教师在了解学生的学情与学生研讨学习的过程中，如果发现全班大多数学生存在某一问题，教师可针对这一问题对全班学生进行指导(这是全体指导，它不同于近代社会的教师讲、学生被动听的班级教学，而是学生在教师的指导下进行独立自主自学的

全体教学);另一种情况是,教师在了解学生的学情与学生研讨学习的过程中,如果发现部分学生存在某一问题,教师就可将这部分学生请到一起来,针对这部分学生存在的难以解决的共性问题,对他们进行指导(这是分类指导,它不同于近代社会和现代社会有的地方实行的教师讲、学生被动听的小组教学,而是学生在教师的指导下进行独立自主自学的分类教学)。

教师参与学生对学或群学,也叫分类指导。全班学生在教师指导下进行研讨或强化学习,称全体学。全体学对教师来讲,就叫全体指导。异步教学称学生的群学和教师的分类指导为小组讨论;称学生的全体学为全班讨论。教师的微观异步指导指的是,教师在了解学生的学情与学生研讨学习的过程中,针对不同的学生存在的特殊问题,面对一个学生,进行一对一的指导(这是个别指导,但不同于古代社会的教师讲、学生听的个别教学,而是学生在教师的指导下,学生进行独立自主自学的个体教学)。教师5步指导里所说的强化效应指的是教师对学生的正确的学习效应进行肯定。

不论是宏观指导还是微观指导的程序都按"5步指导法"进行。教师提出问题、指示方法后,接着学生按照"6步学习法"自主学习。学生解决任何一个不懂的学习问题的认识程序为"6步学习"过程。教师通过明了学情针对学生学习中存在的共性问题,进行宏观指导;针对学生学习中存在的个性问题,进行个别的微观指导。这样就把学生学习的个体化与教师指导的异步化有效地统一起来了。学生的自主学习能力就是在这种异步教学环境中,在教师的指导下,通过独立学习(学习的个体化)知识和技能的过程,逐步培养起来的;培养起来的学生的自主学习能力,又有力地促进学生高效率地独立学习新的知识和技能。

3. 全面而有个性发展的多样化考评系统

为促进学生全面而有个性地发展,必须建立与异步教学相适应的,以生为本的,能给学生提供多次选择机会的,有助于促进学生在原有水平上得到不断提高的多样化考评系统。

(1)多样化考评方式。异步教学的考评系统有以下5种方式。

①集体考评:对参与全体教学和分类教学的学生的集体考试和评价。

 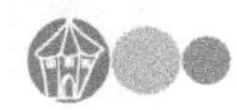

②个别考评:对参与个别教学的学生的考试和评价。

③自主考评:对进行独学、对学、群学的学生,每个学生可根据自己的学习计划和每门课程学习的进展情况,向任课教师自主申请考试和评价。

④期中考评:每门课程可规定期中考评的内容和时间,每个学生原则上都要按时参加期中考评。考评方式要为学生参加期末考评做准备。

⑤期末考评:每门课程在一个学期即将结束时,要举行一次期末考评,以测定学生学习每门课程的达标程度。

(2)实施多样化考评方式的基本要求。

①在考评前,教师一定要对学困生进行一次个别预测,并根据预测情况,对学困生进行有针对性的帮助指导,以保证学困生考试获得成功,从而增强学困生的学习信心。

②对申请自主个别考评的学生,教师要审查该生是否学好了应考的内容,必要时要进行考前预测,以便确保考试成功。如果认定该生还没有做好考前准备,教师应要求学生继续学习未学好的内容,直至该生做好了考试准备,才能对该生正式进行个别考试。

③学生可申请提前或推迟参加集体考评或期中考评或期末考评。教师在考试前要公布所教课程集体考评、期中考评和期末考评的时间和内容范围。如果有的学生提前学完了所规定的内容,可申请提前考评,经过教师的预测确定该生已提前学完了所规定的内容,就可批准提前考评。如果快到考评时间,有的学生还没有学完所规定的内容,可申请推迟考评,尊重学生的学习主体地位。

④任何考评,一般都要先进行一次预测,促进学生进一步学好应考内容,以提高正式考评的质量。考评后,如果学生对自己的成绩不满意,可申请再考。

⑤学生试卷先由教师批改,再由学生自改,然后师生共同分析所取得的成绩和所犯错误的原因。在此基础上,学生要修订自己的学习计划,教师要修订自己的指导计划。

⑥每次学生考评的数据和资料,要装进学生的学情档案,作为研究学生和评价教师教学业绩的依据。

三、异步教学模式实践的反思与结论

实践证明，异步教学以每一个学生在合适条件下都能得到良好发展为假设，通过教学目标的分层设置，使不同层次的学生都能正确地评价自己并找到努力的方向，它对提高教学质量起着重要作用。但在异步教学模式实施的过程中也会遇到一些现实问题，具体地说有以下几个方面：

第一，异步教学将教学目标客观化、层次化甚至标准化，从某种意义上讲很容易束缚学生个性的充分施展。教师经常将课程目标等同于教学目标，按照知识与技能、过程与方法、态度情感价值观三个维度，自然地把教学目标分成知识目标、技能目标、情感目标。

第二，对教师而言，上课前要做好学情调研与分析，编制检测试题，在课堂上进行因材施教、分类指导，在课后要做检测试题的批改与学习效果的分析，这无疑会使教师在这方面投入额外的精力和时间。

第三，影响学生学业成绩的因素很多，不仅包括学生的学习基础、教师的教学技能，而且包括学生的家庭教育、个人志趣、努力方向等。但是过于关注基础知识与基本技能的达标，则容易轻视学生智能和情感的发展，就会使学生的知情意等诸方面的发展协调不起来。

参考文献

[1] 黎世法.异步教学法研究与实践30年[J].课程·教材·教法，2013(9)：3－10.

[2] 赵亚波.试分析新课改背景下小学语文的分层异步教学策略[J].课外语文，2016(8)：74.

（作者单位：舟山市定海小学教育集团海滨校区）

情境教学理论在低幼童话教学中的应用

郑　黎

文学作品的创作几乎都离不开人的主观意识作用于客观物象，所以古代有“意境说”。李吉林老师在此基础上借鉴现代教学论的先进思想，经过很长时间的实践与研究，探究出“情境教学理论”，对广大一线教师有着重要的指导意义。

一、理论简介

情境教学有“形真”“情切”“意远”“理寓其中”等几大特点，其中又以“形真”最为突出。儿童是通过形象去认识世界的。小学语文课本入选的文章，基本上都有鲜明的形象。小学低段尤甚。翻开现行的部编版一、二年级语文教材，我们不难发现其中有大量故事类课文，尤以童话居多。童话充满了神秘、浪漫的幻想和各种光怪陆离的形象，它能使儿童的好奇心和求知欲得到满足，所以深受儿童喜爱。除此之外，童话还兼具教育性、科学性等特点，因此小学低段语文教材选编大量童话是符合儿童身心发展规律的。

国内著名儿童文学理论家张锦江教授认为就目前低幼童话创作的现状来说，低幼童话作品的读者对象，只能粗线条地划定为幼儿园的孩子与小学一、二年级的孩子。这个年龄阶段的孩子天真烂漫、有着充沛的精气神，但是审美经验却属于低级阶段。情境教学能够引导学生更好地感受童话、理解童话。

二、情境教学理论在低幼童话教学中的应用

1. 显示童话形象，感受童话的真善美

童话的展开离不开形象，那一个个活泼可爱、机灵古怪、变幻莫测的童话形象是吸引孩子的法宝。因此，让孩子学习童话，就得从形象入手。

(1)借助直观手段再现童话形象。情境教学的最大特点就是充分利用形象创设典型场景。而图画、剪贴画、音乐、表演等都是再现童话形象的直观手段。信息多媒体技术的发展也为情境创设提供了更加多样、广泛的渠道。

例如一位一年级老师在上《荷叶圆圆》这课时，一边出示课题，一边在黑板中间手绘荷叶图案。接着，她又笑眯眯地拿出小水珠、小蜻蜓、小青蛙、小鱼儿的剪贴画一边贴在荷叶两边，一边说："今天我给大家带来了 4 位朋友。"底下坐着的学生一看到这活灵活现的图画就情不自禁地露出了笑脸，眼中充满了惊喜和好奇。这样的一幕一线语文教师应该都十分熟悉了，但是我们不能因为熟悉就忽视了图画的作用，甚至认为教师是在"作秀"。即便是在"作秀"，这样的"作秀"也是可贵的。教师熟悉的课堂场景对于学生来说却是新奇的、好玩的，能够拉近他们与文本的距离，激发他们的学习兴趣。

笔者曾经参加过一次幼小衔接活动，有幸听过幼儿园大班老师《一根羽毛也不能动》这堂童话绘本课，在幼儿园的课堂里面，教师展示和利用了大量的道具，进行了充分的游戏，让幼儿在情境中充分地体验并且潜移默化地受到影响，这就是情境教学的魅力。对于刚刚从幼儿园跨入小学的低年级学生来说，情境教学能帮助他们顺利完成幼小过渡，让他们继续保持对课堂的兴趣和热爱。

杭州的鲍海淞老师在上《青蛙卖泥塘》这一课时就让学生分角色进行表演，听到要表演，学生一个个高兴得手舞足蹈。鲍老师趁热打铁问学生要演好这个故事需要做些什么呢？然后，老师和学生一起总结出需要读课文、分角色、合作演 3 个步骤。等到学生准备得差不多的时候，鲍老师拿出事先准备好的精美的动物头饰，学生一看，把手举得更高了，争先恐后地想要体验表演

的乐趣。这种表演其实就是模仿游戏，是儿童的天然需求。学生在表演的过程中得到身心双重满足，对童话形象的理解也更加深刻了。

(2)通过角色效应，分辨童话形象。童话被称为“教育”的艺术，本身就来源于现实生活。它采用了夸张、想象、拟人等方式呈现了种种社会生活中的场景，所以儿童在看童话时既充满了好奇又觉得它和蔼可亲，平易近人。童话引导儿童向真、向美、向善，但是这些道理都隐藏在故事中，很少直接表露出来。因此，我们在教学童话时应当少用说教、注入等让学生反感的方式，而应设置情境“借学生之口”说出对童话角色的理解，具体操作有以下几种方式：

①当“裁判”，评童话角色。一位年轻老师在教《小猴子下山》时有如下教学片段：

师：小朋友们，这篇课文我们学完了，你们觉得这是一只怎样的小猴子？

生1：这是一只丢三落四的猴子，所以最后它什么也没得到。

生2：这是一只贪玩的猴子，光顾着追小兔子，最后没有收获。

师：是啊，正是因为小猴子三心二意、丢三落四，所以最后没有任何收获，大家可千万不要像小猴子这样啊！

又如，一位老师在《狼和小羊》这堂课快要结束时问了这样一个问题：同学们，这只小羊给你们留下了怎样的印象？请你们说一说、评一评。有的同学说这只小羊很善良，有的说这只小羊太胆小……学生在评判的过程其实就是学生自己思考、总结的过程。

②当“助手”，帮童话角色。在孩子读童话的过程中还可以让他们做童话角色的好朋友，通过帮助角色来辨明是非。如《大象的耳朵》这一课教师可以设计这样一个教学环节：小朋友们，现在你们能不能帮帮大象，它的耳朵要竖起来吗？学生想要帮大象，就必须进行思维推理，得出自己的结论。

特级教师李吉林老师在上《小猴子下山》这课时，还特意添加了一个老猴子的角色，让学生想一想，当小猴子空着手回到家时，老猴子会怎么教育小猴子，小猴子又会怎么说，这样课堂就立刻变得生动起来。学生也在扮演老猴子的过程中既享受到了助人的乐趣，又受到了教育。

3. 展开语言训练，感知童话的形式美

语言是思维的外壳。再现童话形象并不是童话教学的最终目的，只有落实到作品语言才能真正实现语文教学工具性与人文性的统一。童话是最美的文学，童话的语言是诗一般的语言。低段童话教学不仅要让学生领略童话的语言美，还承载着识字功能，所以必须展开相应的语言训练。

(1)诵读中领略童话的形声美。幼儿童话的“形美”除了需要通过图画以及教师所采用的其他直观手段来展现，还需要用语言来表现。即用语言表现形体、线条、色彩、画面的美。童话语言是活泼有味、简单明了、色彩鲜明的。如《小猴子下山》中那“又大又多的玉米”“又大又红的桃子”“又大又圆的西瓜”是那样的直接鲜明，又是那样的饱满、惹人喜爱；《青蛙卖泥塘》那“可以看蝴蝶在花丛中飞舞，听小鸟在树上唱歌。可以在水里尽情游泳，躺在草地上晒太阳。还有道路通到城里……”的泥塘让人产生美好的想象；《去年的树》则没有一丝修饰，明白如话的语言隐隐透出一股忧伤……这样的语言是值得一线教师带领学生在课堂上反复品读的。

童话的“声美”主要是指童话语言的韵律美，这点在低幼童话中尤为突出。童话语言的“声美”首先是由它活泼有味、简单明了、色彩鲜明等特点决定的，其次还由于它具有和诗歌一般循环往复的结构。我们且看《小壁虎借尾巴》这篇童话，小壁虎一共借了3次尾巴，每次借尾巴它说的都是同一句话，只是人称改变了：“小鱼姐姐（或者牛伯伯、燕子阿姨），您把尾巴借给我行吗?”除此之外，小壁虎借尾巴的过程也是如出一辙。这样的结构安排让学生生出一种熟悉之感，会情不自禁地亲近文本，产生主动阅读的欲望。低幼儿童对语言的音响效果是直感的，童话语言的韵律能够直接唤起孩子的联想和体验，激发他们的情绪，让他们像吟诵歌谣一般欢喜。我们不难发现部编版一、二年级所选入的童话课文几乎都有这样循环往复的结构，如《要下雨了》《动物王国开大会》《小猴子下山》《棉花姑娘》《蜘蛛开店》《青蛙卖泥塘》，等等，所以一线教师在教学童话时要让学生充分地读，课堂上可以根据童话的特点设置情境让学生分角色读、表演读，还可以让学生回家后给父母讲一讲，和父母演一演、读一读，在诵读中领略童话语言的“形声美”。

(2)情境设置中让学生快乐识字。识字教学是低段语文教学的重要任务，在童话教学中也是如此。由于童话体裁具有自身的特点，我们完全可以在童话故事的展开中引导学生快乐识字。

 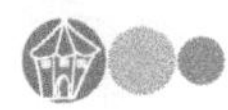

①童话情境中识字。识字教学目前有多种流派，但是都强调在语境中识字，由于童话本身就自带情境，所以在识字教学上有着天然的优势。

请看年轻老师《小猴子下山》生字教学片段：

师：小猴子下山看见玉米地的玉米结得又大又多，非常高兴，就掰了一个。他是怎么掰的？谁能上台演一演？

（生上台演示，双手试着掰玉米）

师：哇，这就是掰，请你告诉大家，你刚刚用什么“掰”的？

生：用手掰。

师：是啊，我还看到你用了两只手呢，请你再看看这个“掰”字，里面藏着几只手呢？

生：两只。

师：是的，我们要用两只手掰，所以“掰”字有两个手。（师一边说一边在黑板上板书）

师：同学们，让我们一起也学着刚刚那个同学的样子一起掰玉米。（师一边做动作，一边带领学生读）

就这样一边演，一边学，老师教得活泼，学生也学得快乐。

杭州鲍海淞老师在教“播撒”这个词语时，先让学生读，然后强调在表演中要突出“播撒”这个动作。等到表演结束，她让底下的观看的学生评一评台上的人表演得怎么样。学生说演出者表演得很棒，那弯着腰撒草籽的过程很像农民伯伯。可见，学生在自评和互评的过程中不仅记住了生词，还理解了词义。

童话情境中识字让学生在演示和老师引导的过程中愉快地完成了学习任务。这样的例子不胜枚举。

②联系生活情境识字。除了在利用童话情境识字，教师还可以联系生活情境识字，将二者巧妙结合起来，强化学生记忆，丰富他们的词汇。

同样是鲍海淞老师的《青蛙卖泥塘》，她在教到“牌子”这个词语的时候，问学生：“生活中我们还能见到什么样的牌子呢？”这个问题打开了学生的思路，他们争先恐后地说还有门牌、广告牌、金牌、银牌、铜牌、班牌……这样的识字教学不再是让学生死记硬背，而是由课文唤醒学生的生活体验，大大扩展了学生的词汇量。

③比较中鉴赏童话语言。李吉林老师认为词语的推敲是思维的积极活动，也就是说品鉴语言与思维发展紧密结合，并不能以“语感”一词来笼统概括。童话语言具有诗一般的美，但是对于低段的学生来说却是模糊的。只有在老师引导下，才能让学生体会到词的细微差别并学会鉴赏童话语言，也只有这样，思维的准确性才有可能得到发展。

那么，如何鉴赏童话语言？对低段学生来说，最好的办法就是比较。李吉林老师在上《小蝌蚪找妈妈》这一课时有这样一个教学设计：

师：青蛙的样子，课文上是怎么描写的？

课文上的描写：荷叶上蹲着一只大青蛙，披着碧绿的衣裳，露着雪白的肚皮，鼓着一双大眼睛。

换一种说法：荷叶上有一只青蛙，背上的颜色是绿的，肚皮上的颜色是白的，眼睛是凸出来的。

师：这两段话意思几乎是一样的，但是给我们的感受却相差很多。你们比一比，哪一段写得好？

师：齐读这一段话。

师：那么课文上是怎样把青蛙写得这样可爱的呢？我们看，写青蛙的动作，用了哪些词？（蹲、披、露、鼓）

启发：这些写青蛙的词，都用得很准确。如果把“鼓着一对大眼睛”换成“瞪着一对大眼睛”，怎么样？

师：这是写青蛙的动作。你们再看，写青蛙身上的颜色也是很讲究的。谁能把这些词找出来？（板书：碧绿的　雪白的）

比较：青蛙披着绿的衣裳，露着白的肚皮。

青蛙披着碧绿的衣裳，露着雪白的肚皮。

指导朗读。突出4个动词和2个形容词。

经过这样的比较，学生就能逐渐领悟词与词之间细微的差别，为高段的学习打下基础。而且李吉林老师还不止步于此，而是进一步问学生：“小朋友，想一想，为什么要把青蛙写得这么美呢？”最后，根据学生的回答小结：因为青蛙是益虫，受到大家的喜爱，我们小朋友要好好保护青蛙。这样的教学

设计不仅突出了童话的鲜明形象，也对学生语言的鉴赏能力进行了培养。

三、应用时应注意的问题

综上所述，情境理论应用于低幼童话教学可以说是如鱼得水，不过，在实际操作的过程中，我们还需注意以下几个问题：

1. 显示童话形象需要色彩鲜明

由于童话本身就运用了拟人、夸张等手法，并且富有浓厚的幻想色彩，教师在借助直观手段显示童话形象时也应生动活泼、鲜艳夺目，这样才能引起学生的喜爱。在表演时，教师要鼓励和引导学生声情并茂，甚至加以适当的夸张，让学生充分感受到童话的美。

3. 情境设置为课堂教学服务

情境教学虽然有诸多好处，但是我们不能为了情境而情境，要避免假大空式的表演。课堂上每一次的情境教学都应有明确的目的，或为了感受童话形象，或为了理解教材语言，或为了运用语言训练表达。鲍海淞老师在《青蛙卖泥塘》一课中设计的表演环节很好地体现了这一点。

在让学生表演之前，鲍老师先反馈预习单上的习题：青蛙为卖泥塘做了哪些事呢？接下来请学生相互说说这个故事，并出示句式进行辅助：青蛙为卖泥塘__________，最后，它觉得__________，于是就__________。这可以说是表演前的热身活动。

接下来，鲍老师又问学生，要演好这个故事需要做些什么呢？然后，老师和学生一起总结出需要读课文、分角色、合作演 3 个步骤。理好步骤后，她并没有急着让学生演，而是指导学生分角色读课文，4 人小组自行演练。等到学生练得差不多之后，鲍老师再请 4 人小组上台表演，并给观看表演的同学设置了任务，那就是要从角色的声调、动作、语言、神情等方面评价演员演得怎么样。其实这就是在考查学生对童话形象和童话语言的理解。

第一组表演结束后，鲍海淞老师提醒第二组表演的同学要根据大家的评价改进自己的表演，果然，第二组的同学表现得相当活跃，角色展示得也很到位了。

从以上教学过程中，我们可以看出课堂上的“表演”只是一种形式，它是为理解童话形象和进行语言训练服务的。所以，教师在进行情境教学时，心中一定要有一杆秤。

3.形象美和形式美相互融合

低幼童话的形象美和语言的形式美不是分开的，而是融合在一起的。正是因为它那生动活泼、明白质朴、鲜明亮丽的语言，童话中的形象才得以充分凸显。朗读、比较词语的细微差别等语言训练方式都能让学生进一步体会童话的形象美，二者是绝不能割裂的。

总之，低幼童话教学对情境有着天然的要求，情境教学理论应用于童话教学可以让学生爱上童话，还能有效地培养学生的语言能力和思维能力。

参考文献

[1] 李吉林.田野上的花朵[M].北京：教育科学出版社，2017.

[2] 张锦江.童话美学[M].上海：上海教育出版社，2014.

[3] 叶嘉莹.唐宋词十七讲[M].北京：北京大学出版社，2007.

（作者单位：舟山市定海区柳行中心小学）

奥苏贝尔的认知结构同化理论在小学三年级语文教学中的应用

蔡琼漪

奥苏贝尔是当代美国著名的认知教育心理学家。他所提出的“有意义接受学习”理论和“先行组织者”教学策略对当代学习理论的发展和教学实践产生了深远的影响。传统的小学语文课堂依旧存在教学理念保守，教学过程刻板化等弊端，这样的教学模式在很大程度上不利于学生知识结构的多元性和全面性的发展。课程改革需要突破传统的教学模式，需要多元化的教学策略和教学手段，但若无法从本质上进行变革，则一切都是徒劳。本文选取部编版小学语文三年级上、下册的有关课文，从文本解析和学生认知结构两大方面，运用奥苏贝尔的认知结构同化理论对语文课堂的教学进行教学策略的调整，以突破传统的生本分离的状况。

一、奥苏贝尔的认知结构同化理论

奥苏贝尔认知同化学习理论是指其认为影响学习的最重要因素是学生已有的，所谓认知结构，就是指学生现有知识的数量、清晰度和组织方式，它是由学生眼下能回想出的事实、概念、命题、理论等构成的。奥苏贝尔认为学生的学习应该是有意义的接受学习，这种学习是通过新知识与学生认知结构中的有关观念相互作用而进行的，其结果是新旧知识意义的同化。他认为学生的学习，如果要有价值的话，应该尽可能地有意义。意义学习有两个先决条件：其一，学生表现出一种意义学习的倾向，即表现出一种在新学的内容与自己已有的知识之间建立联系的倾向；其二，学习内容对学生具有潜在意义，即能够与学生已有的知识结构联系起来。任何学习，只要符合上述两个条件，都是意义学习。奥苏贝尔认为，在学校课堂教学中，主要应采用意义接受学习，尤其是言语意义接受学习。

当学生把教学内容与自己的认知结构联系起来时，意义学习便发生了。所以，影响课堂教学中意义接受学习的最重要的因素是学生的认知结构。要促进新知识的学习，首先要增强学生认知结构中与新知识有关的观念。从安排学习内容这个角度来讲，要注意两个方面：第一，要尽可能先传授学科中具有最大包摄性、概括性和最有说服力的概念和原理，以便学生能对学习内容加以组织和综合。第二，要注意渐进性，也就是说，要安排学习内容的顺序；构成学习内容的内在逻辑；组织和安排练习活动。

奥苏贝尔根据他的同化理论提出了以下三个重要的学习原则：逐渐分化原则、整合协调原则、先行组织者策略。在本文的撰写中主要涉及先行组织者策略，先行组织者是指先于学习任务本身呈现的一种引导性材料，它要比学习任务本身有更高的抽象、概括和综合水平，并且能清晰地与认知结构中原有的观念和新的学习任务关联。也就是说，通过呈现“组织者”，给学习者已知的东西与需要知道的东西之间架设一座知识之桥，使其能更有效地学习新材料。

二、认知同化学习理论的认知同化过程

有意义学习的内部心理机制是同化，同化实质上是新知识通过与已有认知结构中其固定作用的知识或观念之间的相互作用。

根据新旧观念的概括水平及其联系方式不同，划分了三种同化模式：

(1)下位学习。当认知结构中的原有的有关观念在包摄和概括水平上高于新观念时，新旧观念（或知识）之间构成类属关系，或称为下位关系。这时新旧知识之间的相互作用过程称为“下位学习”。

(2)上位学习。当学习者的认知结构中已经形成了几个概念，新的学习要在几个原有概念的基础上设置一个包摄性更广、概括水平更高的概念或命题时，就产生“上位学习”。

(3)并列结合学习。当新的知识与认知结构中的原有的观念既不能产生从属关系,又不能产生上位关系,而只是并列关系,这种学习称为并列结合学习。

三、认知结构同化理论在小学三年级语文教学上的应用

本文中的案例选自部编本的三年级语文上、下册的课文,根据奥苏贝尔的三种认知化过程将案例分为以下三类(见表1):

表1 奥苏贝尔三种认知化过程案例

文本属性	教材内容	语文学习目标	认知同化模式
从属文本	三年级上册《搭船的鸟》和三年级下册《翠鸟》	同类事物的拓展阅读	下位学习
相同文体	三年级上册第四单元	童话仿写	上位学习
关联文本	三年级上册《去年的树》和三年级上册《那一定会很快乐》	同类事物的不同文本解读	并列结合学习

1. 下位学习

部编版三年级上册《搭船的鸟》和三年级下册《翠鸟》讲的都是翠鸟,不同在于《搭船的鸟》描写"我"眼中的翠鸟,此时的我对翠鸟还不熟悉,通过课文对翠鸟外形、动作的描述,我们能大致拿捏出翠鸟的形态。而《翠鸟》描写的则是我们熟悉的翠鸟,对翠鸟的外形、动作还是习性,都了如指掌。课文刻画细致,还运用了大量的修辞方法和对比手法,翠鸟的形象跃然而上。《搭船的鸟》中初识翠鸟,《翠鸟》熟识翠鸟。《搭船的鸟》中,"我"的内心对这只可爱的小鸟有着浓厚的兴趣。《翠鸟》中的"我"对翠鸟已经充满了喜爱、不舍。

学生在学习《翠鸟》时,会回想起自己学过的《搭船的鸟》。当认知结构中原有的有关观念在包摄和概括水平上高于新观念时,新旧观念(或知识)之间构成类属关系,或称为下位关系。这时新旧知识之间的相互作用过程称为"下位学习"。

学生在学习《翠鸟》中,老师在授课前准备好以前学过的课文《搭船的

鸟》，让学生通过复习概括出翠鸟的外形、动作特点，以便于更好地进入新课《翠鸟》的学习。教师在备课的时候，课前为学生准备了《搭船的鸟》原文和练习表格，为学生在新旧知识的学习间架起桥梁(见表 2)：

表 2 《搭船的鸟》与《翠鸟》学习表格

	《搭船的鸟》	《翠鸟》
颜色		
外形部分		
动作		
习性		
“我”对翠鸟的感情		

学生通过填写表格，回顾《搭船的鸟》这篇课文的主要内容和针对翠鸟的细节描写，不难发现描写翠鸟的语句较为简单，《翠鸟》一课中形容翠鸟的词汇较为丰富。学生在引导性材料的梳理进行“发现学习”，发现无论是颜色、外形部分的描写，还是动作、习性方面的侧面描写，都朝着丰富的方向发展，“我”对翠鸟的感情也发生了质的变化。这样的比对很好地体现了“下位学习”的学习方法，有着较明细的逻辑感(见表 3)。

表 3 《搭船的鸟》与《翠鸟》内容对比

	《搭船的鸟》	《翠鸟》
颜色	翠绿、蓝色、红色	橄榄色、翠绿色、浅绿色、赤褐色、红色
外形部分	羽毛、翅膀	头上、背上、腹部的羽毛、嘴、小爪子
动作	一下子冲进	贴着水面击飞、一动不动地注视、蹬开苇秆、箭一样飞过去……
习性	吃鱼	吃鱼
“我”对翠鸟的感情	陌生、深感兴趣	做朋友、恋恋不舍

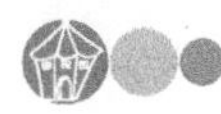

3. 上位学习

当学习者的认知结构中已经形成了几个概念，新的学习要在几个原有概念的基础上设置一个包摄性更广、概括水平更高的概念或命题时，就产生"上位学习"。

部编版小学语文教材二年级下册第三单元的4篇课文为《彩色的梦》《枫树上的喜鹊》《沙滩上的童话》《我是一只小虫子》。这些课文文体不同，有诗歌、散文、记叙文、科普文，却都有着叙述美好故事，浸润学生美丽心灵的童话特色。这单元是以童话仿写为主要学习和锻炼语文能力的目标的单元。老师在教授课文时，运用孩子们热爱童话、热爱生活的心灵，有意识地锻炼学生仿写语段的能力。学生在老师的点拨和不断练写过程中，逐渐地养成了随文想象、仿写补白，绘画在前、仿写在后，关键语句的架构能力，创写另类童话文本的能力等。这些能力虽然在起初看来较为粗浅，却是日后进行"上位学习"的重要基础。

三年级上册第四单元的课文分别为《总也倒不了的老屋》《胡萝卜先生的长胡子》《不会叫的狗》。这个单元的学习目标是顺着故事情节猜测，尝试续编故事。这延续了二年级上册的童话仿写的学习目标。学生通过二年级时习得的粗浅的"仿写能力"，懂得对于故事情节的预测，需要通过大胆合理的想象。这便是学习者的认知结构中已经形成的概念。故事的续编是需要抓住课文中的关键语句，即故事的"线索"。如《总也倒不了的老屋》中课文内容的旁白处标注许多"线索"：课题旁的"线索"，老屋总也倒不了，是被施了魔法吗？图画边的"线索"：图中的看上去那么慈祥，它应该会答应吧！语段旁的"线索"：一读到这句话，我就知道，一定又有谁来请老屋帮忙了……

"线索"是《总也倒不了的老屋》这一课中首次出现的，而整个单元的课文的预测环节都是通过寻找"线索"去进行课文后续故事的推测。"线索"是在原有概念的基础上设置的包摄性更广的概念。所以，不难发现两册教材的安排和老师的授课上都可以追寻到认知同化过程"上位学习"的踪影。

在"上位学习"中，老师在授课前需要准备好"先行组织者"——引导性材料，将以前学习过的知识点与新的学习任务连接起来。如"在文中找出关键的语句”“观察关键语句后所写的故事内容”“这些内容有什么相同点和不同点”等这类问题的设置，使得学生更容易回顾旧知，自然地过渡到新的知识点的学习。

3.并列结合学习

三年级上册《去年的树》和《那一定会很快乐》叙述的都是树，却可以在这两篇课文里面看到不同的树。《去年的树》里的树木和它的好朋友约好来年唱歌，却被送到山谷里的工厂，做成了火柴，最终化为灰烬，故事凄美，令人唏嘘。《那一定会很快乐》中的树是不断进取，甘愿奉献自己的树，它认为自己不断变成有用的东西服务人类是一件快乐的事情。

当新的知识与认知结构中的原有的观念既不能产生从属关系，又不能产生上位关系，而只是并列关系，这种学习称为并列结合学习。《去年的树》和《那一定会很快乐》是并列的两篇美文，将它们放在一起进行学习，学生容易发现事物的共同点，抓住不同点进行比较，有利于学生的认知结构的发展和完善。

四、结束语

奥苏贝尔的认知结构同化理论在小学语文的教学上有着广泛的应用，是众多语文教学策略的极为重要的心理学和教育学理论基础。启示我们在课堂教学改革中应该遵循多元化的教学思维，在选择教学方式时应综合考虑学习方式的多种因素，纵向、横向提升学生学习思维上的空间。通过实践得出，学生在“发现学习”的过程中，知识不是以固定的形式呈现给学生，而是需要学生自己在解决问题的过程中去发现。虽然学生的知识储备是有限的，但是所有的“发现学习”所获取的知识都是有意义的。要认识“发现”所得知识与其相关知识的内在联系，形成知识结构，教师要学会利用这样的内在联系，将学生的新旧知识联系起来，激发学生的学习动机，让学生自主科学地学习。

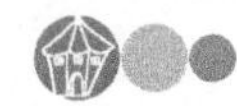

参考文献

[1] 欧阳荣华.教育学[M].北京:中国人民大学出版社,2007.

[2] 庞雪群.奥苏贝尔的认知结构同化学习理论在我国教学改革中的现实意义[J].广西师院学报(哲学社会科学版),1999(3):113－116.

[3] 施良方.学习论[M].北京:人民教育出版社,2001.

[4] 熊士荣,徐进.发现学习、接受学习、探究学习比较研究[J].教师教育研究,2005(2):5－9.

(作者单位:舟山市定海区小沙中心小学)